中國古文字導讀

商周金文

王輝 著

文物出版社

目　次

一　凡　例

1. 本書前有《金文及其研究》，叙述金文的主要内容及其研究概況。正文選取 68 篇有代表性的銘文加以注釋，上起商末，下迄春秋，而以西周爲重點。商及西周以王年爲序。春秋只選諸侯國器，仍以紀年爲序。

2. 正文每篇下分小引、著録、注釋、斷代等項。斷代理由有的篇目已見於注釋，則不重列。

3. 小引説明青銅器之出土、收藏情況，以及字數、別名等。字數包括合文、重文在内。

4. 著録只選擇常見書或最早著録書，不求其全。讀者欲了解各篇著録的詳細情況，請參看孫稚雛《金文著録簡目》。

5. 本書一般用繁體、正體字，但在某些情況（如考釋字形、有歧義）下，仍用異體。

6. 詞語注釋，特別是較長的注釋盡量不重出，凡前邊已注釋過者，後邊出現時多參看前注。

7. 除常見的、公認的説法外，引用諸家説法多注明出處。

8. 疑難詞語一般逕采一家之言。但也有一部分列舉幾種不同説法，同時表示作者的傾向性意見，不作煩瑣考證。

9. 引文一仍其舊，如段玉裁《説文解字注》瑲字條下云：“引申爲他聲。《詩·采芑》：‘八鸞鎗鎗’……”鎗鎗毛詩作瑲瑲，今不據改。

10. 斷代與器形有關，但爲突出重點，本書對青銅器形制一般不作介紹。

11. 銘文多用拓本，個別附摹本。拓本字數較少者用原大，限於
　　開本，字數多者皆縮小，不注明比例。

12. 釋文中通假字用（），缺字依文義可補出者用［］，誤字用〈〉，
　　缺字用□。

13. 數字一般用阿拉伯數字，但紀年月仍用漢字。

14. 書末附《著録簡目》及《引用書目》，前者以時代先後爲序，
　　後者以著者姓氏筆畫爲序，同一作者則以引用先後爲序。

二　金文及其研究

　　金文又稱青銅器銘文、鐘鼎文、鐘鼎款識，是鑄或刻在青銅器上的文字。《説文》："金，五色金也，黃爲之長。"又曰："銅，赤金也。"古人把金、銀、銅、鐵、錫都稱爲金。青銅是銅與錫的合金，亦簡稱金。《周禮·考工記》："凡攻木之工七，攻金之工六……"、"金有六齊（劑）：六分其金而錫居一，謂之鐘、鼎之齊（劑）；五分其金而錫居一，謂之斧、斤之齊（劑）……"所説的金，都指青銅。青銅禮器中的鐘和鼎是貴族常用的重器，故以鐘鼎爲青銅器的代稱。"款識（zhi）"的款謂凹字，識謂凸字，指刻或鑄的文字。

　　中國青銅器製造有相當悠久的歷史。大約在距今 5000～4000 年的甘肅東部馬家窰、齊家文化遺址以及河北、河南、山西、山東的龍山文化遺址、墓葬中，已發現有紅銅和青銅製造的刀、斧、錐、鑿等農具。在相當於夏代的河南偃師二里頭遺址、墓葬中，已發現有青銅刀、戚、鏃、魚鈎等，甚至已有青銅容器爵。商代以後，青銅器鑄造技術有了長足的發展。在鄭州二里崗商代前期遺址中，已發現種類繁多的青銅禮器，如鼎、甗（yǎn）、簋（guǐ）、盉（hé）、罍（léi）、尊等。商代後期（約前 14～前 13 世紀）都城安陽青銅器製造已達到其鼎盛期，種類繁多，形體高大，花紋繁縟。像著名的"司（或釋后）母戊"大方鼎重 875 公斤，殊爲罕見。

　　大約從商代中期開始，青銅器上開始出現銘文。這些銘文字數很少，多爲族氏名、被祭祀的父祖名，或作器者私名。如 1976

年殷墟 5 號墓出土銅器有銘文"司（后）母辛"、"婦好"，是商王武丁的配偶。商代後期，始出現較長的記事銘文，如戍嗣子鼎有30 字，四祀㠱其卣有 44 字。這些銘文反映了商人對上帝、祖先的祭祀，上對下的賞賜，商王對方國的征伐，對臣下的宴享等等，是研究殷商歷史文化的重要資料。

商代金文字體多作首尾尖、中間粗的波磔（zhé）體，雄渾有力，峻拔恣肆，比之甲骨文更顯得大氣磅礴。

西周金文在商代金文的基礎上有顯著的發展與進步。西周金文長銘較前大爲增加，如大盂鼎 291 字，史墙盤 284 字，散氏盤 375 字，毛公鼎 497 字。商代的主要文字資料是甲骨文，金文居於次要地位。西周金文則是其時文字資料的主流，甲骨文、陶文、石刻文字數量既少，内容亦較單純。西周金文内容宏富，記載了很多重大歷史事件，反映了西周政治、經濟、軍事、文化、外交的方方面面。其在西周歷史、文化研究上的價值，遠遠超過了《尚書·周書》。

西周金文很多記述了重大的歷史事件。比如利簋記武王滅商在甲子日，可與《尚書·武成》、《逸周書·世俘》相參證。天亡簋記武王東土度邑，到太室山祭天，作營建成周的準備。何尊記成王五年，成王繼承武王遺志，遷都成周，在京室訓誡宗室子弟，筵告於天；銘中以洛邑爲"中國"，即"居天下之中"的城邑，與《尚書·召誥》的記載完全一致。《史記》記武王"封召公奭於燕"，成王、周公"封康叔爲衛君"、"封叔虞於唐"，亦爲傳世器沬司徒送簋、新出器克罍、克盉、叔矢方鼎銘文所證實。

"國之大事，在祀與戎"（《左傳·成公十三年》），很多金文反映了西周的祭祀禮儀。作册麥方尊記康王改封邢侯於邢丘，其後邢侯在宗周莽京覲見王，王在辟雍，乘舟爲大禮，射大禽以供祭祀之用。作册令方彝記昭王命周公子明保掌管政府的内政與外務，并命其作册矢令將此事祭告於周公之廟；册命之後，明保用牲於先王宗廟京宫、康宫；明公易亢師鬯、金、小牛，命其作禘祭。

鮮簋記穆王三十四年，王在葊京禘祭昭王，祼（guàn，酌酒灌地）王，贛（貢）祼玉三品。銘中的禘爲大祭，所祭是其父昭王，與殷商甲骨文所見主要禘上帝有別。

西周一代，戰事頻仍，武將征戰有功，得王厚賜，備感光耀，作器記其事，屢見於金文。中甗等中組器銘記中奉昭王命巡視南國，打通道路，爲南征作準備。史墻盤評價昭王一生德行，説"宏魯昭王，廣能楚荊，唯寏（焕）南行"。古本《竹書紀年》記昭王十六年，今本《竹書紀年》記昭王十九年兩次伐楚，"喪六師於漢"，與金文内容相合。但金文隱諱其失敗事。班簋叙述穆王命毛班主持繁陽、蜀、巢等地的軍務，率領周王室賜封的部落首領、步兵、車兵"伐東國痟戎"。所謂"痟戎"，就是徐偃王。周穆王伐徐戎，見於《史記·秦本紀》、《趙世家》，金文證明其爲信史。戜簋記穆王時录伯戜率軍在河南葉縣附近的棫林、鈇（胡）、堂師追襲淮戎，俘獲敵虜及各種兵器甚多。周人與淮夷、南夷的戰爭，一直延續到西周晚期。虢仲盨、無叀簋、禹鼎銘都記屬王時伐淮夷、南夷，但絲毫不談其結果，怕是有失利。禹鼎還提到戰爭開始時"師彌怵匐惺"，懼怯之甚，"弗克伐噩"。宣王時的師寰簋記王命師寰"率齊師、曩、馨、棘、眉、左右虎臣征淮夷"。宣王企圖有一番作爲，戰爭也多取得明顯勝利。《詩·大雅·江漢》："王（宣王）奮厥武，如震如怒。進厥虎臣，闞如虓虎。"結果"四方既平，徐方來庭"。淮夷在沉重的打擊下表示臣服，宣王時的駒父盨蓋説"南淮夷……厥取厥服……不敢不口〔敬〕畏王命，逆見我，厥獻厥服"。在這種情況下，周王室也對淮夷、南夷作一點安撫的姿態，兮甲盤要求周的百姓、諸侯與淮夷公平交易，如不守貿易規定，也要處以刑罰。

玁狁是西北的部族，曾長期與周爲敵，幽王時滅宗周的犬戎，大概也是玁狁的別稱。很多金文都提到周人擊伐玁狁之事。虢季子白盤記子白在洛水以北搏伐玁狁，斬首五百人，俘虜五十人。多友鼎記玁狁侵犯京師鎬京、笱、龔、枼、楊、郗（漆），屬王派

武公部下多友與玁狁交戰，俘獲敵俘，繳獲大量兵、車、物品。不其簋記玁狁進攻周之西部疆域，打到西（今甘肅禮縣），秦莊公不其遵王命追擊於畧（略）、高陶，多友“多禽（擒）”。《詩·小雅·采薇》：“靡室靡家，玁狁之故。不遑啓居，玁狁之故……豈不日戒，玁狁孔棘。”又《六月》：“玁狁孔熾，我是用急……玁狁匪茹，整居焦獲，侵鎬及方，至于涇陽。”玁狁入侵，給周人帶來了巨大的災難，而《出車》則贊美討伐玁狁的南仲：“王命南仲，往城于方。出車彭彭，旂旐央央。天子命我，城彼朔方。赫赫南仲，玁狁于襄。”這些記載與金文互相印證。

很多金文反映了西周的土地製度。旟鼎記昭王之后王姜賜旟三田，可見王后也有權賞賜土地。裘衛盉記共王三年，矩伯庶人從裘衛處求取朝覲王所用的玉，答應給予裘衛十塊田，外加八十朋作爲補償。後來，矩又從裘衛處取赤色玉琥一對，有紋飾的鹿類動物皮兩塊，外加二十朋補償，答應以三塊田作交換。結果由王朝卿大夫伯邑父等五人見證監督土地交割。五祀衛鼎叙述畿内諸侯厲因爲執行共王關心人民勞苦的命令，在昭王大室東北治理兩條河，用五塊田和裘衛交換，田地交易由邢伯等執政大臣監督，由司馬、司徒、司空三有司、內史寮佐閹人㚇等踏履，標定其四至。銘中把田地交易之事稱作“取”、“舍”、“貯”，貯包括取、舍兩方面，讀爲商賈之賈，義爲交易、買賣。九年衛鼎記裘衛以一輛帶全套裝飾和附件的好車，外加帛十二丈（三兩），換取矩的林䓘里，同時以馬、裘衣、車幎等物換取顏陳的一片林地。曶鼎記載匡季在荒年派人搶了曶的十秭禾，曶將匡季告到東宫處。東宫原判匡季用五田、一衆、三臣賠償曶的十秭禾。曶感到不滿足，又告到東宫處。東宫重判匡季用二十秭禾賠償，如明年不賠，就加倍罰四十秭禾。結果曶和匡季私下協議，在原判基礎上，匡季再加二田一夫，共用七田五夫和三十秭禾相抵，另外償還曶十秭禾。這些金文記載的田地交易，有的是以田易田，有的是以田作爲賠償物，有的是以田作爲補償物，無疑説明西周中期以後，田

地在貴族手裏已經成爲可以交換的商品。西周不僅田地與田地可以互相交換，田地還和車馬、皮毛、布帛、衣物、玉器、糧食等其他物品一樣具有同等的價值，可以用田地來換取其他的物品。根據西周商業經濟、貨幣、買賣的情況，可以說，田地交易和當時普遍存在的以物易物的商品交易一樣，實質上就是田地的買賣，西周存在土地私有製是客觀事實。

有些銘文記載了西周的册命製度。康王時的宜侯矢簋記王改遷虞侯矢於宜地，册命賜土地有河流（川）三百條、邑三十五個、降爲奴隸的殷貴族十七姓、奴隸一千零五十人、平民六百餘人，此外賞賜鬯酒、商瓚、彤弓、彤矢、旅（盧）弓、旅（盧）矢。矢之父虞公即吳國始封之君周章。同是康王時器的大盂鼎記王册命盂嗣其祖南公職務，主持軍務，處理獄訟，輔佐王治理國家。王賜盂之物有鬯酒、冕衣、市、舄、車、馬、邦司四伯、人鬲六百五十九夫、夷司王臣十三伯、人鬲一千五十九夫。在册命之先，王對盂作了一番教導，要他吸取殷末貴族因酗酒喪失民心以至亡國的教訓，不要因擔任要職而放縱自己，要注意品德修養，敬畏上天，忠於職守。這同《尚書·酒誥》幾乎可以媲美。西周中期以後，册命程式更趨完善。如穆王時的趞鼎記某年三月，王在宗周，戊寅日，王到太廟，密叔佑導趞就位，内史宣讀王之命書、賞賜。頌壺還記册命之後，頌“拜稽首，受命册佩以出，反（返）入（納）堇（覲）章（璋）”。《左傳·僖公二十八年》記周天子册命晉侯重耳，云：“鄭伯傅王，用平禮（周平王享晉文侯仇之禮）也。己酉，王享醴，命晉侯宥。王命尹氏及王子虎、内史叔興父策命晉侯爲侯伯，賜之大輅之服、戎輅之服，彤弓一、彤矢百、旅（盧）弓矢千，秬鬯一卣，虎賁三百人，曰：‘王命叔父，敬服王命，以綏四國，糾逖王慝。’晉侯三辭，從命，曰：‘重耳敢再拜稽首，奉揚天子之丕顯休命。’受策以出，出入三觀。”與金文若合符節。

訴訟在西周金文中也有所反映。曶鼎第二段記述曶從限接受

了五名奴隸，通過其小子（家臣）觳向執政大臣起訴效父的代理人限：我從效父處用一匹馬、一束絲贖買五個奴隸，雙方訂了契約，但限不履行；雙方在王宮外又另訂議約，用貨幣進行交換，於是買了這五個人，付出一百鋝錢，如不交出此五人，就要上告。邢叔在聽取申訴後作出判決：在王庭用金贖人，是合法的，將五個奴隸交給瞏。雙方執行判決，并互贈羊、絲、酒、矢等。由曶鼎銘可知，審理有待起訴，起訴可由代理人提出，訴訟後敗訴者要向勝訴者交矢五束。傂匜是另一個訴訟的案例。銘文說牧牛爲財產事起訴他的長官違背誓言，伯揚父作出判決：牧牛膽敢與長官爭財，要先誠信起誓，還須五位證人出庭作證，本應鞭打一千下，從輕處罰五百下，罰錢三百鋝。伯揚父又使牧牛第二次起誓，表示今後不再以大小事擾亂。伯揚父還讓刑獄官把斷獄事登入計簿。由此可見，西周的訴訟程序已較完備。

周人的尚德觀念屢見於金文。班簋："允才（哉）顯，佳（唯）苟（敬）德，亡逌（攸）違。"強調虔敬修德。師𩛥鼎提到"孔（嘉美）德"、"猷（胡，遠也）德"、"烈德"、"懿德"、"介（大）德"，對德極爲贊美。番生簋："丕顯皇祖考穆穆克誓（慎）厥德……番生不敢弗帥型皇祖考丕丕元德，用䚋（申）圝（紹）大（天）命，甹（屏）王位，虔夙夜溥求丕肆（正直偉大）德，用諫四方，柔遠能邇。"周統治者認爲只有敬德修行，才能做到上下和睦，國家安寧，王位鞏固，四夷感化。以德治國，是中華文明的一個重要組成部分，其源遠流長，經久不衰。

孝道也是周人的重要倫理觀念。《詩·周頌·閔予小子》："於乎皇考，永世克孝。"《載見》："率見昭考，以孝以享，以介眉壽。"《大雅·下武》："永言孝思，孝思維則。"《既醉》："威儀孔時，君子有孝子。孝子不匱，永錫爾類。"《尚書·酒誥》："妹土，嗣爾股肱，純其藝黍稷，奔走事厥考厥長。肇牽車牛遠服賈，用孝養厥父母。"這在金文中亦有體現。敔簋："用作文母日庚寶尊簋，俾乃子敔萬年，用夙夜尊享孝于厥文母。"頌簋："用作朕皇考龔叔、

皇母龏姒寶尊簋，用追孝。"史墙盘说墙的文考乙公農穡越歷，隹（唯）辟孝友"，意爲治理農事，播種收獲，以孝友爲行爲的準則。杜伯盨："用享孝于皇申（神）、祖考于（與）好朋友。"

崇尚天命的語句在金文中俯拾即是。大盂鼎："丕顯文王受天有大命。"時王并要盂"畏天畏（威）"。毛公鼎："丕顯文武，皇天引厭厥德，配我有周，膺受大命……唯天將集厥命，亦唯先正襄乂厥辟，勞勤大命，肆皇天亡（無）斁，臨保我有周，丕鞏先王配命。"銘謂天眷顧有德之人，有德者必配天，無德者不會得天之保佑。周王大多修德慎行，兢兢業業，不敢懈怠，恐天命有所失墜。鼎銘又說："敃（旻）天疾畏（威），司余小子弗及（急），邦將害（曷）吉？……余非庸又昏。汝毋敢妄（荒）寧，虔夙夕惠我一人……用仰昭皇天，䚄（申）圝（紹）大命，康能四國，俗（欲）我弗作先王憂。"鼎爲宣王時器。當時周已走下坡路，宣王雖希望經過努力，達致中興，但已有將失天命的隱憂。《詩·大雅·文王》："天命靡常……上天之載，無聲無臭。儀刑文王，萬邦作孚。"大意亦同。

西周金文字體初期承商代遺風，多波磔，利簋、作册令方彝就是典型的代表，其風格偉岸，筆畫粗重。西周中期以後，金文筆畫粗細若一，排列整齊，布局合理，字之大小隨意，風格漸趨多元。史墙盘之秀美，䚄鼎之凝重，㿟簋之恣肆，散氏盘之渾厚，毛公鼎之莊重，皆各領風騷。這些都是優美的書法作品，成爲近、當代人臨摹的範本。陳振濂《論金文書法的風格構成與歷史發展》對此多有分析。

西周金文中很多篇章遣詞斟酌，謀篇合理，文學色彩極濃。史墙盘頌揚周之先王，多用四字句，說文王"匍有上下，迨受萬邦"，武王"遹征四方，撻殷畯民"，昭王"廣能楚荆，唯煥南行"，近似于後世的排比句。贊美微氏先祖，說高祖"静幽"，乙祖"逋惠"，文考"舒遲"，既符合實際，又避免了重復。以二百八十餘字叙述周王七代、微氏家族六代功德、事迹，用字洗煉，

布局匠心獨運。

金文長篇多押韻。大盂鼎盂爲魚部字，王、方爲陽部字，邦屬東部字，慝爲職部字，事，祀、子爲之部字，魚、陽陰陽對轉，又與東部合韻，之、職陰入對轉押韻。虢季子白盤工爲東部字，方、陽、行、王、鄉、光、央、方、疆爲陽部字，東、陽合韻。西周晚期金文用韻已與《詩經》接近。韻字和諧聲偏旁是研究上古音的重要資料。王國維《兩周金石文韻讀》取金文、石鼓文韻字，"證近世古韻學之精密"，卓然有得。其後郭沫若、陳世輝續有補充。

春秋時期，周王室逐漸没落，勢同諸侯，而晉、齊、秦、楚等諸侯國則日益強大，其時重要銅器多爲諸侯國所製作。春秋金文初多繼承西周晚期風格，稍後則逐漸形成了各自的特點。

秦人處宗周故地，深受周文化影響。秦武公所作秦公及王姬鎛字體修長，與虢季子白盤一脈相承。銘文説："我先祖受天命商（賞）宅受（授）國，烈烈昭文公、静公、憲公不墜于上，昭答皇天……"諸諸國而以受天命自居，不無譖越之嫌。銘文又説"虤（庚）穌（和）胤土，咸畜左右，藹藹允義，翼受明德，以康奠協朕國"，重用世卿，網羅人才，謀與東方諸侯爭霸，志在千里。

晉文公在城濮之戰中大敗楚軍，又與諸侯爲踐土之盟，尊王攘夷，成爲一代霸主，周襄王賞賜優渥，子犯編鐘詳記其事。邵黛即晉卿呂相，他善事晉公，作戰武勇，晉公賜以大鐘八肆。邵黛鐘形容鐘虡之龍形"蹻蹻"，也極生動。晉始祖唐叔爲周武王子，春秋時晉與周、鄭、虢、衛又相密邇，故文字風格甚爲接近。

齊爲春秋五霸之一，國勢較強。齊頃公時大臣國差（佐）所作鎛爲工師偌所鑄。器鑄工師之名，以此鎛爲早，開物勒工名之風氣，可見齊工官製度的完善。銘文祈禱齊侯無咎無疢，齊邦謐静安寧，與秦公簋、秦公大墓磬銘語例相近。國佐死于齊靈公九年（前573年），正是秦公大墓磬銘製作之年（秦景公四年）。齊金文稍晚則有著名的叔夷鎛。

　　楚爲南方大國，楚及其周圍的陳、蔡、江、黄在文字上同屬一系。河南淅川出土王子午鼎銘是一篇政教之辭。王子午乃楚莊王子令尹子庚，他"不畏不差，惠于政德，淑于威儀，闌闌肅肅……緐民之所亟"。此器文字秀美，頗多裝飾意味，是鳥蟲書的濫觴。

　　安徽壽縣出土的蔡侯申盤文字風格與王子午鼎相近。申即蔡昭侯，他"虔敬大（天）命""肇佐天子"，顯然也自視爲大國。銘文用了很多疊音詞如"穆穆𢙻𢙻"、"遊遊"，文辭典雅，節奏鏗鏘，極爲優美。

　　吳、越雄踞東南，一度虎視華夏。吳王光鑒出于蔡墓，爲吳王闔閭所作，闔閭與光一名一字。吳王光女爲叔姬，證明吳爲周之後裔。銘稱既生霸爲"既字白期"，稱叔姬之夫（蔡侯）爲"乃后"，也說明吳文化有濃厚的周文化色彩。

　　商、周金文研究的歷史，極爲悠久。《左傳·襄公十九年》記魯國大臣臧武仲反對執政季武子以伐齊所得兵器鑄林鐘，曰："非禮也。夫銘，天子令德，諸侯言時計功，大夫稱伐。今稱伐，則下等也；計功，則借人也；言時，則妨民多矣，何以爲銘？且夫大伐小，取其所得以作彝器，銘其功烈，以示子孫，昭明德而懲無禮也。今將借人之力，以救其死，若之何銘之？小國幸於大國，而昭所獲焉以怒之，亡之道也。"春秋時齊是大國，魯是小國，小國僥幸戰勝大國，便欲銘功記烈，只會招來亡國之禍。由這一段話，可以看出，春秋時人對金文主旨的認識是很深刻的。

　　戰國時期，金文已漸衰微，其時流行"物勒工名"式的短銘，只在器上刻器物的監造者、工匠的名字，以及容量、重量等。就在這種風氣下，仍有中山王𧊒鼎、𠫑盜圓壺等長銘（前者469字），雖鳳毛麟角，但雍容典雅，可與子思、孟子之文相頡頏。《墨子·兼愛下》："若夫兼相愛，交相利，此自先聖六王者親行之。何以知先聖六王之親行之也？子墨子曰：吾非與之並世，同時親聞其聲見其色也，以其所書於竹帛、鏤於金石、琢於槃盂，傳遺

後世子孫者知之。"可見戰國人注意研讀包括金文在内的銘辭，以了解古人的思想、文化。

到了漢代，金文更是每况愈下，加之從戰國後期起，隸書開始流行，以至漢代的一般讀書人對殷、周金文多已不能通讀。就在此時，仍有不少學者研究金文，取得了相當成績。

《漢書·郊祀志》記載，西漢宣帝時（前 73 年～前 49 年），"美陽得鼎"，當時的京兆尹（首都市長）張敞釋其銘文爲："王命尸臣，官此枸邑。賜爾旂鸞、黼黻、琱戈。尸臣拜手稽首曰：敢對揚天子丕顯休命。"漢美陽縣城即今陝西省扶風縣法門寺，是周人早期都城岐周所在地，後世稱作周原，歷代屢有西周重要青銅器出土，張敞所讀者乃西周鼎銘。用今天的眼光看，尸即夷字，枸邑即今陝西省旬邑縣，見於周屬王時器多友鼎銘，黼黻即金文常見的市，琱戈、拜手頴（稽）首、對揚丕顯（不顯）休皆金文習見詞語，可見張敞的釋讀水平是很高的。

兩漢時代，如許慎《説文解字叙》所説"郡國亦往往於山川得鼎彝，其銘即前代之古文。"許慎是東漢著名的經學家、文字學家，他對鼎彝文字亦即金文進行了深入的研究。《説文解字》一書收入 225 個異於小篆的籀文，其中 223 個與金文相合。所謂籀文，即《史籀篇》中的文字。《史籀篇》據班固《漢書·藝文志》説，乃"周宣王大史作"，《説文解字叙》也説："及宣王大史籀著大篆十五篇，與古文或異。"當代很多學者都同意班、許之説。王國維《史籀篇叙録》、《戰國時秦用籀文六國用古文説》以爲："《史籀》一書，殆出宗周文勝之後，春秋、戰國之間秦人作之，以教學童。"唐蘭先生早年也同意王説。《史籀篇》大約成書於春秋、戰國之際，但籀文確實保留了不少傳抄的商、周、春秋文字，是研究金文的重要資料。

從魏晉到五代，在大約 760 年的時間内，金文的研究比較沉寂。三國至隋統一前，社會動蕩，民族紛争，玄學、佛學盛行，儒學衰落；隋、唐國家統一，經學昌明，然科舉取士，急功近利，

士人唯重經文義疏，金石考古之學不切實用，遂被輕視。這一時期的文字學主要是研究《說文》，其代表人物有李陽冰、徐鍇等。

金文研究真正成爲一門學問，是從北宋開始的。北宋開國之君趙匡胤"陳橋兵變，黃袍加身"，奪取了後周的政權。爲了改變晚唐、五代軍閥割據的局面，趙宋王朝一方面加強集權製度，另一方面"偃武修文"。於是上至皇帝，下至一般士大夫，皆喜好搜集古器物，摩挲玩賞，考古釋文，蔚成風氣。如王國維《宋代金文著錄表》所說："趙宋以後，古器愈出，秘閣太常既多藏器，士大夫如劉原父（敞）、歐陽永叔（修），亦復蒐羅古器、徵求墨本，復得楊南仲輩爲之考釋，古文之學，勃焉中興。伯時、與叔（呂大臨）復圖而釋之。政、宣之間，流風益煽，《籀史》所載著錄金文之書至三十餘家，而南渡後諸家之書尚不盡與焉，可謂盛矣。"

宋人的金文研究，主要在三個方面做出了優異成績：

一是摹寫、著錄器形銘文。嘉佑中（1056年～1063年）劉敞爲永興（今西安市）守，得古器多件，使工摹其文，圖其像，刻之於石，名《先秦古器記》。元祐壬申（1092年），呂大臨著《考古圖》，收銅器224件，附有釋文及簡略考證。大觀初（1107年），王黼奉宋徽宗之命，編成《宣和博古圖錄》，收古器839件，分20類，每器有圖、釋文、考說，各器之大小尺寸、容量輕重，亦有注明。

二是摹錄考釋銘文。紹興十四年（1144年），薛尚功《歷代鐘鼎彝器款識法帖》刊行，對所收銅器摹寫器銘，附以釋文，并就史籍作以簡單考釋。稍後，王厚之（復齋）《鐘鼎款識》、王俅《嘯堂集古錄》亦爲同類之書。

三是專門性考釋。這類書有歐陽修《金石錄跋尾》、趙明誠《金石錄》等，"撮其大要，別爲錄目，因并載其可與史傳正其闕謬者，以傳後學"。

宋人對青銅器進行分類，其所定器名雖有個別不準確，但多數沿用至今。宋人搜集、摹錄、考訂金文，爲後來的進一步研究

打下了堅實的基礎，其開創之功不可沒。當然，宋人的研究也有不足，如著錄書真偽器雜收，摹字或有失真，考釋不很精確等，但這是研究初期階段難於完全避免的。王國維對此有十分中肯的評價："竊謂《考古》、《博古》二圖，摹寫形製，考訂名物，用力頗鉅，所得亦多。乃至出土之地，藏器之家，苟有所知，無不畢記，後世著錄家當奉爲準則。至於考釋文字，宋人亦有鑿空之功；國朝阮、吳諸家，不能出其範圍。若其穿鑿紕繆，誠若有可譏者，要亦國朝諸老之所不能免也。"

元、明兩代，因爲南宋以來理學的影響，學者"束書不觀，游談無根"，金文研究漸趨衰落。

清代康乾以後，國家政治上空前統一，最高統治者推崇漢文化，以戴震爲首的學者大力提倡樸學，語言文字之學受到高度重視，在這一文化背景下，金文研究逐漸復興。

乾隆十四年（1749年），梁詩正等奉敕編《西清古鑑》，收清廷內府藏商、周至唐銅器1529件；五十八年（1793年），王傑等又奉敕編《西清續鑑》甲編，收銅器944件。在其推動下，清人金文著錄書達三十餘種，遠遠超過宋人。其中如阮元《積古齋鐘鼎彝器款識》、吳榮光《筠清館金文》、徐同柏《從古堂款識學》、吳式芬《攈古錄金文》、吳大澂《愙齋集古錄》、端方《陶齋吉金錄》皆影響較大者。

清代學者的金文考釋水平，遠遠超過宋代。徐同柏、許瀚的金文考釋，已能注意字形結構的內部聯係。如徐氏釋𦫵爲臍，許氏釋𪊽爲苟（敬之本字），皆有卓識。同治、光緒以後，方濬益、吳大澂、孫詒讓、劉心源諸家，更在這方面取得了巨大的成就。方濬益歷經三十餘年，著成《綴遺齋彝器款識考釋》，每器有摹本、釋文、考證，其成就遠在阮元《積古齋彝器款識》之上。吳大澂著《說文古籀補》，收字以金文爲主，兼收石鼓、古陶、璽印、貨幣等文字，訂《說文》之失，是較早的古文字工具書。孫詒讓是清末的樸學大師，精於音韻、訓詁之學，他對甲骨文、金

文都有精深的研究,《古籀拾遺》、《古籀餘論》、《名原》是其代表作。孫氏考釋文字,"參互推案",分析偏旁,探討字形演變規律,其所得遠邁前賢。楊樹達說:"清末孫仲容出,深通古人聲韻,著書滿家,其說古籀通讀,大都聲義密合,辭非苟設。"誠非過譽。劉心源有《奇觚室吉金文述》,於文字形體分析亦頗多發明。

1898 年,殷墟甲骨文被發現,隨後形成了研究高潮。晚清至民國時期的學者,如羅振玉、王國維、唐蘭、于省吾、容庚、商承祚,多兼治甲骨、金文。他們有深厚的樸學根底,又受西歐學術思想的影響,所以能在金文研究中取得輝煌的成就,使金文研究步入一個嶄新的階段。

羅振玉著有《殷文存》、《貞松堂集古遺文》,晚年更編《三代吉金文存》,收 4800 餘件銅器銘文,在當時是煌煌巨著。在文字考釋方面,羅氏也有不少獨到的見解。

王國維有《觀堂古金文考釋》、《史籀篇疏證》及多篇考釋金文的序、跋,其見解多深刻精到,發前人所未發。王氏主張把古文字放在古人生活的時代背景下去分析,力戒穿鑿附會。《毛公鼎考釋叙》云:"文無古今,未有不文從字順者。今日通行文字,人人能讀之,能解之。《詩》、《書》、彝銘亦古之通行文字,今日所以難讀者,由我輩之知古代不如知現代之深故也。苟考之史事與製度文物,以知其時代之情狀;本之《詩》、《書》,以求其文之誼例;考之古音,以通其誼之假借;參之彝器,以驗其字之變化,由此以至彼,即甲以推乙,則於文字之不可識,誼之不可通者,必閒有獲焉。然後闕其不可知者,以俟後之君子,則庶乎其近之矣。"王氏用金文考證古史及禮製,頗多發明。他還提出了史學研究的新方法論,即"二重證實法"。王國維的學術成就是多方面的,在近代學術史上,他是一位劃時代的學者。

羅、王之後,郭沫若在金文研究中也取得了傑出的成就。郭氏是文學家,也是一位唯物主義的史學家。他的主要著作是《兩周金文辭大系圖錄考釋》(1935 年初版),該書創立了標準器斷代

法，以王年明確的銅器作標準器，以其人物、文例、花紋與未知器相比對，爲之斷代。《大系》以王系列西周金文 162 件，東周列國器 161 件，使散亂的金文成爲信史。此外，郭氏還有《殷周青銅器銘文研究》、《金文叢考》、《古代銘刻匯考》等。

唐蘭 1934 年出版的《古文字學導論》是關於古文字的理論之作，其中多涉及金文的考釋方法。于省吾金文專著有《雙劍誃吉金文選》，收殷周金文 469 篇，"比類梳辭，通其幽眇"。此外還有《雙劍誃吉金圖錄》、《雙劍誃古器物圖錄》等。容庚 1925 年出版《金文編》初版本，摹釋精確，收字全面，考釋謹嚴，比之吳大澂《説文古籀補》、丁佛言《説文古籀補補》有較大進步。容氏還有《頌齋吉金圖錄》、《海外吉金圖錄》等金文著錄書以及《商周彝器通考》這樣研究青銅器的煌煌巨著。

建國以來的五十多年，金文研究走過一條曲折的道路。一方面，這一時期因爲農田基建和考古發掘的全面開展，各地出土和發現了大量的青銅器，其史多有重要銘文；建國初，黨和政府提倡"百花齊放，百家争鳴"，學術空氣比較民主、自由，也促進了學術研究，其中包括金文研究的進展。但從 1957 年反右擴大化以後，強調拔白旗，批所謂的資產階級反動權威，學人噤若寒蟬；"文革"十年，研究工作更完全停頓。改革開放以後，撥亂反正，迎來了科學的春天，金文研究也取得了極其輝煌的成績。

1956 年，于省吾出版《商周金文錄遺》，收器 616 件，是對《三代吉金文存》的重要補充。1963 年，陳夢家《美帝國主義劫掠的殷周銅器集錄》出版，收銅器 845 件，銘文 500 餘件，也是重要的金文著錄書。

建國以來各省發現的有銘青銅器已達千餘件，其中利簋、何尊、宜侯夨簋、史墻盤、裘衛諸器、師𧫢鼎、儕匜、馱簋、秦公及王姬鎛、晉侯蘇鐘等皆曠世瑰寶。1984 年，徐中舒師《殷周金文集錄》出版，收摹錄銅器銘文 973 件，使用甚便。

1983 年末，臺灣藝文印書館出版嚴一萍《金文總集》，收傳世

及新出金文八千多件，是一次系統的結集。1984 年～1994 年，中國社會科學院考古研究所編《殷周金文集成》由中華書局出版，收金文 11983 件，是金文資料集大成的巨著。至於各省市編的金文著錄書，還有多種。2001、2002 年，華東師範大學中國文字研究與應用中心編《金文引得》（殷商西周卷、春秋戰國卷）出版，又收錄了《集成》出版後發現的金文釋文多件。

1955 年 9 期～1956 年 3 期的《考古學報》發表了陳夢家的《西周銅器斷代》。該文結合器形、紋飾、銘文諸要素爲青銅器斷代，是研究金文的名文。惜以種種原因，文未寫完。

楊樹達從 20 世紀 40 年代起研究金文。1959 年科學出版社出版其《積微居金文說》增訂本，收短跋 381 篇，對 314 篇金文作了考釋。楊氏對語法、音韻、訓詁、文字、文獻皆有精深的研究，其金文訓解多精闢深刻，堅確不移。

容庚在建國後兩次修訂其舊著《金文編》。1985 年出版的四版本由馬國權、張振林協助增修，正編收單字 2420 個，重文 19357 個，成爲目前最權威的金文形體大典，是每一個金文研究者必備的工具書。當然，這本書并非盡善盡美，已有幾位學者試作校補，據聞張振林等也擬重出訂補本。此外陳初生《金文常用字典》、王文耀《簡明金文辭典》辨析字形，分項釋義，甚便初學者使用。它如高明《古文字類編》、徐中舒師《漢語古文字字形表》、周法高《金文詁林》、戴家祥《金文大字典》也是金文研究者需要參考的。

唐蘭從 20 世紀 30 年代起開始研究金文，重視字形分析、歷史考證，取得了一系列重要成果。猷鐘舊稱宗周鐘，唐蘭由器形、銘文、書法、史蹟着眼，斷定此器作於厲、宣時期，猷當讀爲胡，即厲王本名，因改定鐘名爲"周王猷鐘"，已成定論。令彝銘有"京宮"、"康宮"，前人多說康、京爲修飾詞語，唐蘭說京宮是大王、王季、文王、武王、成王的廟，康宮是康王、昭王、穆王以下的廟，使一大批金文得以準確斷代。唐先生晚年有《試論周昭

王時代的青銅器銘刻》及《西周青銅器銘文分代史徵》，對西周金文作了系統研究，惜後者未寫完，終有遺憾。

徐中舒師將金文考釋與先秦史研究緊密結合，也卓有成績。《金文嘏辭釋例》對近 60 種嘏辭詳加考釋，探討殷周人之神祖觀念、貴生思想，并由其時代風格、地方範式對銅器作時代、地域之劃分，是金文研究里程碑式的作品。《禹鼎的年代及其相關問題》討論禹的家世、年代、西周時代對南方的戰爭、噩之所在、西六師、殷八師以及西周的軍製，是金文研究的典範之作。

李學勤自 20 世紀 60 年代起，致力於新出土或新發表的青銅器及其銘文的研究。《新出青銅器研究》收文 43 篇，對史墻盤、師䚢鼎、多友鼎、史惠鼎、駒父盨蓋等重要銘文提出新解。《西周中期青銅器的重要標尺》一文將扶風莊白一號銅器窖藏出土 103件銅器及强家村窖藏出土 7 件銅器銘文所反映的微氏、號季家族世系列表排列，以之爲標尺，對中方鼎等一大批銅器斷代，是陳夢家《西周銅器斷代》以後的又一力作。李先生近年新作《走出疑古時代》、《夏商周年代學札記》兩書也收有研究金文的文章。

裘錫圭先生的金文考釋重視文字、語言的緊密結合，其字形分析常聯係甲骨文及戰國文字，作縱橫兩方面的比較，其說多精確不移。㲋簋："㲋率有司、師氏奔追勁戎于臧林，博戎戠。"勁裘先生初據中山王兆域圖"不行王命者恐（㳹）逐子孫"釋聯，讀爲攔，後又據晉侯靮盨"甚（湛）樂于原迴"（隰）改釋，讀爲襲，所說極是。臧林諸家多說在周原地區，裘先生則說即《左傳·襄公十六年》的許地棫林，在今河南葉縣，戠即胡，在郾城縣界（葉縣之東），就當時的形勢看，裘說甚爲洽適。

此外，黃盛璋、馬承源、周法高諸位先生也在金文研究上取得了顯著成就。

金文有名詞、動詞、數詞、量詞、形容詞、代詞、連詞、介詞、語氣詞、象聲詞，大體上後世有的詞類金文全有。容庚 1929年作《周金文中所見代名詞釋例》，重點分析人稱代詞及指示代

詞，是金文詞匯研究的開山之作。馬國權《西周銅器銘文數詞量詞初探》是其未刊文《兩周金文辭詞法初探》的部分章節。文中指出兩早期是輛的假借，作量詞，稍後成爲數詞，但多指天然成雙的東西，再後則同于二，可謂剖析入微。張振林《先秦古文字材料中的語氣詞》、陳永正《西周春秋銅器銘文中的聯結詞》、唐鈺明《其、厥考辨》亦多有發現。

金文語法已相當完善，後世所有語法現象西周、春秋時多已出現。管燮初《西周金文語法研究》對西周金文詞類、構詞法以及主語、謂語、賓語、兼語、修飾語、補語等句子成分作了全面、系統的分析與歸納，是該領域劃時代的著作。但該書未涉及句類和復句，爲以後的研究留下了很多課題。李瑾《漢語殷周語法問題檢討》、楊五銘《西周金文被動句式簡論》指出被動句至遲西周已出現，不會晚至"春秋以後"，頗具卓識。

海外學者的金文研究，以日本學者白川靜最爲成績突出。其所著《金文通釋》對千餘件金文匯集衆說，折衷公允，又能自出新解，也是金文研究者需要參考的。該書卷帙浩繁，又是日文，曾有學者選譯，希望能有全譯本。白川氏另有《金文的世界》、《西周史》，以金文爲主要資料研究西周歷史、文化，深入淺出，讀來趣味盎然。此外，日本赤塚忠、松丸道雄、林巳奈夫和美國夏含夷等也對部分殷、周金文有所研究。

近年，已有多位中年古文字學者在金文研究領域取得了顯著成績，還有一批青年學者嶄露頭角。

現在，很多金文研究者已開始引入現代科技，如用電子信息手段編製各種金文引得，大陸及港、臺已建有幾種金文資料庫。同時，也有許多青年熱心於金文的學習與研究。古老的金文研究，正煥發出旺盛的生命活力，必將取得更大的成績。

三　金文釋讀

1．四祀𠀬其卣

　　傳 20 世紀三四十年代出土于河南安陽小屯殷墟，現藏北京故宮博物院。器外底有銘文 8 行 42 字，蓋、器内底各 4 字。又稱亞貘卣。

【著 錄】

　　《録遺》275　　《鄴》三上 32　　《集成》10·5413

【釋 文】

　　乙巳，王曰："障（尊）文武帝乙宜[1]。"才（在）召大廊（庭）[2]，徟（遘）乙羽（翼）日丙午[3]，魯[4]。丁未，煮（?）[5]。己酉，王才（在）梌（榆），𠀬其易（賜）貝[6]。才（在）四月，隹（唯）王四祀羽（翼）日[7]。（器外底銘）亞貘父丁[8]　　（蓋、器内底銘）

【注 解】

[1] 障或釋奠，从酉从𠬞，象雙手奉尊之形，與尊爲一字。或从阜（阝），奉獻登祭之義益明。銘中用爲祭祀名。文武帝乙，即商第三十代王帝乙，帝辛（紂）之父，其名又見於周原甲骨 H11：1 "彝文武帝乙宗"。"文武"爲冠於王名前的美稱。帝本指上帝，殷末，時

① 外底銘

② 蓋銘

圖1－①② 四祀邲其卣銘文

王稱亡父亦曰帝。《史記・殷本紀》：“帝乙立，殷益衰。”宜，用牲法。殷卜辭《掇》1・550：“辛未貞，桒禾于河，尞三宰，宜牢。”

［2］ 才，讀爲在。召，音 shào，地名。殷卜辭《前》2・22・1：“乙巳卜貞，王迻于召……”廊从广，耴（聽）聲，讀爲庭。召太庭，地名，見《後》上12・1。

［3］ 古文字彳與辵旁通用。遘，音 gòu，祭名。殷卜辭《鄴》三。1・32：“才（在）正月，遘于妣丙……”乙，殷先王大乙（成湯）。一說，遘，遇到。羽，卜辭或作翊、翌。《說文》作翌（yù），云：“明日也。”丙午正是乙巳的“明日”。典籍通作翼，《尚書・武成》：“越翼日癸巳。”銘中用爲祭名。

［4］ 䲡，《說文》：“獸名。从㲋，吾聲。讀若寫。”《禮記・曲禮》：“器之溉者不寫，其餘皆寫。”鄭玄注：“寫者，傳己器中乃食之也。”《商周古文字讀本》（以下簡稱《讀本》）以爲“此處爲祭祀時將食物從一器移置他器的一種儀式”，可爲一說。字下部不很清楚，遣小子簋此字作，則應隸作䲡，從上下文義看，似爲祭名。

［5］ 未下一字不能確認，有學者隸作煮。《說文》：“鬻，孚也。煮，鬻或从火。”鈕樹玉校錄：“宋本作‘孚也’，蓋即亨譌，《繫傳》、《韻會》亯作烹，俗。”庚兒鼎作，形近。《周禮・天官・亨人》：“職外內饔之爨亨煮。”銘中用爲祭名。

［6］ 楡讀爲榆，地名。殷卜辭《粹》979：“乙酉卜貞，王其田榆，亡戈（災）。”易，音 cì，今通作賜，典籍多作錫。《公羊傳・莊公元年》：“王使榮叔來錫桓公命。錫者何？賜也。”邲其，器主。“邲其易貝”爲被動句式，邲其是被賜貝的對象，主語是王，但已省略。貝字象貝殼形。在春秋以前，貝曾被用作貨幣。《說文》：“貝，海介蟲也……古者貨貝而寶龜，周而有泉，至秦廢貝而行錢。”

［7］ 祀，殷人稱年曰祀。《爾雅・釋天》：“夏曰歲，商曰祀，周曰年。”邢昺疏引孫炎曰：“（商曰祀）取四時祭祀一訖也。”不過，西周仍有沿此習慣者，如大盂鼎：“隹王廿又三祀。”《尚書・洪範》：“惟十有三祀，王訪于箕子。”

［8］ 亞貘，國族名。父丁，邲其之父，爲祭祀對象，丁爲其日名，表示在此日祭祀，用日名也是商人的禮俗。

【斷代】

銘文提到祭祀"文武帝乙"，則時王爲其子帝辛，器作於帝辛四月。傳殷墟同出又有二祀、六祀卲其卣，皆爲同人所作相鄰年份之器。二祀、四祀二件卲其卣張政烺先生疑僞，于省吾先生以爲不僞，今從于説。1991年陝西岐山縣北郭鄉樊村出土亞卲其斝（《文物》1992年6期），證明商代確有名"卲其"之人。

2．戍嗣子鼎

1959年河南安陽後岡殷代圓葬坑出土，今藏中國社會科學院考古研究所安陽工作站。銘3行30字（内合文2）。

【著錄】

《銘文選》一，18　　《集成》5·2708

【釋文】

丙午，王商（賞）戍嗣子貝廿（二十）朋[1]，才（在）𠤳（闌，管）宗[2]。用乍（作）父癸寶䵼（餗）[3]。隹（唯）王䭬𠤳（管）大室[4]，才（在）九月。犬魚[5]

【注解】

[1]　商，讀爲賞，賜也。戍，武官名，主管守衛與征伐。嗣子，帝王或諸侯的承嗣子（多爲嫡長子）。《史記·五帝本紀》："堯曰：'誰可順此事？'放齊曰：'嗣子丹朱開明。'"引申爲嫡長子。朋，貝

圖2　戊嗣子鼎銘文

幣單位。《詩·小雅·菁菁者莪》："既見君子，錫我百朋。"鄭玄箋："古者貨貝五貝爲朋。"王國維則説一串五貝，一朋十貝。

［2］ 霝，地名，又見周初器利簋（見下），作霝，《金文編》以爲闌字之

繁。于省吾説："從柬從間從官之字同屬見紐，又係疊韻，所以寰可讀爲管。"管在今河南鄭州西北。《逸周書·大匡解》："惟十有三祀，王在管。管叔自作殷之監，柬隅之侯咸受賜于王。"又《文政解》："惟十有三祀，王在管，管、蔡開宗循。"宗，《説文》："尊也，祖廟也。從宀，從示。"宗字與常見者有異，或隸作宝，讀爲主。

[3] 父癸，戊嗣子之亡父，商人祖考以日干爲名。齋字從鼎從匕，柬聲，殆餗字異構。《説文》："鬻，鼎實。'惟葦及蒲'，陳留謂鍵爲鬻。從鬲，速聲。餗，鬻或從食，束聲。"鼎實，引申爲佳肴美味。《易·鼎》九四："鼎折足，覆公餗。"孔穎達疏："餗，糝也，八珍之膳，鼎之實也。"銘中或用爲鼎名，以其所盛之物名鼎。

[4] 饡，音 yuē。《方言》："餀謂之餚。"郭璞注："餀，以豆屑雜餳也"。《玉篇》："餀，飴和豆也。亦作登。"王筠《説文句讀》："餀、餐皆登之别體，即今之豆沙也。"在殷末周初器銘中多用爲祭名。亦有學者讀爲祼。大室，又稱太室，爲太廟中央之室，亦指太廟。《尚書·雒誥》："王入太室祼。"孔氏傳："太室，清廟。"孔穎達疏："太室，室之大者，故爲清廟。廟有五室，中央曰太室。"

[5] 犬魚，氏族名。

【斷 代】

父癸用日名，有氏族銘文，約爲商末器。

3．子黃尊

1965 年出土於陝西長安縣灃西鄉大原村，現藏西安市文物保護考古研究所（原文管會）。圈足内壁有銘文 8 行 37 字。或稱乙卯尊。

【著録】

《古文字研究》第十三輯王慎行文《乙卯尊銘通釋譯論》附
《集成》11·6000

圖3　子黄尊銘文

【釋文】

乙卯[1]，子見才（在）大（太）室[2]：白□一（?），取
（?）琅九[3]、生（牲）百[4]。用王商（賞）子黄蠠
（瓚）一[5]、貝百朋。子光（貺）商（賞）妣丁貝[6]。
用乍（作）己□［室?］□（盨?）[7]。冀[8]

【注解】

[1] "乙卯"二字不很清晰，王慎行認爲是"乙卯"二字，張亞初、李
玲璞等以爲一字，與子（巳）連，讀作"乙巳"或"□巳"。此取
前説。

[2] 子，林澐《從武丁時代的幾種子卜辭試論商代的家族形態》以爲
是與商王有血親關係的父權家族族長的尊稱。王慎行指出古時非
同姓、同宗、同族是不能入同一宗廟祭祀的，又銘末鑄冀字，與

晚商器省卣、黿觥、叔霖卣同，子可向商人貢物、對僚屬賜玉貝之類貨寶，"'子'的身份必爲當時的父權家族族長無疑。"其説是。見，王慎行讀爲獻，然文獻乏證。疑見應讀爲覲，《尚書·舜典》："覲四岳群牧。"《史記·封禪書》引覲作見。覲爲祭祀，《文選·班固〈東都賦〉》："覲明堂，臨辟雍。"李善注："《東觀漢記》曰：'永平三年正月，上宗祀武皇帝於明堂。'"李玲璞隸作望，字形明顯不合。

[３] "白□一"王慎行以爲是白色某物一件，李玲璞讀爲伯。按：白與一之間字空過大，是否有殘畫不能肯定。琅字右旁良作，與殷墟甲骨文良作（《乙》2510）同。琅，《説文》："琅玕，似玉者。从玉，良聲。"琅前一字王慎行隸作耵，《説文》："耵垂也"，并疑"耵琅"，爲"琅耵"之倒文，"係指青色珠玉作成的耳環，今俗稱'耳墜子'，屬耳飾之類。"但祭祀何故要獻耳環，殊不可解。疑此字應爲取字；右旁乙應爲又，上部未剔去。取爲選取。

[４] 生，王慎行隸作屮，讀爲侑，祭名。李玲璞等《金文引得》隸作生。按生字是，亩鼎生字作屮，可證。生讀爲牲。銀雀山竹簡《晏子·七》："今吾欲具圭璧犧生，令祝宗薦之上下，意者體可奸（干）福乎？"文在傳本爲《內篇問上》第十章，明本生作牲。"銘上言取琅，下言取牲，與"圭璧犧生（牲）"意近。

[５] 用，因而，連詞。臱字郭沫若《大系考釋·敄簋》云："臱即虜之古文，象形。'圭臱'連文乃謂圭瓚也。毛公鼎亦云'鄹圭臱寶'，圭臱乃用以灌鬯，故言鄹（祼），乃可貴之物，故言寶。"瓚係古代行裸禮時所用的把鬯用具，以黃金爲勺，圭璋爲柄。《周禮·春官·典瑞》："裸圭有瓚，以肆先王，以裸賓客。"鄭玄注："漢禮，瓚槃大五升，口徑八寸，下有槃口，徑一尺。"《詩·大雅·江漢》："釐爾圭瓚，秬鬯一卣。"師訇簋："易女秬鬯一卣，圭臱。"金文與文獻互證，臱讀爲瓚應可信。于黃爲作器者名。王慎行"黃臱"連讀，引《詩·大雅·旱麓》："瑟彼玉瓚，黃流在中"爲説，然典籍未見黃、瓚連用之例，其説非是。

[６] 光讀爲貺。《詩·小雅·彤弓》："中心貺之。"毛傳："貺，賜也。"貺、賞同義連用，亦見於商器喬卣："子光商喬貝二朋。"或説是

光寵之賜，亦通。姒或隸作妃。《爾雅·釋親》："女子同出，謂先生爲姒，後生爲娣。"郭璞注："同出謂俱嫁事一夫。"姒丁或爲子黃之妻。王愼行謂"'姒丁'受賞而作器，其必爲器主之名無疑。"但受賞者實是子黃。子黃受賞後，因爲高興，便轉賜部分貝予其妻。其妻只是承受賜貝者，非直接自王接受貝者。

[7] 此句末尾一字疑爲盦字。盦字或從鼎，齊聲作鸞（呂鼎）；或從皿妻聲作鬵（史弔鼎）。商末的戌甬鼎作鬵。從齊，下訛從火，此從皿，齊聲，應爲正體。仲釕父鬲作鬵，誤從血；古陶又作鬵（《漢語古文字字形表》188頁），皆其流變。《説文》："盦，黍稷在器以祀者。"段玉裁注本改作"黍稷器所以祀者"，云："各本作'黍稷在器以祀者'，則與盛義不別，今從《韻會》本。按《周禮》一書，或兼言盦盛，或單言盦，單言盛，皆言祭祀之事，他事絶不言盦盛，故許皆云'以祀者'。兼言盦盛，若《甸師》、《舂人》、《肆師》、《小祝》是也；單言盦，若《大宗伯》、《小宗伯》、《大祝》是也……"段氏對大徐本的改動雖不可取，但他指出盦盛可分用，盦有盛的意義，却是可取的。盛《説文》解爲"黍稷在器以祀者也"，引申可指一般意義的盛放、容納，或以器裝物。《詩·召南·采蘋》："于以盛之，維筐及筥。"《漢書·東方朔傳》："壺者，所以盛也。"尊爲盛酒器，亦得言盦。

[8] 糞，族氏名，商末器銘多見。

【斷 代】

王愼行從形製花紋、銘文用語、字體書法三個方面斷此尊爲商末器。也有人斷爲商末或周初。按"光（貺）商（賞）"連用見於嗇卣，該器李學勤考定爲"帝乙十五祀或其前後鑄作的器物"；又琅字所從之良形與殷甲骨文近，而與西周、春秋金文有異，故王氏之説當可信。

4．我方鼎

傳出河南洛陽。器今藏台灣故宮博物院。蓋、器同銘6行43字。又稱我甗、禦鼎、禦簋。

【著錄】

《貞松續》中47　《集成》5·2763

【釋文】

隹（唯）十月又一月丁亥[1]，我乍（作）禦㳚且（祖）乙匕（妣）乙、且（祖）己匕（妣）癸[2]，延（誕）礿叔二母[3]，咸。與遣祼□[4]、㲇貝五朋，用乍（作）父己寶障彝[5]。亞若[6]

【注解】

［1］ 十月又一月，即十一月。

［2］ 禦，《説文》：“祀也。”段玉裁注：“後人用此爲禁禦字……古只用御字。”㳚字楊樹達釋祭，說：“㳚从血从示，象薦血於神前，蓋祭字也。”張亞初隷作恤。《説文》：“恤，憂也。”趙平安隷作咢，說是“用血祭來攘災除禍”。祖乙，我之祖父，乙爲日名。匕，讀爲妣，先祖配偶。銘中妣乙爲祖乙配偶，妣癸爲祖己配偶，共二人，即下文“二母”。或以爲祖乙、妣乙、祖己、妣癸共四人，不確。

［3］ 延，同延，讀爲誕，《爾雅·釋詁上》：“大也。”礿，《説文》：“夏祭也。”叔，像以木爲束架於示前焚燎以祭天神，即柴字。《説文》：“柴，燒柴樊燎以祭天神。”異體作柴。

［4］ 咸，既，已經，指祭祀儀式結束、完畢。咸下一字或釋與，或釋

29

圖 4　我方鼎銘文

异，字形均不盡合，此暫从郭沫若說釋與。遣，《說文》："縱也。"即派遣。遣下一字，唐蘭釋祼，指主人以圭瓚酌酒灌地，即祼祭也。《尚書·洛誥》："王入太室祼。"也指祭時酌酒敬賓客。《周禮·春官·典瑞》："以肆先王，以祼賓客。"賈公彥疏："……至於生人飲酒亦曰祼，故《投壺禮》云：'奉觴賜灌。'是生人飲酒爵行亦曰灌也。"銘謂祭畢以祭酒賜賓客。

[5]　彝，《說文》："宗廟常器也。"祭器之通稱。

[6]　亞若，氏族名。一說亞爲武官，若乃製器者私名。我乃若之自稱。

【斷代】

從祭名及祖日名看，鼎應爲殷末或周初器。

5．利 簋

1976 年陝西臨潼縣零口鄉西段村青銅器窖藏出土，現藏國家博物館。4 行 32 字。

【著 錄】

《文物》1977 年 8 期　《集成》8·4131

【釋 文】

珷征商[1]，隹（唯）甲子朝[2]，歲鼎（貞）克聞，夙又（有）商[3]。辛未，王在𣪘𠂤[4]，易又（右）事（史）利金[5]，用乍（作）𣪘公寶障彝[6]。

【注 解】

［1］ 珷字从王，武聲，是爲周武王造的專名字。

［2］ 隹通唯，典籍或作維、惟，句首語氣詞。子作𡥀，傅卣作𡥀，與《説文》子字籀文𡥀形近。甲子，日干支名，是武王伐紂之日，見於很多古書。《尚書·牧誓》："時甲子昧爽，王朝至于商郊牧野，乃誓。"《武成》："粵若來三月既死霸，粵五日甲子，咸劉商王紂。"《逸周書·世俘解》："越若來二月既死魄，越五日甲子朝，至，接于商，則咸劉商王紂。"朝，音 zhāo，《説文》："旦也。"即早晨。

圖5 利簋銘文

[3] 歲，歲星，亦即木星。《國語·周語下》：“昔武王伐殷，歲在鶉
火。”韋昭注：“歲，歲星也。鶉火，周分野也。”鼎，讀爲貞，正
也，當也。《離騷》：“攝提貞於孟陬兮，惟庚寅吾以降。”歲貞，
即歲星正當其位，是一種吉兆，利於征伐。《國語》又云：“歲之

所在，利以伐之也。"《淮南子·兵略訓》："武王伐紂，東面而迎歲。"克，能够。聞《說文》："知聞也。"甲骨文作🖾，李孝定說："象人跽而以手附耳諦聽之形。"金文已有訛變。李學勤說聞"意爲報聞"，乃史官利"見歲星中天而報聞於周武。"夙，《說文》："早敬也。从丮持事，雖夕不休，早敬者也。"本義爲早晨，引申爲迅速。于省吾曰："《說文》段注謂早引伸爲凡爭先之稱……'夙有商'，是說武王伐商，時間很迅速就占有商地。"此句極難理解，除以上解釋外，還有多種不同解釋：1. 唐蘭將歲字隸作伐（鉞），讀爲奪，說"奪鼎"即遷鼎，也即改朝換代；又說克爲戰勝，引𥂟尊"隹（惟）武王既克大邑商"。聞讀爲昏，昏庸、迷亂。"'克昏'，昏指商王紂。《書·立政》：'其在受德敧'，受德是紂，敧就是昏字。《牧誓》：'今商王受（紂）惟婦言是用，昏棄厥肆祀弗答，昏棄厥遺王父母弟不迪。'昏都指紂的品德，也可轉而作爲具有這種品德的人的代名詞，如後世常說的'昏君'。所以，'克昏'即指戰勝商紂。"2. 或說歲爲祭名，殷甲骨文常見。鼎讀爲貞，卜問。《周禮·春官·天府》："季冬，陳玉以貞來歲之媺惡。"鄭玄注："問事之正曰貞。問歲之美惡，謂問於龜。""歲鼎克"即進行歲祭、占卜，從而能克敵製勝。3. 也有人將"克聞（昏）夙有商"連讀，解其意爲"（武王）從昏到次日早晨的一夜之間占領商國。"《管子·宙合》："日有朝暮，夜有昏晨。"昏晨就是昏夙。

[4] 辛未，甲子日後第七天。才讀爲在。𣄰讀爲管，參見上文戍嗣子鼎注②。自，音 shī，即師字，師旅駐守或人衆聚居之處。《說文》："自，小𨸏也，象形。"段玉裁注："其字俗作堆，堆行而自廢矣。"不過甲金文之自與《說文》訓𨸏形之自本無關，至小篆始接近。

[5] 又事劉雨、張亞初讀爲右史，屬史官。李學勤說從征的史官爲大史。《周禮·春官·大史》："大師，抱天時與大師同車。"鄭玄注引鄭司農云："大出師則大史主抱式以知天時，處吉凶。史官主知天道。"一說有事即有司。《詩·小雅·十月之交》："擇三有事。"毛傳："擇三有事，有司，國之三卿。"金文之有事（司）多職掌具體事務，不全指司徒、司馬、司空三卿。利的職務是主管祭祀、觀察天象或卜問，爲武王提供咨詢，被武王采納，故受賞賜。金，銅。

[6] 亶或説讀爲檀。《左傳·成公十一年》單子曰:"昔周克商,使諸侯撫封,蘇忿生爲温司寇,與檀伯達封于河。"唐蘭懷疑利即檀伯達,爲檀公之長子,利是名,伯達是字。障彝,祭祀用禮器之通稱。

【斷 代】

《分代史徵》定爲周武王時。《銅器分期》云:"此爲武王甲子朝克商後之第七日賜利以金,利因作器,是現在可以確認的年代最早的西周銅器。"金文中常提到文、武、成、康、昭、穆、龔(共)之類名號是生稱還是死謚,學術界意見不一。如是生稱,則鼎銘提到武王,器作於武王時;如是死謚(本人傾向爲死謚),則器作於成王時,是後人追述前代事。《史記·周本紀》説文王受命後"十年而崩"(正義以爲"十當爲九"。一本十作七);"十一年十二月(王國維《周開國年表》疑十二爲一之誤)戊午,師畢渡盟津……二月甲子昧爽,武王朝至於商郊牧野……"則克商在武王十一年(連同其父之九年合計,實即武王二年)。此十一年相當於公曆何年? 據説有44種説法。近年開展的夏商周斷代工程初步定爲公元前1046年,但仍有反對意見。就目前看,這一問題還未根本解決。

6．天亡簋

四耳方座簋,清道光末年陝西岐山縣禮村出土,現藏國家博物館。又稱大豐簋、朕簋。器內底有銘文8行77字。

【著 錄】

《從古》15·8　《攈古》三之一,72　《集成》8·4261

【釋文】

乙亥，王又（有）大豐（禮）[1]。王月（般，瞥）三方[2]，王祀于天室[3]，降。天亡又（佑）王[4]，衣祀于不（丕）顯考文王[5]，事喜（饎）上帝[6]。文王監（?）才（在）上[7]，不（丕）顯王乍（則）省[8]，不（丕）緐（肆）王乍（則）廱（庚）[9]，不（丕）克乞（訖）衣（殷）王祀[10]，丁丑，王卿（饗）大宜[11]。王降亡助（賀? 嘉?）爵退囊[12]。佳（唯）朕又（有）蔑[13]，每（敏）揚王休于障皀（殷）[14]。

【注解】

[1] 王，周武王。豐字作 ，象豆中盛物形。《金文編》隸作豐，云："金文醴之偏旁形與此同，與豐爲一字。豆之豐滿者所以爲豐也。漢隸豐豐二字皆作豐。"豐讀爲禮，大禮即大的典禮。

[2] 月，即般字初文，甲骨文般（盤）庚之般作 ，《甲骨文字典》説月像高圈足槃，"上象其槃，下象其圈足"。西周金文已誤凡爲舟，與凡爲一字。《説文》承之。李曉東《天亡簋與武王東土度邑》説般讀爲瞥，《説文》："轉目視也。"《逸周書·度邑》："我（按指周武王）南望過于三涂，我北望過于嶽鄙，顧瞻過于有河，宛瞻延于伊雒，無遠天室。"三方，指西、南、北三方。于省吾以爲三乃積畫的四（三）而缺一畫，四方指四方山川。

[3] 天室即太室，古文字天、太、大爲一字。銘中天室指嵩山。《左傳·昭公四年》："四嶽、三塗、陽城、大室、荆山、中南，九州之險也，是不一姓。"陸德明《釋文》："大室即中丘嵩高山也。"《逸周書·度邑》："王曰：'旦！予克致天之明命，定天保，依天室。'"天室即祭天之室。

[4] 天亡，器主，于省吾懷疑即太公望。又讀爲佑，輔助，引導。

[5] 衣，祭祀名，與殷通用。《禮記·中庸》："壹戎衣而有天下。"鄭玄注："衣讀如殷，聲之誤也，齊人言殷聲如衣。"《公羊傳·文公二

35

年》：“五年而再殷祭。”何休注：“殷，盛也。”丕讀爲丕，大也。丕顯即顯赫，英明。考，父親。《禮記·曲禮》：“生曰文……死曰考。”

圖6　天亡簋銘文

[6]　喜讀爲饎。《説文》：“酒食也。从食，喜聲。《詩》曰：‘可以饎
　　　饎。’”異體作糦、糦，从酒食事神即祭祀。《詩·商頌·玄鳥》：“大
　　　糦是承。”《釋文》引韓詩曰：“大饎，大祭也。”上帝，天帝。《詩
　　　·大雅·文王》：“文王在上，於昭于天。”又云：“文王陟降，在帝
　　　左右。”楊樹達説文王常與上帝同祀，故連及之。

[7]　監字已殘，郭沫若隸作監，近之。《説文》：“監，臨下也。”監視，
　　　監察。《詩·大雅·皇矣》：“監觀四方，求民之瘼。”

[8]　作讀爲則，殷墟甲骨文《前》7·38·1：“我其祀賓，乍帝降若；我勿
　　　祀賓，乍帝降不若。”《吕氏春秋·孟冬紀》：“孟冬行春令則凍閉不密
　　　……行夏令則國多暴風……行秋令作霜雪不時。”前作則，後作作，
　　　《禮記·月令》三句皆作則。省，《爾雅·釋詁》：“省察也。”即視察，
　　　觀察。

[9]　緐與肆通。《尚書·堯典》：“肆類于上帝。”《説文》引作緐。《爾雅·釋
　　　言》：“肆，力也。”“丕肆”又見召卣：“不緐白懋父。”庚讀爲庚，
　　　《詩·小雅·大東》：“西有長庚。”毛傳：“庚，續也。”此句言勤勞之武
　　　王繼承文王之事業。《禮記·中庸》：“武王纘太王、王季、文王之緒
　　　也。”

[10]　乞字作三，于省吾《甲骨文字釋林·釋气》説气（俗作乞）爲河水
　　　乾涸（汽）之形；乞讀爲訖，終止也。“丕克訖衣（殷）王祀”即
　　　終止殷王之天命祭祀，亦即滅亡了殷。《尚書·多士》：“殷命終于
　　　帝。”

[11]　丁丑，乙亥之後第二天。卿，甲骨文作𨟳，宰峀簋作𨟳，象兩
　　　人對坐就食之形，爲饗之初文。公卿之卿乃假借字。宜爲祭名。

[12]　降，賜給，給予。《詩·小雅·節南山》：“昊天不惠，降此大戾。”
　　　亡，天亡。肋爵，義不明。肋，學者多以爲是賀或嘉之省。按：
　　　嘉爵爲祭祀時的爵酒。《儀禮·士冠禮》：“再醮曰：旨酒既湑，嘉
　　　薦伊脯……禮儀有序，祭此嘉爵。”退字，中山王𫭟壺作𢓴，與橐
　　　上一字形近。張亞初讀腿。腿橐（一釋囊）義不明。郭沫若釋復
　　　囊之囊爲觿。

[13]　朕，第一人稱代詞，猶今言我或我們。蔑爲蔑曆之省，蔑曆金文
　　　習見。學者多以爲蔑與伐通，《小爾雅·廣詁》：“伐，美也。”即誇

美之意。天亡因輔佐王行大禮，故得王之誇美。

[14] 每讀爲敏，疾速。啓，稟告，陳述。《商君書·開塞》："今日願啓之以效。"休，《爾雅·釋詁》："美也。"白爲殷（簋）之殘字。

【斷 代】

《逸周書·度邑》記周武王克商後曾至東土（洛邑，成周）度邑（相宅），文云："王曰：'旦（周公旦）！予克致天之明命，定天保，依天室'"，"旦，我圖夷茲啓，其惟依天室。"據林澐、李曉東研究，天亡簋的史實與此相關，簋作於武王時。

7．沫司徒送簋

傳 1931 年出土於河南汲縣或輝縣，現藏倫敦不列顛博物館。4行 24 字，又稱康侯簋。

【著 錄】

《通考》337：62，圖 259　《斷代》（一）161 頁　《集成》7·4059

【釋 文】

王朿（剌）伐商邑[1]，征（誕）令（命）康侯啚（鄙）于衞[2]。沽（沫）嗣（司）土（徒）送（疑）罘啚（鄙）[3]，乍（作）氒（厥）考障彝。眔[4]

圖7 沬司徒送簋銘文

【注 解】

[1] 干，周成王。商邑，即商晚期別都朝歌，在今河南淇縣。《史記·周本紀》："武王徵九牧之君，登豳之阜，以望商邑。"《尚書·序》"武王崩，三監及淮夷叛，周公相成王，將黜殷，作《大誥》。"剌伐，擊伐。朿或釋來。

[2] 康侯，即康叔，武王同母弟。啚，本指郊野，引申爲守衛郊野，實即分封。啚或讀爲圖，版圖，銘中用爲動詞，予以版圖。

[3] 湑，即沬字，唐蘭説甲骨文"今未"之未字常作杏，可證。沬爲
紂都，一作妹。《尚書·酒誥》："明大命于妹邦。"鄭玄注："紂之
都所處也。"《詩·桑中》："沬之鄉矣。"毛傳："衛邑。"司徒，官
名，掌管土地、人民，管理籍田及徒役徵發。迋字不見於字書，
天殆疑之本字。迋彭裕商説爲殷遺民。罙，讀爲迷，到達。

[4] 甪，國族名，迋所作器尚有鼎、盤、盂、尊等皆有此族名，地在
河南北部，爲殷商遺族。

【斷 代】

唐蘭斷此爲周公時器，也有學者定爲成王時器，《史記·周本
紀》云："（武王崩）成王少，周初定天下，周公恐諸侯畔，周公
乃攝行政當國……周公行政七年，成王長，周公反政成王，北面
就群臣之位。"周公是否稱王，史學家有不同意見，故此器以成王
時（含周公攝政七年）爲近是。武王死後，原封於殷的紂子武庚
叛亂，原封爲監以監督武庚的管叔、蔡叔助其作亂，"周公奉成王
命，伐誅武庚、管叔，放蔡叔……頗收殷餘民，以武王少弟封爲
衛康叔。"銘文證明了這段史實。

8. 冋　尊

1963 年出土于陝西寶雞市賈村，現藏寶雞青銅器博物館，腹底
有銘文 12 行 122 字。

【著 録】

《文物》1976 年 1 期　《集成》11·6014

【釋 文】

隹（唯）王初鄔（遷）宅于成周[1]，復回（稟）珷（武）王豐，祼自天[2]。才（在）三（四）月丙戌，王誥（誥）宗小子于京室[3]，曰："昔才（在）爾考公氏，克逨（仇）玟王[4]。緋（肆）玟王受茲 [大令（命）][5]。隹（唯）珷王既克大邑商，則廷告于天[6]，曰： '余其宅茲中或（國）[7]，自之辥（乂）民[8]。' 烏虖[9]！爾有唯（雖）小子[10]，亡戠（識）[11]，睍（視）于公氏[12]，又（有）爵（勞）于天，敢（徹）令（命），苟（敬）享弌（哉）[13]！"

圖8　矵尊銘文

叀王龏（恭）德谷（裕）天[14]，順（訓）我不每（敏）[15]。王咸亯（誥），祠易貝卅朋，用乍（作）圉（庚）公寶障彝[16]。隹（唯）王五祀。

【注 解】

[1] "鄭"學者多以爲與遷通。字從邑，舁聲，邑後訛省作阝。《説文》遷字聲旁䙤作罍。宅，宮室，遷宅即遷都。成周，即洛邑，今洛陽。《尚書·洛誥》："召公既相宅，周公往營成周。"《史記·周本紀》："成王在豐，使召公復營洛邑，如武王之意。周王復卜，申視，卒營築，居九鼎焉。曰：'此天下之中，四方入貢，道里均也。'作《召誥》、《洛誥》。"成王雖遷都於成周，不過先王宗廟仍在豐鎬。

[2] 回，挈乳爲稟（借作稟），承受。《尚書·説命上》："臣下罔攸稟令。"孔氏傳："稟受。""復稟武王禮"，沿用武王的典禮，灌禮從天室開始。天，天室。

[3] 四月丙戌，成王五年四月丙戌日。《説文》誥字古文作脭，《汗簡》引作覹，或説月，舟旁并是𠂤形之誤。《玉篇》有㝬字，亦爲亯之誤。《尚書·酒誥》："文王誥教小子。"與此銘"王亯宗小子"語例同。誥，上告下。宗，同祖曰宗。小子，未成年人。京室，京宮的大室。京室之名，文王時已有，《詩·大雅·思齊》："思媚周姜，京室之婦。"鄭玄箋："京，周地名。"今岐山縣周原有京當鄉。又成王時建京宮，《詩·大雅·下武》："三后在天，王配于京。"成王時的□卿方鼎有"京宗"，京宗即京室，在成周。

[4] 逨或釋來，張政烺隸作逨，讀爲弼。陳劍《據郭店簡釋讀西周金文一例》讀仇，訓爲匹，引裘錫圭説"古人於臣對君的關係，也用'仇''匹''妃''配''耦（偶）'等語……"

[5] 緯，古籍通作肆（si），連詞，表示承接。《尚書·無逸》："肆中宗之享國，七十有五年。"大命即天命，上天給予的使命。

[6] 廷，唐蘭疑讀爲筳，《離騷》："索瓊茅以筳篿兮。"筳篿是折竹卜。本句意謂武王向天下卜告。

[7] 《説文》："或，邦也。從口，從戈以守一。一，地也。域，或又從

土。"中或即中國，指周王朝的中心區域，亦即成周。成周居"天下之中，"故有是稱。

[8] 辥或作辪。《金文編》："《説文解字》：'嬖，治也。'《虞書》曰：'有能俾嬖。'是壁中古文义作嬖。嬖與辥形似而譌。《書·君奭》之'用义厥辟'即毛公鼎之'□辥垂辟'；《康王之誥》之'保义王家'即克鼎之'保辥周邦'也。"典籍通作义，《爾雅·釋詁下》："治也。"

[9] 烏虖，嘆詞，典籍或作嗚呼、於乎、嗚虖。

[10] 爾，你。有，或，見《經傳釋詞》。

[11] 亡譀，無譀，缺乏知識。

[12] 視，《説文》古文作眡，从目，示聲。覗从見氏聲，爲視之異體。《爾雅·釋詁三》："視，效也。""視于公氏"，即"效法公氏，《尚書·太甲中》："王懋乃德，視乃厥祖。"孔氏傳："言當勉修女德，法視其祖而行之。"

[13] 𤔲字不見于字書，唐蘭説字从冂从爵，冂象覆蓋之物。毛公鼎："爵勤大命"，唐先生説"爵當讀如勞，勞與爵音近。"按上古音勞宵部來紐，爵沃部精紐，宵沃陰入對轉。爵與焦聲字通，《老子·逍遥游》："而爝火不息。"《釋文》："爝本亦作燋。焦與肖聲字通，《史記·黥布列傳》："數使使者誚讓召布。"《漢書·英布傳》誚作譙。肖聲字與勞通，《左傳·昭公十七年》："伯趙氏司至者也。"《爾雅·釋鳥》伯趙作伯勞。"由此而論，唐説甚是。疑此銘亦當讀如勞。《説文》："徹，通也……𡳿，古文徹。"羅振玉《增訂殷虛書契考釋》："此从鬲从又象手持鬲之形，蓋食畢而徹去之。許書之徹从攴，殆从又之譌矣。卒食之徹，乃本義。訓通者，借義也。"徹命，通達，通曉命令。《左傳·昭公二年》："徹命于執事。"杜注："徹，達也。"苟字甲骨文作𦰩，郭沫若説象狗蹲踞警惕之形，引申爲敬。

[14] 叀，語氣詞，通唯。龔，通恭，敬。谷讀爲裕，《篇海》："裕，祭也。"

[15] 順讀爲訓，教導。順與訓通。《詩·周頌·烈文》："四方其訓之。"《左傳·哀公二十六年》引訓作順。每讀爲敏，聰敏。

[16] 庚公殆何之父、祖。

【斷代】

銘文提到文王、武王，則"遷宅于成周"之王自是成王，其事亦多載於《尚書·召誥》、《洛誥》等典籍。

9．叔矢方鼎

2001年出土於山西曲沃縣天馬—曲村遺址北趙晉侯墓地 M114號墓，銘在腹內壁，8行48字。

【著 錄】

《文物》2001年8期

【釋 文】

隹（唯）十又四月[1]，王酓大襧舂才（在）成周[2]。咸舂，王乎殷乎（厥）士[3]，爵（勞）叔矢（虞）以肏（尚，常）、衣、車、馬、貝卅朋[4]。敢對王休，用乍（作）寶障彝，其萬年飙（揚）王光（貺）乎（厥）士[5]。

【注 解】

[1] 又，連詞，連接整數和零數。十又四月即十四月。十四月見于殷墟甲骨文《合集》21897、22847，金文例見《三代》8·33·2小子爵簋，後者爲商末器。由此器可知周代仍沿襲商人遺風，流行年

44

圖9　叔夨方鼎銘文

終置閏，更晚的例子見《集成》3858鄧公簋、2753都雍公緘鼎。
十四月當爲重閏，説明當時置閏不準。

[2]　肜，祔，𥛪皆祭名。肜，唐蘭説从酉，彡聲，是彡字的繁文，典籍
作肜。《爾雅·釋天》：“繹，又祭也。周曰繹，商曰肜。”《尚書·高
宗肜日序》：“祖巳訓諸王，作《高宗肜日》。”孔穎達疏：“祭之明
日皆爲肜祭。”祔見於殷墟甲骨文，《後上》24·2：“叀絲祔用，寮
岳卯一牛。”《掇》1·38·6：“叀小乙祔用。”《甲》814：“祖丁祔五
牢。”李伯謙云：“祔，見於商代甲骨文，疑即甲骨、金文常見的
‘册’字。甲骨文又有从册的‘𠕋’，或釋‘𠕋’。《説文》：‘册，符
命也。’‘𠕋，告也。’余意册加‘示’旁，乃以簡册告神也。”𥛪字
金文屢見，爲祭名或表祈求義，舊多讀祓，《説文》：“除惡祭也。”
《玉篇》：“除災求福也。”近時學者或讀爲禱。《説文》：“告事，求
福也。”伯梃簋：“唯用祈𥛪萬年。”

[3] 乎，讀爲呼，召喚。殷，《廣雅·釋詁一》："正也。"《尚書·呂刑》："三后成功惟殷于民。"孫星衍疏："言三后正民以成功也。"左民安謂殷之本義爲治理，引申爲"正定"之義。厥，其。士，貴族階層之一。《禮記·王製》："諸侯之上大夫卿、下大夫、上士、中士、下士，凡五等。"亦指成年男子，師寰簋："毆乎（俘）士女羊女。"

[4] 𧾷李伯謙釋齊，齊甲骨文作𧾷，字形稍有距離。從字形看，此字應釋爵。爵甲骨文作𧾷（鐵241.3）、𧾷（後下2·7）、𧾷（京津2461）。爵爲象形字，上象柱，中象腹，下象足。今所見爵，或無柱，或有一柱，或有二柱，但以二柱爲多。甲文爵一柱爲二柱之省。此銘爵字三柱，殆二柱之訛。爵讀爲勞，慰勞。《儀禮·覲禮》："（侯氏）北面立，王勞之，再拜稽首。"鄭玄注："勞之，勞其道勞也。"《穆天子傳》："河宗伯夭逆天子燕然之山，勞用束帛加璧。"慰勞必有賞賜，故引申爲賜物。吳振武則説爵爲封爵。矢作𧾷，象人頭偏向一邊，古文字矢、夨一字。夨讀爲虞。叔虞即晉始封君唐叔虞。𧾷字字書未見。金文尚字作𧾷，疑𧾷即尚字本字。"尚衣"連文，尚疑讀爲裳。《詩·邶風·綠衣》："綠兮衣兮，綠衣黃裳。"毛傳："上曰衣，下曰裳。"

[5] 光，通眖，《爾雅·釋詁》："賜也。"宰甶簋："王光宰甶貝三朋。"叔夷鐘："敢再拜稽首，雁受君公之易（賜）光。"

【斷代】

此方鼎出土於114號晉侯墓中，矢又讀爲虞，爲晉之始祖，故李伯謙認爲矢爲唐叔虞，器當作於成王時。《史記·晉世家》云："晉唐叔虞者，周武王子而成王弟。初武王與叔虞母會時，夢天謂武王曰：'余命女（汝）生子名虞，余與之唐。'及生子，文在手曰虞，故遂因命之曰虞。武王崩，成王立，唐有亂，周公誅滅唐。成王與叔虞戲，削桐葉爲珪，以與叔虞，曰：'以此封若。'史佚因請擇日立叔虞。成王曰：'吾與之戲耳！'史佚曰：'天子無戲言，言則史書之，禮成之，樂歌之。'於是封叔虞於唐。唐在河

汾之東，方百里，故曰唐叔虞。"在本銘中，叔虞身份還是"士"，其名前未加唐字，則其時叔虞尚未受封。銘又稱虞爲"叔"而不稱"子"，則器也不會作於武王時。

10．克 罍

1986 年出土於北京房山區琉璃河 1193 號墓，同出還有同銘之盉。6 行 42 字，又稱大保罍。

【著 錄】

《考古》1990 年 1 期。

【釋 文】

王曰："大（太）保[1]，隹（唯）乃明乃心，享于乃辟[2]。余大對乃享[3]。令（命）克侯于匽（燕）[4]。旋羌兔圅雩馭微[5]。"克宅匽[6]，入土眔氒（厥）嗣（司）[7]。用乍（作）寶障彝。

【注 解】

[1] 太保，官名，指召公奭。《史記·周本紀》："（武王）封召公奭於燕。"《燕召公世家》："召公奭與周同姓，姓姬氏。周武王之滅紂，封召公於北燕。其在成王時，召公爲三公。"《集解》："譙周曰：'周之支族，食邑於召，謂之召公。'"《索隱》："召者，畿內菜地。"日人瀧川資言《考證》："《書·君奭》序云：'召公爲保，周公爲師。相成王爲左右。'"又莫鼎銘："匽侯令（命）莫棄（飴）大保

圖 10 克罍銘文

于宗周。"

[2] 乃,《爾雅·釋詁》："汝也。"第一個乃字作主語。第二個乃字作定
語，當"你的"講。"明乃心"見師詢簋："敬明乃心。"又癲鐘：
"克明厥心。"即顯揚、彰明其心。心或釋罌，不確。享，《說文》：
"獻也。……《孝經》曰：'祭鬼則鬼享之。'"辟，《爾雅·釋詁》：
"君也。"《詩·大雅·蕩》："蕩蕩上帝，下民之辟。""乃辟"指周文
王、武王等先王。

［３］ 余，第一人稱代詞，此處指王。對，報答、稱頌。

［４］ 令讀爲命。克，人名，召公奭之元子。或説，克爲助詞，能也。侯，本指諸侯或爵位，銘中用爲動詞，稱侯。匽，戰國中山王響鼎增邑旁作郾，典籍通作燕。

［５］ 旋，讀爲使，任使。"羌兔叀雩馭微" 6字較難理解，一説指"羌、兔、叀、雩、馭、徽" 6個族，是王分給燕侯克的。《左傳·定公四年》記："武王克商，成王定之，選建明德，以藩屏周。"時分魯公以"殷民六族"，康叔以"殷民七族"，唐叔以"懷（媿）姓九宗，職官五正。"也有人認爲雩係連詞。"羌兔叀（置）""馭""微"各是一人。微或釋徽。

［６］ 宅字原作𡧑，方述鑫謂字从宀，从止，𡳃聲，會意兼形聲，讀爲宅，居住。

［７］ 入，《玉篇》："納也。"《左傳·宣公二年》："諫而不入，則莫之繼也。"土，領土，封地。《逸周書·作雒》："諸侯受命于周，乃建大社國中。其壝東青土，南赤土……將建諸侯，鑿取其方一面之土，苞以黃土，苴以白茅，以爲土封，故曰受列土于周室。"眔，《説文》："目相及也。"連詞，相當於及。魏三體石經《皋陶謨》殘字"暨［益奏庶鮮食］"，暨字古文作𩇾，𩇾即眔之訛。畢字盂銘作𠬝，金文畢作𠬝，又作𠬝，形近易混。嗣爲司繁化。厥司即有司，主事官員。《孟子·梁惠王》："凶年饑歲……有司莫告，是上慢而殘下也。"此句意謂王命克侯於燕，并接受了燕的封土及就封官員。燕爲周封國，其土地、官員，自屬於周。

【斷 代】

此器或以爲武王器，或以爲成王器，主要是對器主理解不同所致。主張器主爲太保者以爲"克"作"能够"講，器爲武王封召公於燕時作；主張器主爲"克"者，認爲銘中有兩個"克"字，處在當人名最好講的位置上，1193號墓爲"克"之墓，召公墓則在周原豐鎬一帶。《恒軒所見所藏吉金録》1·16燕侯鼎銘："匽

（燕）侯旨作父辛障。"又《商周金文録遺》94 著録的梁山七器有憲鼎，銘"（憲）揚侯休，用作召伯父辛寶障彝。"李學勤説"召伯父辛"爲兩人，召伯即召公，父辛即克，爲旨之父輩。大保召公奭雖受封於燕，但未就封，就封者乃其元子。《尚書·大傳》："武王死，成王幼。周公盛養成王，使召公奭爲傅……"（《太平御覽》647 引）《史記·燕世家》："其在成王時，召公爲三公。自陜以西，召公主之；自陜以東，周公主之。"克爲第一代燕侯，罍宜爲成王時器。又 M1193 椁木保存良好，經常規^{14}C 測定，年代爲前 1015～前 985 年，與康王時代相當。但器早於墓主葬年。

11．保　卣

傳 1948 年河南洛陽出土，現藏上海博物館。器、蓋同銘，7 行 46 字。或稱賓卣。

【著　録】

《考古學報》1955 年 9 册 157 頁　　《集成》10·5415

【釋　文】

乙卯，王令保及殷東或（國）五侯[1]，征（誕）兄（貺）六品[2]，蔑曆（歷）于保[3]，易賓[4]。用乍（作）文父癸宗寶障彝[5]。遘（遘）于四方迨（會）王大祀[6]，祓（祐）于周[7]。才（在）二月既望[8]。

圖11 保卣銘文

【注解】

[1]　保，即大保召公奭。《史記·周本紀》："成王既遷殷遺民……召公
　　　爲保，周公爲師，東伐淮夷，殘奄，遷其君蒲姑。"及，連詞，
　　　和，與。《左傳·隱公元年》："生莊公及共叔段。"殷東國五侯指原
　　　屬殷地的五個東方諸侯，唐蘭説即衛、宋、齊、魯、豐五國諸侯。
　　　唐氏云："據《逸周書·作雒解》，周公東征平定管蔡叛亂後，'俾
　　　康叔宇于殷，俾中旄父宇于東'，中旄父即是微仲，東是相土之東
　　　都，當時還没有建衛、宋兩國，只是派兩人留守罷了。東征時，
　　　太公望大概還是當主要將領的，所以打下奄國時就由周公的兒子
　　　伯禽駐守，打下蒲姑時就由太公的兒子吕伋駐守，而打下豐國時
　　　就由文王的庶子豐侯來駐守……等到成王封建諸侯的時候，就從

這些既成事實出發，封康叔於殷，改稱衞國，實際上由康伯髦爲第一代衞侯；封仲㠱父於東，改稱宋國，就是微仲；封周公於奄，改稱魯國，實際上伯禽才是第一代魯侯；封太公望於薄姑，改稱齊國，實際上吕伋才是第一代齊侯；只有豐侯的封於豐，還用原來的國名。這都是在新得的土地上建立的諸侯，所以稱爲殷東國五侯。"《銘文選》則以爲五侯指蒲姑氏等。

[2] 兄讀爲貺，《爾雅·釋詁》："賜也。"品指人或事物的類别，井（邢）侯簋："易（賜）臣三品：州人、重人、膚人。"穆公鼎："易玉五品。"此銘"六品"唐蘭説是"六份禮品"，《銘文選》説是"六國（五侯及殘殷）的種族奴隸"，二説俱通，今已無法確知，但比較而言，似以唐説近是。

[3] 蔑歷金文習見，亦可分用。蔑通伐，誇美也。《左傳·襄公十三年》："小人伐其技以馮君子。"杜預注："自稱其能爲伐。"歷，經歷，閱歷，引申爲功績。蔑歷即誇耀功績或家世，可以被君長誇獎，也可自己誇耀。本銘"蔑歷于保"是王誇獎保征伐東國有功。

[4] 賓，《説文》："所敬也。"甲骨文賓字作⟨圖⟩（後下30·14），金文加貝。王國維《觀堂集林》："（賓字）上從屋，下從人，從止，象人至屋下，其義爲賓。""古者賓客至，必有物以贈之……故其字從貝。"引申爲下級對上級使者的回贈。景卣："王姜令（命）乍（作）册睘安尸（夷）白（伯），尸白賓睘貝布。"《儀禮·覲禮》："侯氏用束帛乘馬儐使者。"賈公彦疏："儐使者，是致尊敬天子之使故也。"唐蘭以賓爲人名，誤。

[5] 文父，有文德之父，父爲亡父，即考，稱考是周人的習慣。

[6] 遘是遇見，引申爲會見。四方本指東西南北四方，引申指全國。迨，容庚説即《説文》會字古文𣳾，會王大祀即四方諸侯參與周王的大祭祀。《説文》："迨，遝也。"似非金文本義。

[7] 祐，《説文》："助也。"祐於周，在周（成周）助祭。

[8] 既望，月相詞語。《説文》："望，月與日相望，以朝君也。"《釋名》："望，月滿之名也。月大十六日，小十五日。日在東，月在西，遥相望也。"既，《廣雅·釋詁》："已。"既望，四分一月説者謂指十五六日以後至二十二三日，點段説者或謂指十六日，唐蘭

則說指十五或十六以後約十天的時間。這一問題，目前尚無定論。

【斷 代】

本銘提到太保召公奭與殷東國五侯在成周助祭，接受王之册命，其事必在周召二公東伐淮夷、殘奄之後不久，應在成王之世。

12．作册大鼎

1929 年出土於河南洛陽馬坡，共 4 件。同出者還有矢令方彝等。現藏美國諾福克赫美地基金會。内壁有銘文 8 行 41 字。此選其第二器。

【著 録】

《貞松》3·25·2　《三代》4·20·2　《集成》5·2760

【釋 文】

公來鬻（鑄）武王、成王異（翼）鼎[1]。隹（唯）四月既生霸己丑[2]，公賞乍（作）册大白馬[3]。大揚皇天尹大保室[4]，用乍（作）且（祖）丁寶障彝。隽册册[5]。

【注 解】

[1] 公來，唐蘭說公是召公的來。郭沫若說"公來"連讀作人名，并說即召公奭。異，郭沫若讀爲禩，爲祀字異體；于省吾、唐蘭讀爲翼，說是附耳方鼎。于省吾曰："《史記·楚世家》的'居三代之傳器，吞三翮六翼'……商和西周時代有花紋的多種彝器，外部

圖12 作册大鼎銘文

往往有幾道突出的高棱，好像鳥的羽翼，故典籍稱之爲翼。圓鼎外部有的三翼，有的六翼，方鼎多作六翼。也有作四翼或八翼者……總之作册大方鼎之稱異鼎，指鼎之有翼者言之，甲骨文之新異鼎，指新鑄有翼的鼎言之。這是由於得到實物而知之。”一說異讀爲匽，《玉篇》：“大鼎也。”

[2] 四月之“四”鼎二作三，但鼎一、三、四皆作“四”。既生霸，月相術語，霸經籍作魄，月始生光也。《尚書·顧命》：“惟四月哉生魄。”《説文》：“霸，月始生霸然也，承大月二日，承小月三日。從月，䨞聲。”既生霸的含義目前沒有定説。王國維倡四分月相説，謂八日、九日至十四、十五日爲既生霸。劉歆以來的“定點説”者或説既生霸爲十五日；或説初三或初四；或説初八、初九日。近年又有學者提出“點段説”、“二分説”，謂初一至十五日爲既生霸。

筆者個人傾向於既生霸爲初三至十五日，爲月始生光至望這一段時間。

[3] 作册大，唐蘭説大爲丁之孫輩，而矢令方彝之矢令爲丁之子，矢令爲大之叔父輩，而方彝爲昭王時器（詳後），時代較晚，可見矢令地位高於大，其年事亦應很高。

[4] 皇，《説文》：“大也，”銘中爲稱美之辭。大尹，唐蘭説是大君，亦即太保召公君奭。宔字不識，在西周金文中常作休美的休字用。

[5] 雋册册，雋爲族氏，册册即册，矢令方彝作一册。大及矢令家族世爲作册，故鑄族氏職官於器末。

【斷代】

銘文提到“武王、成王異鼎”，必在康王時。也有學者斷爲昭王時。

13. 宜侯矢簋

1954年江蘇丹徒烟墩山西周墓葬出土，現藏國家博物館。内底有銘文12行126字。唯銘文殘泐，缺文約11字。

【著録】

《文物參考資料》1955年5期　《斷代》（一）165頁　《集成》8·4320

【釋文】

隹（唯）四月辰才（在）丁未[1]，□［王？］告（省）珷（武）王、成王伐商圖[2]，徙（誕）告（省）東或

（國）圖[3]。王立（莅）于宜，入土（社）[4]，南鄉（嚮），王令（命）虞侯矢曰[5]："鄫（遷）侯于宜。"[6] 易（賜）叠鬯一卣[7]，商嗝（瓚）一□[8]，弜（彤）弓一，弜（彤）矢百[9]，旅弓十，旅矢千⑩，易（賜）土：厥（厥）川（甽）三百□[11]，厥（厥）□百又□，厥（厥）宅邑卅又五[12]，□[厥，厥]□百又卅（四十）。易（賜）才（在）宜王人□[十?]又七生（姓）[13]，易

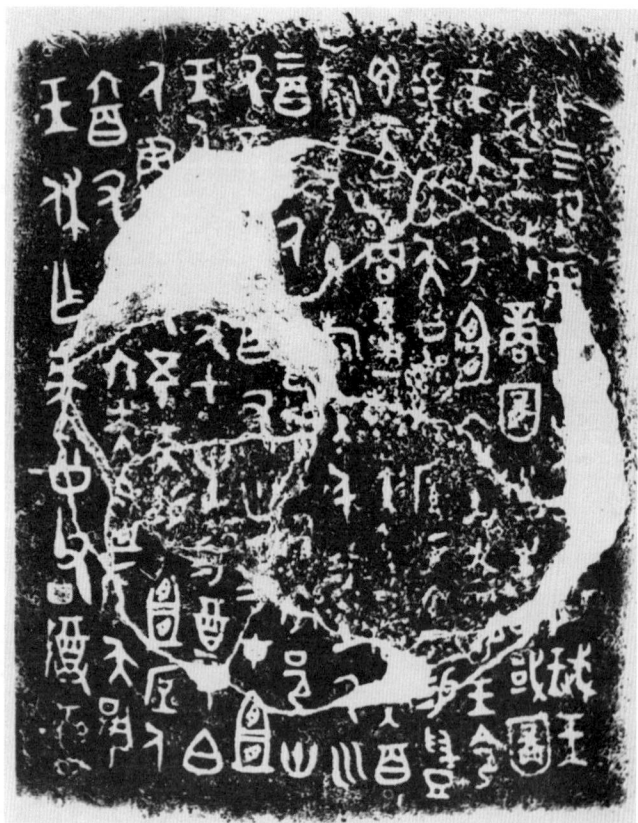

圖13　宜侯矢簋銘文

（賜）奠（鄭）七白（伯）[14]，毕（厥）閜（盧）□［千？］又五十夫[15]，易（賜）宜庶人六百又□［十？］六夫[16]。宜侯矢揚王休，乍（作）虞公父丁障彝[17]。

【注 解】

[1] 辰，日辰

[2] 眚前一字原缺，或推測爲王字。眚讀爲省（xǐng），察看。"伐商圖"，伐商的軍事地圖。唐蘭説："近年長沙馬王堆軟侯少子墓曾發現漢文帝時防禦南粵的軍事地圖，從此銘看，周初就已經有這一類地圖。看來，奴隸製國家進行戰争時早就有這類地圖，應遠在周代以前。"

[3] 徙字不很清晰，唐蘭隸作徙，説即誕字，郭沫若釋遂。或，國之初文。東國圖，殷東部地區的行政地圖。

[4] 立讀爲蒞，國差繪："立事歲。"《廣韻》："蒞，臨也。"《孟子·梁惠王上》："欲辟土地，朝秦、楚，蒞中國而撫四夷也。"宜字或釋俎。《金文編》云："《説文》古文作𠣎。金文象置肉於且上之形，疑與俎爲一字。《儀禮·鄉飲酒禮》'賓辭以俎'，注：'俎者，肴之貴者。'《詩·女曰雞鳴》'與子宜之'，傳：'宜，肴也。'又《爾雅·釋言》李注：'宜，飲酒之肴也。'俎、宜同訓'肴也'可證。古璽'宜民和衆'作𠣎，漢封泥'宜春左園'作𠣎，尚存俎形之意，與許氏説異。"于豪亮、孫稚雛則謂金文另有俎字作俎（瘋壺），"俎是切肉之器，而宜則象陳肉於俎上之形。"後説是。宜爲地名，所在不明。或説銘文提到"東國圖"及器出丹徒來看，宜國應在丹徒一帶。土讀爲社。《公羊傳·僖公三十一年》："諸侯祭土。"何休注："土謂社也。"

[5] 令讀爲命，册命虞字原作虞，从卢从矢，即虞字。虞爲古國名，傳説爲舜祖先封地，故城在今山西省平陸縣東北。《史記·吳太伯世家》："武王克殷，求太伯、仲雍之後，得周章。周章已君吳，

因而封之，乃封周章弟虞仲於周之北故夏墟，是爲虞仲，列爲諸侯。”後世又稱西虞。一說虞讀爲吳。

[6] 侯前一字不清晰，郭沫若推測爲繇字，乃語氣詞。今本《尚書·大誥》：“猷，大誥爾多邦，越爾御事。”馬本猷作繇，即繇。录伯威簋：“王若曰：录伯威，繇，自乃且（祖）考又□于周邦。”唐蘭釋邧讀爲遷。矢原封虞侯，今改封在宜，故隸作遷亦可通。

[7] 曼字不識。唐蘭説即《説文》歎字，釋爲地名，曼邕指曼地的邕酒。

[8] 瑪，郭沫若釋虒，讀爲瓚。瓚是古代行祼禮時所用的挹鬯玉具。《詩·大雅·江漢》：“釐爾圭瓚，秬鬯一卣。”《禮記·王製》：“諸侯賜圭瓚，然後爲鬯，未賜圭瓚，則資鬯於天子。”“商瓚”，商人留下來的瓚。

[9] 彤、彤爲彤之專用字，指紅色弓、矢。《説文》：“彤，丹飾也。从丹从彡，彡其畫也。”

[10] 旅即旅，通盧，黑色，孳乳爲驢，《説文》：“齊謂黑爲驢。”異體作旅，見《左傳·僖公二十八年》。

[11] 川讀爲甽。《説文》：“甽，古文〈。从田从川。畎，篆文〈，从田，犬聲。”《廣雅·釋詁》：“畎，谷也。”《釋名·釋山》：“山下根之受霤處曰甽。甽，吮也，吮得山之肥潤也。”銘指山間肥潤之地。一說川讀如本字，指吳國河川。

[12] 宅邑，聚居之邑。宅邑有 35 座，足見地域不小。

[13] 馬承源説：“王人，地位低微的官員，但此處指周王室克殷後降爲奴隸的殷貴族。周以殷的貴族及部分殷的與國諸種姓作爲奴隸分賜的品類。”或説王人指“在王畿地域裏勞動的下層平民和農奴”。生讀爲姓。《左傳·定公四年》子魚説，成王賜給康叔的有“殷民七族”，賜給唐叔的有“懷姓九宗”。

[14] 唐蘭曰：“奠應是鄭邑，後來穆王常居鄭宮，應在今陝西鳳翔一帶，是周王朝的老家之一。”按盧連成《周都減鄭考》説鄭即秦德公所居之大鄭宮，拙文《西周畿內地名小記》亦加補證。

[15] 唐蘭説爲飯器之盧的原始象形字。唐先生讀盧爲廬，“《漢書·食貨志》：‘在壄（野）曰廬。’廬是田野中的簡陋的棚子。《易·剝》

上九説：'小人剥廬。'《左傳·襄公十七年》説：'吾儕小人皆有閽廬以辟燥濕寒暑。'説明住在廬裏的是小人。所以説用廬來稱呼住在廬裏的人。《漢書·鮑宣傳》：'蒼頭廬兒，皆用致富。'是到漢時，廬兒還是奴隸的名稱。"廬□千又五十夫"是奴隸一千零五十個。

[16] 庶人，普通勞動者。《左傳·襄公九年》："其庶人力于農穡。"《管子·五輔》："庶人耕農樹藝。"

[17] 李學勤説："虞公父丁"爲虞公及父丁二人。虞公即吳國始封之君周章，父丁是他的兒子熊遂，作器者乃熊遂之子柯相。

【斷 代】

陳邦懷、唐蘭、陳夢家定此爲康王時器，郭沫若定爲成王時器。銘文提到武王、成王，二者皆謚號，則器以作於康王時爲宜。李學勤説作器者爲柯相，周章在武王時，熊遂當成王時，柯相略當康王時，殆是。

14．井侯簋

陳夢家《銅器斷代》謂20年前即1936年（或前幾年）出土。現藏英國倫敦不列顛博物館。銘8行68字。又稱周公簋、焂簋、焂作周公簋。

【著 録】

《貞松》4·48　《大系》圖61録20考39　《斷代》（三）73頁圖版叁下　《集成》8·4241

圖14　井侯簋銘文

【釋文】

　　隹（唯）三月，王令燅（榮）眔內史[1]，曰："葦（匄）井（邢）侯服[2]。易（賜）臣三品[3]：州人[4]、橐（重）人[5]、韋（鄘）人[6]。"拜誧（稽）首[7]，魯天子𢼈（受）氒（厥）瀕（頻）福[8]，克奔徙（走）上下

帝[9]，無冬（終）令（命）於有周[10]，追考（孝）對[11]，不敢豕（墜）[12]。卲（昭）朕福盟（盟）[13]。朕臣天子，用塑（典）王令（命）[14]，乍周公彝[15]。

【注解】

[1] 榮，王室大臣。《國語·晉語》：“重之以周、邵、畢、榮。”韋昭注：“榮，榮公。”唐蘭說是與周公、邵公、畢公等并列，從文王時就參與國政的大臣。《書序》：“肅慎來賀，王俾榮伯，作《賄息慎之命》。”此榮伯在成王時任作冊之官，當是榮公之子。此銘“王命熒罘内史”，内史隸屬於作冊，那末，榮應是榮伯，任作冊尹，可能還是成王時的榮伯。罘，典籍多作泉，《說文》：“與詞也。”即及字。内史職掌宣讀王之冊命。《周禮·春官·内史》：“内史掌王之八枋之法，以詔王治。”“凡命諸侯及孤卿大夫，則策命之。凡四方之事書，内史讀之。王製禄，則贊爲之。”

[2] 菁即菁字，野蘇。《方言》卷三：“蘇芥，草也，沅、湘之南，或謂之菁。”菁讀爲匄，《廣雅·釋詁》：“予也。”一說讀爲割，義爲分。《管子·揆度》：“臣之能謀屬國定名者，割壤而封。”《史記·項羽本紀·贊》：“分裂天下而封王侯。”割即分裂。服，職位。趞簋：“王乎（呼）内史令（命）趞更乎（厥）且（祖）考服。”《尚書·酒誥》：“越在外服，侯甸男衛邦伯；越在内服，百僚庶尹、惟亞惟服宗工、越百姓里居，罔敢湎於酒。”楊樹達《積微居小學述林·釋服》：“外服内服，即外職内職，猶後世言外官京官也。”銘謂予邢侯職官。井典籍作邢。《說文》：“邢，周公子所封，地近河内懷。”《左傳·僖公二十四年》：“凡、蔣、邢、茅、胙、祭，周公之胤也。”文末稱“作周公彝”，證明邢侯確係周公子。西周初期邢國在今河南省溫縣東。後遷於河北邢台。

[3] 臣，《說文》：“牽也，事君也，象屈服之形。”郭沫若說“人首俯則目竪，所以象屈服之形。”後引申爲人的身份，銘中指男性奴隸。品，《廣韻》：“類也。”《尚書·禹貢》：“厥貢唯金三品。”孔

傳：“金、銀、銅也。”以下提到的州人等即賜予的三類種族奴隸。

[4]　州人，唐蘭説即州氏，“金文常見某人即某氏。”《漢書·地理志》
　　　　河内郡有州縣，今河南沁陽縣東南。

[5]　朿，唐蘭説即重字，“以州與㐭推之，當在邢國附近。《水經·清水
　　　　注》有重門城，在今河南省輝縣一帶，疑本重地。”

[6]　《説文》：“墉，城垣也。从土，庸聲。㐭，古文墉。”㐭即廓。鄭
　　　　玄《詩譜》：“自紂城而北謂之邶，南謂之廓，在今河南省新鄉市
　　　　西南。

[7]　《説文》：“捧（拜），首至地也。”拜是跪下後雙手合抱在胸前，頭
　　　　低到手上。䭫，亦作頴，音 qǐ，《説文》：“下首也。”典籍作稽。
　　　　頴首是雙手合抱按地，頭伏在手前并停留一會，是最恭敬的拜禮。

[8]　魯，嘉美。于省吾曰：“魯與旅、嘉古通用。《説文》：‘裝，古文
　　　　旅，古文以爲魯衛之魯。’《史記·周本紀》：‘魯天子之命。’《書
　　　　序》作‘旅天子之命’，《史記·魯周公世家》作‘嘉天子之命’。
　　　　魯、旅之與嘉互作，爲魚、歌通諧。”天子，即天之子，古帝王自
　　　　以爲秉承天意治民，故稱。在銘文中，天子一般都指時王。宷不
　　　　見於字書，《銘文選》讀爲受，唐蘭以爲即《説文》匋字，訓爲周
　　　　匝，均非定論。瀕同頻，《廣韻》：“數也。”“瀕福”即多福、厚
　　　　福。

[9]　克，能。奔走，奔忙、操勞。上下帝，上帝與下帝。上帝指天帝，
　　　　下帝指比祖父高一輩的先祖。一説下帝指上帝之外的其他神。

[10]　無終命，無終之命，即永命。命，天命。有周，即周。有爲語助
　　　　詞，無義。王引之《經傳釋詞》：“有，語助也。一字不成詞，則
　　　　加有字以配之，若虞、夏、殷、周皆國名，而曰有虞、有夏、有
　　　　殷、有周是也。”

[11]　追，追行。追孝，追行孝道。《尚書·文侯之命》：“追孝於前文人。”
　　　　孔穎達疏：“追孝於前文德之人。”對，報答，稱頌，常與揚連用。
　　　　《詩·大雅·江漢》：“對揚王休。”鄭玄箋：“對答休美作爲也。”

[12]　豖或釋彘，字象豖身有矢之形。陳初生説：“豖中矢則倒地，高墜
　　　　之意即由此而得……小篆彘上體之八係由彖上之∧分離而生的譌
　　　　變，豖即墜之初文。”《國語·晉語》：“敬不墜命。”韋昭注：“墜，

失也。"銘謂不敢失其職命。

[13] 卲讀爲昭，光耀、發揚。《說文》盟，《周禮》曰：'國有疑則盟。'
諸侯再相與會，十二歲一盟。北面詔天之司慎司命。盟，殺牲歃
血，朱盤玉敦，以立牛耳。从囧，从血。"篆文从明。祭祀。《釋
名·釋言語》："盟，明也，告其事於鬼神也。"

[14] 典，記錄，登錄。格伯簋："鑄保（寶）殷（簋），用典格白（伯）
田。"

[15] 周公即周公旦，乃邢侯之父。彝，《說文》："宗廟常器也。"祭器
之通稱。作周公彝，作祭祀先父周公的簋。

【斷 代】

邢侯乃周公子，與成王同輩，因其長壽，康王早期仍在世。
唐蘭曾指出，王命之榮伯成王時已任職爲榮伯，而在二十三祀盂
鼎（大盂鼎）中盂則是榮職事的後繼者了，銘言"菁井侯服"，已
稱井侯，非初封，故云："這個銅器可能在康王前期。"

15．大盂鼎

據吳大澂說，此鼎清"道光初年出郿縣禮村溝岸中"，或說出相
鄰的岐山縣。其後收藏者多人。現藏國家博物館，同出器主爲盂的鼎
有兩件，此件作於"二十三祀"，器較大，因稱大盂鼎，或二十三祀
盂鼎；另一件作於"二十五祀"，器較小，因稱小盂鼎或二十五祀盂
鼎。二器對研究西周史均極重要，惜後者多殘泐，不若此器大且全。
内壁有銘文 19 行 291 字。

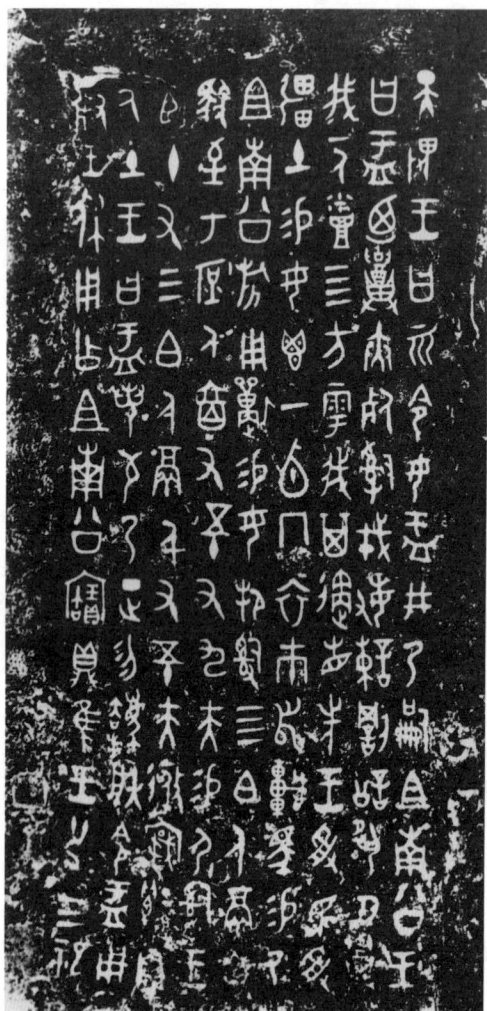

②

圖 15－①②　大盂鼎銘文

【著 錄】

《從古》16·31　《愙齋》4·12　《三代》4.42～43　《集成》
5·2837

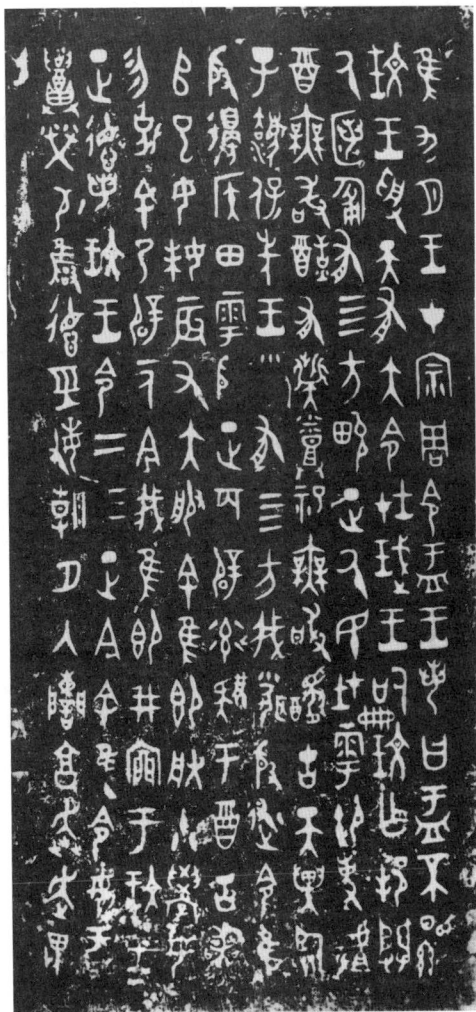

①

【釋　文】

　　隹（唯）九月，王才（在）宗周[1]，令（命）盂。王若
曰[2]："盂！不（丕）顯玟（文）王受天有（佑）大令

（命）[3]。在珷（武）王嗣玟（文）乍（作）邦[4]，闢氒（厥）匿（慝）[5]。匍（敷）有四方[6]，畯（畯）正氒（厥）民[7]。在雩（于）御事[8]，㽉酉（酒）無敢酖（酕?）[9]；有柴（祡）蒸（烝）祀，無敢醿（擾）[10]。故天異（翼）臨子[11]，灋（廢）保先王[12]，□[匍?]有四方。我聞殷述（墜）令（命）[13]，隹（惟）殷邊侯、田（甸），雩（與）殷正百辟[14]，率肄（肆）于酉（酒），古（故）喪自（師）已（矣）[15]！女（汝）妹（昧）辰又（有）大服[16]，余隹（唯）即朕，小學（教）女（汝）[17]。勿飲（茇）余乃辟一人[18]。今我隹（唯）即井（型）㐭（稟）于玟（文）王正德[19]，若玟（文）王令（命）二三正[20]。今余隹（唯）令（命）女（汝）孟鹽（紹）燮（榮），苟（敬）歔（雍）德巠（經），敏朝夕入讕（諫）[21]，享奔走，畏天畏（威）[22]。”王曰：“𠦪（而?）令（命）女（汝）孟井（型）乃嗣且（祖）南公[23]。”王曰：“孟！廼（乃）鹽（詔）夾死（尸）嗣（司）戎[24]，敏諫罰訟[25]，夙夕鹽（詔）我一人烝四方[26]。雩（粵）我其遹省先王受民受彊（疆）土[27]。易（賜）女（汝）鬯一卣，冂（冕）衣、巿（韍）、舄、車、馬[28]。易（賜）乃且（祖）南公旂，用遒（狩）[29]。易（賜）女（汝）邦嗣（司）四白（伯）[30]，人鬲自馭至于庶人六百又五十又九夫[31]。易（賜）尸（夷）嗣（司）王臣十又三白（伯）[32]，人鬲千又五十夫。亟（極）𦊼鄩（遷）自氒（厥）土[33]。”王曰：“孟！若苟（敬）乃正，勿灋（廢）朕令（命）[34]。”孟用對王休[35]，用乍（作）且（祖）南公寶鼎。隹（唯）王廿（二十）又三祀。

【注 解】

[1]　王，指康王。同出小盂鼎與此鼎時間只差二年，銘提到"啻（禘）
周王、□王、成王。"則其時代只能在康王時。宗周、西周都城鎬
京，在今西安市長安縣灃河東岸斗門鎮一帶，爲周武王所營建，
又稱鎬京。《尚書·多方》："王來自奄，至于宗周。"命，册命。

[2]　若，代詞，如此，這樣。在甲骨、金文中，史官叙述王所説的話，
往往稱之"王若曰"，叙述某些有權勢的貴族大臣的話，也稱之爲
"某若曰。"于省吾謂"王若曰"即"王如此説"。

[3]　有，讀爲佑，助也。大命，重大使命。文王受天命，見於典籍者
甚多。《尚書·酒誥》："乃穆考文王肇國在西土，厥誥毖庶邦庶士，
越少正御事，朝夕曰祀兹酒。惟天降命，肇我民，惟元祀。"《史
記·周本紀》："諸侯聞之曰：'西伯（文王）蓋受命之君也'……
詩人道西伯，蓋受命之年稱王而斷虞芮之訟。"

[4]　本銘有兩個"在"字，唐蘭説與"王才宗周"的才字不同，才後
世讀爲在；銘中"在"字應讀爲載，則也。《詩·豳風·七月》："春
日載陽。"鄭玄箋："載之言則也。"嗣，繼承。邦，國。"作邦"
即建立周王國。《詩·大雅·皇矣》："帝作邦作對。"鄭玄箋："作，
爲也。天爲邦，謂興周國也。"

[5]　《説文》闢字或體作闢，字象雙手向外開門，乃會意字。闢从門，
辟聲，乃後起形聲字。闢讀爲辟，《説文》："法也。"《爾雅·釋
詁》："辠也。"即懲處。厤，典籍通作厥，其也。匿讀爲慝（tè），
《廣雅·釋詁》："惡也。"指殷紂及其惡臣。

[6]　匍，典籍亦作敷。《尚書·金縢》："敷佑四方。"敷亦作敶，《玉
篇》："敶，布也，亦作敷。"《詩·周頌·賚》："敷時繹思，我徂維
求定。"鄭玄箋："敷，猶徧也。"孔穎達疏："敷訓爲布，是廣及
之意，故云'猶徧也。'"亦或作溥，《詩·小雅·北山》："溥天之
下。""匍有四方"即廣有天下，普遍地保有天下。

[7]　㱃即峻，讀爲駿，《爾雅·釋詁》："大也。"

[8]　雩，典籍通作于，"在于"乃兩個介詞連用。御事，辦事。《國語·
周語》："百歲御事。"韋昭注："御，治也。"

[9]　叡，唐蘭讀且。楊樹達説叡爲嘆詞，音 zhā。酘字不識，王國維

説是醻字的異體，讀爲酖（dān），沈溺、迷戀，典籍亦作湛。《詩·小雅·常棣》："兄弟既翕，和樂且湛。"《釋文》："又作耽。《韓詩》云：'樂之甚也'"張亞初讀爲舔，唐蘭讀醋，亦可爲一説。

[10] 槱，音 chái，讀爲柴，《説文》："燒柴焚燎以祭天神。"莝字象兩手持豆，豆中有米形，音 zhēn，讀爲烝。《禮記·祭統》："凡祭有四時，春祭曰礿，夏祭曰禘，秋祭曰嘗，冬祭曰烝。"柴、烝皆祭名。醭字字書未見，郭沫若、唐蘭皆以爲字從酉，夒聲，與擾通，"是由醉酒而擾亂的專字。"高鴻縉認爲同醉。引《尚書·酒誥》："文王誥教小子，有正、有事，無彝酒。越庶國，飲惟祀，德將無醉。"説亦通。

[11] 古讀爲故，連詞。異典籍通作翼，《左傳·昭公九年》："翼戴天子。"杜預注："翼，佑也。"臨，《説文》："監也。"即從天上面看着，監護着。子，于省吾讀爲慈，引《墨子·兼愛》中："天屑臨文王慈。"與銘文爲同類句子。按《禮記·樂記》："則易直子諒之心，油然生矣。"《韓詩外傳》三子諒作慈良，于説是。

[12] 夒即法字，讀爲廢，《爾雅·釋詁》："大也。"

[13] 聞字象一人俯身向前而突出其耳，意爲聽聞。述讀爲墜，喪失。命，天命。《尚書·君奭》："殷既墜厥命。"郭沫若云："殷之亡爲成王所目睹，康王則當得自傳聞矣。"以此作爲大盂鼎爲康王時器的一條理由。

[14] 徬同邊，邊遠。雩讀爲與，及、和。正，長官。《尚書·説命》："昔先正保衡。"《爾雅·釋詁》郭璞注："正伯皆官長。"辟亦指官長。《詩·大雅·烝民》："式是百辟。"陳夢家説百辟即百官。

[15] 率，悉，一概，都。肄，《説文》："習也。"典籍通作肆，此指沉湎。師《説文》："二千五百人爲師，從帀從自，自四帀，衆意也。"銘指衆人。《詩·大雅·文王》："殷之未喪師，克配上帝。""喪師"謂失掉了人心。一説師指軍隊，謂喪失了軍隊和祭祀（巳）。

[16] 女典籍通作汝，第二人稱代詞。郭沫若云："'妹'與'昧'通，昧辰，童蒙知識未開之時也。"盂父殂早世，故盂幼年即承繼顯職。或説"昧晨"即妹爽，"是説次日天剛亮時。"大服，重大顯

要之職務。《詩·大雅·蕩》："曾是在位，曾是在服。"毛傳："服，服政事也。"

[17] 余，讀爲餘，空餘。朕，第一人稱代詞。學字古作斆，與教字通用。《爾雅·釋詁》："學，教也。"一說小學是周時的貴冑學校。《大戴禮記·保傳》："及太子少長，知妃色，則入于小學。"盧辯注："古者太子八歲入小學，十五入大學也。"

[18] 勿，不要。勿後一字不識，揆其文意，當爲貶詞，高明讀爲比，張亞初讀爲蔽，皆可爲一家之言。余、乃辟、一人，三詞爲同位語，皆康王自稱。辟，君長。乃辟，你的君長。商周時王常自稱"一人"或"我一人""余一人。"毛公鼎："余一人在位。"《禮記·大傳》："一人定國。"鄭玄注："一人謂人君也。"

[19] 畣讀爲稟，稟承。正讀爲政。

[20] 二三正，二三位執政大臣。

[21] 召讀爲詔，或紹、昭。《爾雅·釋詁》："詔、亮、左右、相，導也。"熒字作𤇾，象二火炬交叉形，即熒字古文。熒爲人名，或說即榮伯，井侯簋："佳（唯）三月，王令（命）熒罪内史……"或說會明亮之義。諫字从言，闌聲，即諫字。直言規勸。番生簋："虔夙夕專（溥）求不朁德，用諫四方，柔遠能犾（邇）。"德，品德。經，綱紀。

[22] 奔走，疾走，引申爲奔忙，效力，服事。《詩·周頌·清廟》："駿奔走在廟。"《尚書·酒誥》："奔走事厥考厥長。""畏天畏"讀爲畏天威，《詩·周頌·我將》："我其夙夜，畏天之威，于時保之。"

[23] 𣯶字不識。唐蘭說字象人頰毛之形，即而字。《禮記·檀弓》："而曰然。"注："猶乃也。"此銘王先命盂紹榮伯，此再命'刑乃嗣祖南公'。所以說'而命'等於說乃命。"可備一說。不過而也可解爲此，清闕昌瑩《經詞衍釋》："而，猶此也。"《戰國策·趙策一》："豫讓拔劍三躍，呼天擊之曰：'而可以報智伯矣。'"《韓詩外傳》卷四："然周師至，令不行乎左右，而豈其無嚴令繁刑也哉？"《荀子·議兵》作"是豈令不嚴刑不繁也哉？"井，型，效法。嗣，《說文》："諸侯嗣國也。"嗣祖，嫡系承嗣之祖，南公爲盂承嗣之祖。唐蘭說南公即聃季載，爲武王之同母兄弟，年齡最小，見於《史記

69

·管蔡世家》"按：聃、南通用，《左傳》"天子使聃季來聘。"《公羊傳》、《谷梁傳》聃作南。

[24]　迺爲連詞。《爾雅·釋詁》："迺，乃也。"《經傳釋詞》："迺猶且也。"典籍多作乃。夾，《説文》："持也。"夾輔，輔佐。死讀爲尸，主也。司，主持。《詩·鄭風·羔裘》："彼其之子，邦之司直。"毛傳："司，主也。"死、司義近連用。戎，《説文》："兵也。"引申指征戰、戰爭、軍隊。

[25]　諫，通速，及時，迅速，《説文》："鋪旋促也。"《廣雅·釋言》："促也。"罰訟，獄訟案件。

[26]　烝，君，《詩·大雅·文王有聲》："文王烝哉。"銘中用爲動詞，治理。

[27]　雽通粵，發語助。遹，《爾雅·釋詁》："循也。"省，《説文》："視也。"遹、省同義連用。受，從上天接受的。《尚書·洛誥》："誕保文武受民。"

[28]　卣，盛酒器，專盛秬鬯酒，銘中用爲量詞，秬鬯一卣，即一卣秬鬯酒。冖（mì）讀爲冕，頭衣，麥尊："冖衣市舄。"唐蘭曰："此處用作蓋在頭上的頭巾，演化爲冃字、冐字，冐就是冒（帽）字，又音轉爲冕字，從免聲。"衣，《説文》："依也。上曰衣，下曰裳，象覆二人之形。"冖、衣或看作一物，指頭巾；或看作二物，指頭巾與上衣。市（fú），《説文》："市，韠也。上古衣蔽前而已，市以象之。天子朱市，諸侯赤市，大夫葱衡。從巾，象連帶之形。"典籍或作韍，祭服上的蔽膝。《説文》："舄，誰也。象形。誰，篆文舄從隹從昔。"此字亦可讀爲昔。《周禮·地官·草人》："鹹潟用貆。"《釋文》："潟音昔，一音鵲。"通屨，木底鞋。

[29]　旂，旗幟，遭讀爲狩，狩獵。

[30]　邦，國。司，有司，官員。白讀爲伯，銘中用作官員的單位名稱。是人鬲的管理者。

[31]　人鬲，戰俘奴隸。聞一多《古典新義》："鬲、厤古字通。《逸周書·世俘解》：'武王遂征四方，凡憝國九十有九國，馘厤億有十萬七千七百七十有九，俘人三億萬有二百三十。'孫詒讓謂厤爲俘虜，即金文之鬲，是也。于省吾又謂《書·梓材》'厤人'即人鬲，

亦是。于又疑鬲麻古通，《國語·魯語》'子之隸也'，注'隸，隸役也。'《周禮·禁暴氏》：'凡奚隸聚而出入者則司牧之'，注：'奚隸，女奴男奴也。'按于說甚確。"馭，策馬駕車的御者。《說文》："御，使馬也……馭，古文御。"《說文》："庶，屋下衆也。"庶人，徒兵，徒役。

[32] 尸典籍作夷。《金文編》曰："𡰥象屈膝之形，意東方之人，其狀如此。後假夷爲尸，而尸之意晦。"夷司，"異族之國的官員而歸王朝管轄者"。

[33] 徣从彳亟聲，與極通。《爾雅·釋詁》："極，至也。"《廣雅·釋詁》："極，遠也。"唐蘭說："徣字从彳，大概是極遠的專字。"䤼字不識，或說爲地名。也可能讀爲域，極域指遠疆。下一字殘缺，從殘畫看，似爲鄺（遷）字。白川靜讀徣爲亟，云："此句緊承上文，是將已被授予的邦嗣、夷嗣王臣及其人鬲，分別快疾地遷往盂所領之地的意思。《詩·崧高》中，當申伯入封謝城時，有曰'王命傅御，遷其私人'，正是此類。"

[34] 若，第二人稱代詞。正讀爲政，政事。竷，讀爲廢，背棄。

[35] 用，連詞，因而，休；美，此指王美好的賞賜。

【斷 代】

大盂鼎爲康王時器，前文已述理由。唐蘭說盂爲聃季之孫，繼爲南公者，則其時代亦約當康王時。

16．庚嬴鼎

原器已佚，《西清》摹有圖像。銘6行37字。

【著 錄】

《西清》3·39　　《大系》圖6錄22考43　　《集成》5·2748

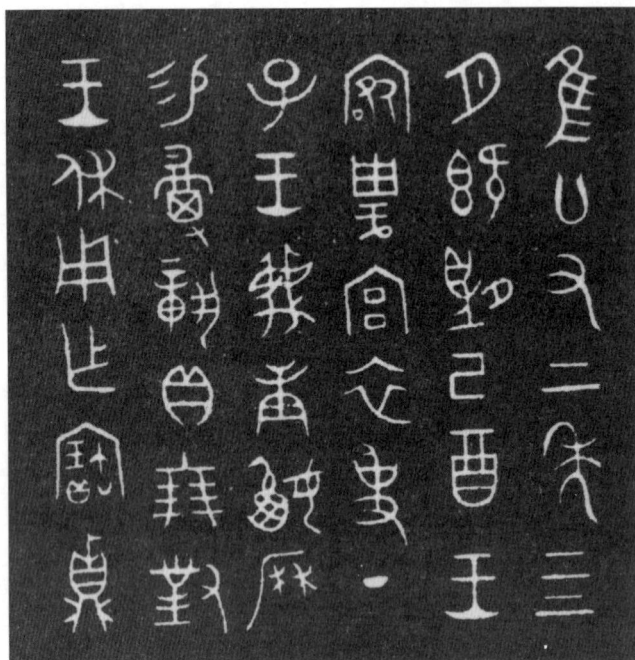

圖15　庚嬴鼎銘文

【釋 文】

佳（唯）廿又二年四月既望己酉[1]，王卻（客，格）瑂（周）宮[2]，衣事[3]。丁巳，王蔑庚嬴曆（歷）[4]，易（賜）裸䢍（貢?）貝十朋[5]。對王休，用乍（作）寶貞（鼎）[6]。

【注 解】

[1]　既望，月相術語。《說文》：“望，月滿之名也。月大十六日，小十五日。日在東，月在西，遙相望也。”既，《廣雅·釋詁四》：“已也。”《尚書·堯典》：“克明俊德；以親九族，九族既睦，平章百姓。”孔傳：“既，已也。”既望含義學者理解不盡同，一般理解爲

"滿月後月的光面尚未顯著虧缺。"四分一月說者謂十五、十六日以後至二十二、二十三日；定點說者謂十六日、十七日、十八日；點段說者謂十六日，《斷代報告》表八"西周金文曆譜"定此銘"既望"爲康王二十三年（前998年）四月十八日。

[2] 客字从宀从卩，各聲，與仲義父鼎同。客通格，至也。利鼎："王客于般宮。"琱通周，函皇文盤："函皇文乍（作）琱娟盤盉障器"。琱娟函皇文匜作"周娟"。琱宮疑即小盂鼎。"王各周廟"之周廟，周王朝之宗廟。

[3] 衣郭沫若讀殷，殷事殆殷祀之事。金文卒字作𠆎（外卒鐸），疑衣爲卒之誤摹。卒，終。《詩‧豳風‧七月》"無衣無褐，何以卒歲?"卒事即終事。

[4] 蔑通伐，誇美。《小爾雅‧廣詁》："伐，美也。"曆，歷，經歷，閱歷。蔑曆多爲上對下之政績表示勉勵式嘉獎，亦可自勉。二字可連用，如長由盉："長由蔑曆。"敔簋："王蔑敔曆。"也可單用，免盤："免穡靜女王休。"庚嬴，人名。嬴字摹本訛甚。

[5] 䵼字舊多讀璋，近時亦有學者隸作䵼，讀爲貢。

[6] 貞讀爲鼎。殷墟甲骨文貞字多作鼎形。

【斷 代】

　　此銘年、月、月相、干支紀時四要素俱全，對斷代有重大意義。郭沫若原定康王，《斷代研究》據口下分尾鳥紋定在"康王前後"。唐蘭定在穆王時，失之過晚。

17．作册麥方尊

　　傳世器。銘8行166字。

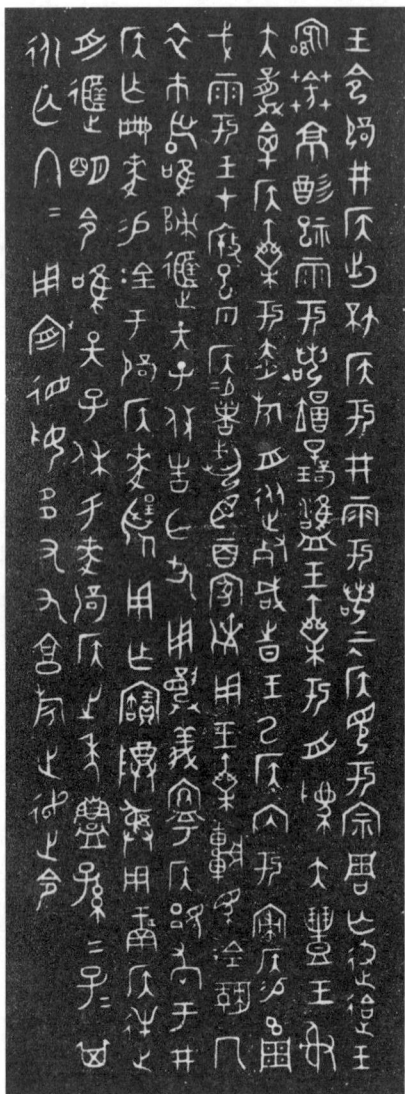

圖 17　作册麥方尊銘文

【著 錄】

《西清》8.33　《大系》圖 199 録 20 考 40　《集成》11·6015

【釋 文】

王令（命）辟井（邢）侯出𤔲（𫝶）[1]，侯于井（邢）[2]。雩若二月[3]，侯見於宗周，亡述（尤）[4]。迨（合）王饔荼京彫（肜）祀[5]。雩若竭（翌）日，才（在）璧（辟）䱷（雍）[6]，王乘于舟爲大豊（禮）。王射大龏（供）禽[7]。侯乘于赤斿舟从[8]，死（尸）咸[9]。之日，王以侯内（入）於帚（寢）[10]，侯易（賜）玄周（琱）戈[11]。雩王在㝊[12]，已夕，侯易（賜）者（諸）䲳臣二百家[13]。劑（齎）用王乘車馬、金□、冂（冕）衣、市、舄[14]。唯歸[15]，遟天子休[16]，告亡述。用龏（恭）義寧侯[17]，覭孝于井（邢）侯[18]。乍（作）册麥易（賜）金于辟侯[19]，麥揚，用乍（作）寶尊彝。用爾侯逆迻[20]，遟明令（命）。唯天子休于麥辟侯之年鑄（鑄？）[21]，孫孫子子其永亡冬冬（終終）[22]，用迼（受）德，妥（綏）多友[23]，享㳂（奔？）走令（命）[24]。

【注 解】

[1] 辟，君主。作器者麥是邢侯之臣，故稱其君邢侯爲辟邢侯。𤔲字又見於鄂侯馭方鼎，作𫝶，又競卣作𫝶，𤔲當是𫝶之訛誤。王國維說鄂侯鼎之𫝶即大伾山。《水經注·河水》："河水又東逕成皋大伾山下。"又云："成皋之故城在伾上。"在今河南滎陽縣西北汜水鎮（故汜水縣）西，近黄河。

[2] 侯於邢，爲侯於邢，就封於邢。《後漢書·郡國志》："平皋有邢丘，故邢國，周公子所封。"邢在今河南温縣東南，與大伾隔河相望。1979年，温縣東南10公里北平皋村發現春秋城垣，出有陶文"邢公"。至昭末穆初，邢遷於河北邢台。

[3] 雩典籍通作粤，句首語氣詞。《史記·周本紀》："粤詹雒伊，毋遠

天室。"《經傳釋詞》七："若,猶及也。《尚書·召誥》:'越五日甲寅,位成,若翼日乙卯。'言及翼日乙卯也。"或説,粤若爲兩虛詞連用,無實際意義。

[４] 見,進見,拜見。此句謂邢侯到宗周(鎬京)去覲見周王。过通作尤,殷甲骨文習見。典籍亦作無説。《詩·邶風·緑衣》:"俾無訧兮。"毛傳:"訧,過。"無尤即無過。

[５] 迨,會合。容庚曰:"《説文》古文作佮,从彳與从辵同義。"莽京,地名,或説是鎬京,或説是豐京,或説在周原。拙文《金文"莽京"即秦之"阿房"説》云莽即高卣"王初裸旁"的旁,在豐鎬之旁,大約就是秦時的阿房。王玉哲《西周莽京地望的再探討》也有相似説法。

[６] 璧,《説文》:"瑞玉圜也。"璧本是圓形玉器,正中有孔。盠字从皿,雄聲,字書未見,疑即盠卣之盠,亦可隸作瓮,殆甕(甕)之異文,甕爲瓦器,亦爲器皿,故意旁可以換用。雄字金文多作,劉心源謂雄爲邑之繁文,爲城邑四周的護城河。這恐怕仍是引申義,其本義是雍積之水。璧盠典籍多作辟雍,是圓形的水池。古時王室大學有辟雍,故引申爲大學之代名詞。《禮記·王製》:"天子命之教,然後爲學,小學在公宮南之左,大學在郊,天子曰辟雍,諸侯曰頖宮。"《三輔黄圖》:"文王辟雍在長安西北四十里,亦曰璧雍,如璧之圓,雍之以水。"金文亦稱大池。《詩·大雅·文王有聲》:"鎬京辟雍。"本銘亦指鎬京辟雍。

[７] 郭沫若:大奊禽連讀,疑爲"大鴻禽,但典籍未見奊(龔)、鴻相通之例。"唐蘭釋文讀爲供,注釋讀爲拱,前後不一。《玉篇》:"供,祭也。"大供禽即大祭祀所用之禽。

[８] 赤祈舟,挂有紅色旗幟的船。

[９] 死讀爲尸,主。咸,皆。死皆,指邢侯主持的各事者已完成了。

[10] 之,指示代詞,此,這。之日,這一日。寢,君王之宮室。1994年陝西扶風莊白村出土王盂銘:"王乍(作)莽京中帚(寢)歸(饋)盂。"

[11] 玄,黑色,指紫黑色的青銅合金。伯公父匜:"其金孔吉,亦玄亦黄。"邾公華鐘:"翠(擇)毕(厥)吉金玄鏐赤鏞。"珥,《説

文》："治玉也。"雕刻。珇戈是有雕刻裝飾的戈。此爲被動句，邢侯是受賜的對象。

[12] 庈，地名，盠駒尊："王初執駒于庈"，與此爲一地。唐蘭説其地在今陝西鳳翔縣，殆是。

[13] 巳，唐蘭隸作祀。夕，唐蘭隸作月。月、夕初本一字，後分化爲二字，但常常混用。钺字甲骨金文多見。《説文》："钺，擊踝也。從凡、戈。讀若踝。"然以此義釋甲、金文，皆扞格不通。學者或謂《説文》前踝字衍，當訓擊也。郭沫若説钺讀爲踝。者讀爲赭，踝臣即"赭衣踝跣之奴隸。"一説钺象人跪降獻戈之形，擊踝爲後起義，茍如其説，則"者钺臣"或可理解爲"諸降臣"。

[14] 劑讀爲齎（jī），《廣雅·釋詁》："送也。"即賜。乘，坐、駕。王乘車馬，王所乘坐的車馬。

[15] 歸，邢侯朝覲受賜後回歸原封地。

[16] 遟字不見于字書，徐中舒師讀爲將。史頌鼎"日遟天子覲命"，小克鼎銘"日用鬻朕辟魯休"，遟、鬻文例同，即《詩·周頌·敬之》"日就月將"之將，毛詩："將，行也。"《周禮·春官·小宗伯》："以時將瓚果。"鄭玄注："將，送也，猶奉也。"遟天子休，即奉天子之美德。《包山》226 簡："遟楚邦之帀（師）徒"。228 簡作遟，皆讀爲將，率領也。《禮記·内則》："炮取腸若將。"鄭玄注："將讀爲牂。"

[17] 龏讀爲恭，敬也。《易·坤·文言》："……敬義立而德不孤。"寧侯，安寧邢侯。此句省略主語麥。

[18] 覞，唐蘭説從尹，睍聲，與沈子也簋顯作𩖋同，義亦同顯。

[19] 此句爲被動句，作册麥受賜金（銅）於其君邢侯。

[20] 䤜，《説文》："秦名土釜曰䤜。從鬲，午聲，讀若過。"段玉裁注："今俗作鍋。土釜者，出於陶也。"䤜讀爲過，《吕氏春秋·孟冬紀·異寶》："伍員過于吴。"高誘注："過，猶至也。"唐蘭説用爲獻。逆逜金文習見，然含義諸家説不同。或釋逆造，或釋逆受，謂大意是出入往來。湯餘惠《泂字別議》説逆逜讀爲逆復，即《周禮·太僕》"掌諸侯之復逆"之"復逆"。"但《周禮》用爲動詞，金文則是名詞，指面君奏事者。"

[21]　字郭沫若懷疑摹刻有失，唐蘭懷疑是鑄字。今按唐說是，鑄字
　　　筍伯盨作，字形相似。此爲以事紀年，表明鑄器年乃麥之君長邢
　　　侯受休美於天子之年。

[22]　終終，上終字爲動詞，終其終期。

[23]　遊即迪之繁體。妥讀爲綏。《詩·周南·樛木》："福履綏之。"毛傳：
　　　"綏，安也。"綏多友即安和衆友。

[24]　《說文》："亯，獻也。"亯典籍通作享。《詩·高頌·殷武》："昔有成湯，
　　　自彼氐羌，莫敢不來享。"享奔走謂"獻其奔走之勞以效王命。"

【斷 代】

　　《大系》定爲康王時，學者多從之。唐蘭定爲昭王前期，疑邢
侯是第二代。按銘文言"出矿，侯于井"，明是封於邢，唐說理由
不足。

18．作册令方彝

　　傳1929年出土于河南洛陽馬坡，器、蓋同銘。蓋14行185字。
一名矢令彝，又有同銘方尊。現藏美國華盛頓弗利爾美術館。

【著 錄】

　　《貞松》4·49　　《大系》圖55錄3考5　　《集成》16·9901。

【釋 文】

　　隹（唯）八月辰在甲申，王令（命）周公子明保尹三事
四方[1]，受卿事寮[2]。丁亥，令矢告于周公宮[3]，公令
（命）眚（徃）同卿事寮[4]。隹（惟）十月月吉癸未[5]，

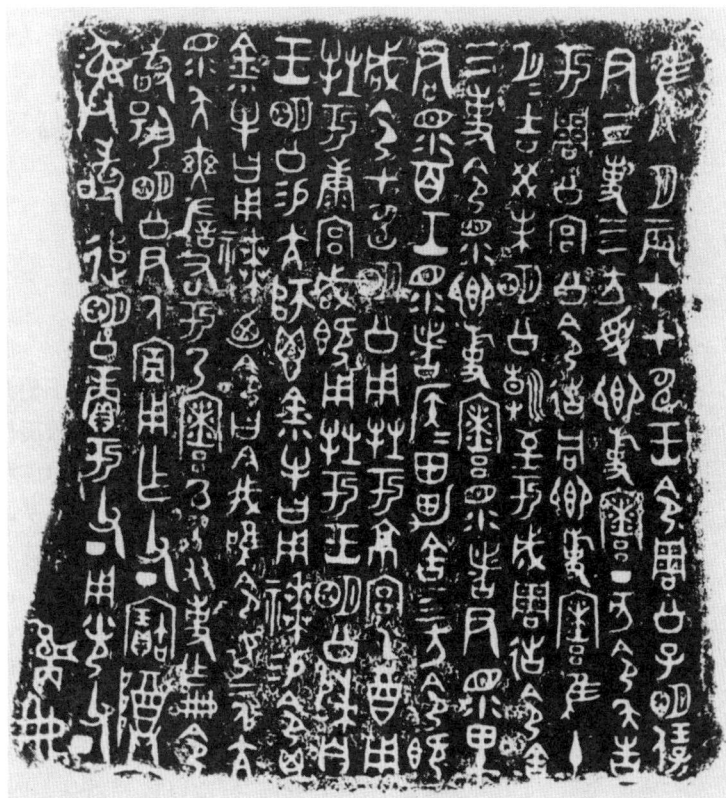

圖18　作册令方彝銘文

明公朝至于成周，徙（詘）令（命）舍三事令（命）[6]，眔卿事寮，眔者（諸）尹[7]，眔里君[8]，眔百工[9]，眔者（諸）侯：侯、田（甸）、男[10]，舍四方令（命）。既咸令（命）[11]，甲申，明公用牲于京宮[12]。乙酉，用牲于康宮[13]。咸既，用牲于王[14]。明公歸自王。明公易（賜）亢師鬯、金、小牛[15]，曰："用禱（禱）[16]。"易（賜）令鬯、金、小牛，曰："用禱（禱）。"迺令（命）曰："今我唯令（命）女（汝）二人亢眔矢𠭯（奭）曶

（左）右于乃寮以乃友事[17]。"乍（作）册令敢䚡（揚）明公尹氒（厥）室[18]，用乍（作）父丁寶隣彝[19]。敢追明公賞于父丁[20]，用光父丁[21]。隽册[22]。（器銘作"册隽册"）

【注解】

[1] 郭沫若《大系》説："周公即周公旦，明保乃魯公伯禽也。"唐蘭《史徵》則説："周公旦死時不過六十多歲，周公旦的長子伯禽封在魯了，君陳應該是他的第二個兒子，繼爲周公……這個明保顯然不是周公旦的兒子。伯禽和君陳等都與成王平輩，但伯禽和昌伋、王孫牟、晉侯燮都一直到康王時還在，他們都已是康王的父輩了。那麼，君陳的兒子明保是昭王的父輩，所以在昭王時期成爲執政中的最高權勢者。"周同《令彝考釋中的幾個問題》則説"周公名旦，字明保，'保'是尊稱"。三種説法中，以唐説較爲可取。尹，《説文》："治也。從又，握事者也。"三事，斯維至以爲指司徒、司馬、司空三職。或説三事即《左傳·成公二年》之"三吏"、《詩·小雅·雨無正》之"三事大夫"、《逸周書·大匡解》之"三吏大夫"、《十月之交》之"三有事"。當以或説爲是。四方，東西南北四方，借指宇内、全國。明保管理三事大夫及四方諸侯，可見地位極高。

[2] 受讀爲授。卿事即卿士，執政官。寮讀爲僚，《玉篇》："寮，官寮也，與僚同。"卿事寮爲執政機關。唐蘭以爲"大概是管理各個卿的事務的總衙門，等於後世的内閣"。

[3] 矢爲器主。宮，《説文》："室也。"唐蘭説宮指宗廟，周公宮乃周公宗廟。"《書序》説周公死後，'成王葬于畢，告周公'，也是告廟。"一説宮指王侯宮殿，爲理政之場所。

[4] 徃字郭沫若釋出，陳夢家釋造，唐蘭釋誕，郭説是。同，《説文》："合會也。"即會見。

[5] 《説文》："吉，善也。"月吉即月之吉日。吉日，吉利之日。金文

吉日習見，或稱初吉。吉日壬午劍："吉日壬午。"宜桐盂："佳（唯）正月初吉日己酉。"吉日、初吉之具體含義，學術界意見不一。或以爲是月相術語，主張定點者説吉日即朔，指每月的初一或初二、初三；主張四分月相説者，説初吉指每月的初一至初七、初八。或主張吉日、初吉不是月相，可在上旬，亦有少數在中、下旬。本人傾向於認爲吉日不是月相。從八月甲申到十月月吉癸卯，中間相隔 60 天，甲申、癸卯可能都是朔日。

[6] 明公即明保，明保乃對王稱其名，"公"則作銘史官對明保之敬稱。舍，施發。毛公鼎："父厝舍命。"于省吾曰："吳北江先生云：舍命乃古人恒語，即發號施令之意。《詩》：'不失其馳，舍矢如破。'舍矢猶發矢也……非謂舍其命令不顧也。《羔裘》詩'彼其之子，舍命不渝'，謂其發號施令無所渝失也。"

[7] 諸尹即衆尹，相當於《尚書·酒誥》的"庶尹"、《顧命》的"百尹"。尹，名詞，官。唐蘭云："《酒誥》：'越在內服，百僚庶尹'，百僚即指卿事寮、太史寮等；《顧命》在太保奭等六卿下是'師氏、虎臣、百尹、御事'，這些人應是六卿以下掌管各項具體事務的官。"

[8] 里君，也見於史頌簋。斯維至云："《周禮》不見里君之名，《書·酒誥》'越百姓里居'，《逸周書·商誓》：'百官里居。'王國維謂里居之居爲君字之譌，其説確不可易。"里君即里尹、里宰。

[9] 百工，各種工匠。從三事到百工，皆內服官。內服管內部事務。

[10] "諸侯"是侯甸男的總名。侯，官名。《尚書·酒誥》："越在外服，侯、甸、男、衛、邦、伯。"侯服在王城近畿。田，通甸，甸服，內諸侯簡稱。《説文》："甸，天子五百里地。"桂馥《義證》："天子五百里地者，徐鍇本作天子五百里內田。《禹貢》：'五百里甸服'，傳云：'規方千里之內謂之甸服，爲天子服治田，去王城四面五百里。"男，男服諸侯簡稱。《尚書·康誥》："侯、甸、男、邦、采、衛。"孔氏傳："男服去王城二千里。"《周禮·夏官·職方氏》："乃辨九服之邦國，方千里曰王畿，其外方五百里曰侯服，又其外方五百里曰甸服，又其外方五百里曰男服。"不過所説里程出於後儒的安排，含有整齊化、理想化的成分，不可過於執着地

看待。唐蘭説："侯服的國家較大，侯是能射箭的武士，而甸、男兩服都是從事農業的，男的地位最低，貢賦也最重。這三邦諸侯國家，是隸屬於奴隸主王朝的主要組成部分。"侯、甸、男屬外服，管外部事務。

[11] 既咸命，已經發布完了命令。命，指上"舍三事命"、"舍四方命"。

[12] 《説文》："牲，牛完全。"牲爲祭祀用的家畜。《周禮·天官·庖人》："掌共六畜六獸六禽。"鄭玄注："始養之曰畜，將用之曰牲。"京宮，京城的宗廟，在成周洛陽。唐蘭説："京宮是祭太王、王季、文王、武王、成王的宗廟。"

[13] 康宮，西周宗廟。郭沫若《大系》説："京、康、華、般、卲、穆、成、剌，均以懿美之字爲宮室之名，如後世稱未央宮、長楊宮、武英殿、文華殿之類，宮名偶與王號相同而已。"唐蘭則有名文《西周銅器斷代中的"康宮"問題》，云："康宮是康王之廟。""康宮則以昭王爲昭、穆王爲穆，恭王爲昭、懿王爲穆，孝王爲昭、夷王爲穆，屬王爲昭、宣王爲穆，故昭王穆王稱昭穆，是其證也。"依唐説，凡有"康宮"的銘文，時代都在康王之後，如此彝爲昭王時。依郭説，器之時代與有無"康宮"無關，郭定此彝爲成王時。今人多依從唐説，如高明説："既言用牲於京宮和康宮，京康二宮應皆爲先王之廟，據上述《𬩽尊》銘文所載，成王五年相宅於成周，在短時間内不可能修建成若多宮廟和王城，從銅器時代來看，唐蘭定爲昭王比較可信。"康宮又稱康廟，見南宮柳鼎。

[14] 此及下句的"王"都指成周王城。《尚書·洛誥》："我乃卜澗水東，瀍水西，惟洛食。"澗東瀍西之地，在漢爲河南縣，《漢書·地理志》河南縣下注："故郟鄏地。周武王遷九鼎，周公致太平，營以爲都，是爲王城，至平王居之。"

[15] 亢師，人名，卿事寮之一。鬯，用秬（黑黍）釀造的酒，用于祭祀。《説文》："鬯，以秬釀鬱艸，芬芳攸服，以降神也。"或稱秬鬯。录伯簋："余易（賜）女（汝）鬯（秬）鬯一卣。"《尚書·洛誥》："予以秬鬯二卣。金，《説文》："五色金也……"銘中金指銅。攻吳王夫差鑒："攻吳王夫差睪（擇）氒（厥）吉金……"

[16]　祷見叔矢方鼎注②。

[17]　奭字殷墟甲骨文及殷周金文多見，異體甚多，但皆象一人挾二物於
　　　腋下。此字或隸作奭、夾、毌、爽、赫，迄無定論。其意義指王之
　　　配偶或近臣（黃奭、尹奭）。張政烺《奭字說》以爲此字"蓋取二
　　　物相儷而偶，故不拘泥於形體也。"燕召公名奭，《史篇》名醜。張
　　　先生云："此奭字當讀若仇，而解爲匹，即妃匹之名。"至于伊尹、
　　　黃尹稱伊奭、黃奭，張先生說尹乃三公之官，與奭相當。蓋謂國之
　　　重臣與王爲匹耦也。《詩·周南·兔罝》，"赳赳武夫，公侯好仇。"
　　　《詩·大雅·皇矣》："帝謂文王，詢爾仇方。"《詩毛氏傳疏》："仇謂
　　　如公侯好仇之仇，仇訓匹，爲匹耦，爲群臣也。"本銘"奭"指亢、
　　　矢令爲明公之親近僚屬，得"左右（輔佐）"於其僚友。王之重臣
　　　對王稱仇，重臣之親近僚屬對重臣亦得稱仇。郭沫若讀敏，唐蘭讀
　　　接，楊樹達讀尚，皆非是。友，《說文》："同志爲友。從二又。相
　　　交友也。"友實際上也是臣僚。

[18]　作册，官名，掌管王朝册封、詔令、圖錄等事務。令爲作册之私
　　　名。敢，自言冒昧之辭。《儀禮·士虞禮》："敢用絜性剛鬣。"鄭玄
　　　注："敢，昧冒之辭。"揚，頌揚，稱揚。明公尹即明公之官號，
　　　因其"尹三事四方"也；一說，尹即尹氏，官長也。

[19]　父丁，作册矢令之父。

[20]　追，回溯、追念。《詩·大雅·文王》："能棘其欲，遹追來孝。"鄭
　　　玄箋："乃述追王季勤孝之行，進其業也。"《正字通》："追，祭先
　　　而永思不忘也。""追明公賞于父丁"即將明公的賞賜上推到父丁，
　　　亦祭祀時追念父丁之意。

[21]　光，《廣雅·釋言》："寵也。"即榮耀。《詩·大雅·韓奕》："丕顯其
　　　光。"鄭玄箋："光，猶榮也。"

[22]　雋册，即大鼎之雋册册。

【斷　代】

　　郭沫若斷爲成王，唐蘭斷爲昭王，說見前文。彝本爲青銅禮
器之共名，一般不作爲專名。宋人《博古圖錄》將帶蓋、器腹側

面與橫截面皆爲長方形、四隅與腰間有扉棱、方圈足之器稱爲彝。
容庚《商周彝器通考》説此種彝無所系屬，別爲一類，名曰方彝。
朱鳳瀚《古代中國青銅器》説"方彝流行於殷代中期至西周早
期"，令方彝定爲 Bb 型，西周早期偏晚。王世民《青銅器分期》
定爲Ⅱ型弧壁方彝，時代屬昭王。

19．旟　鼎

1972 年陝西眉縣楊家村出土，銘 4 行 28 字。現藏陝西歷史博物館。

【著 錄】

《文物》1972 年 7 期　《集成》5·2704

【釋 文】

唯八月初吉，王姜易（賜）旟田三于待劇[1]，師櫨酤兄
（貺）[2]。用對王休，子子孫其永寶。

【注 解】

[１]　旟，即員卣與史鄦鼎中的史旟，此時似尚未作史官。田三，三百
　　　畝田，《周禮》説古時一田爲一百畝。待劇，地名，不詳所在。劇
　　　字或隸作劃，此从張亞初釋。唐蘭説囱即囷，是簟之象形字。疑劇
　　　當讀爲鐔，是刀劍的鼻，所以从刀。

[２]　師，長官。《周禮·天官·序官》："甸師下士二人。"鄭玄注："師，
　　　猶長也。"櫨，人名。酤字不識。唐蘭隸作酷，讀爲告；《銘文選》
　　　説與大盂鼎銘醹字同，樂酒之意，假借爲忱或訧，義爲誠或信；
　　　張亞初讀爲舔，三説皆難爲定論。

圖 19　旟鼎銘文

【斷 代】

　　器形、紋飾近於康王時之大盂鼎。唐蘭以爲旟其時地位尚低，因定爲昭王初期，他家説略同。

20. 召 尊

傳河南洛陽出土，銘7行46字。又有同名之卣。現藏上海博物館。

【著 錄】

《斷代》（二）79頁　《錄遺》205　《集成》11·6604

【釋 文】

唯九月在炎（郯）自[1]。甲午，白（伯）懋父賜（賜）**盟**（召）白馬[2]，**妦**黄髮散（徽）[3]，用**朱**不（丕）杯（顯）[4]。**盟**（召）多用追于炎（郯）不**彝**（肆）白（伯）懋父**盾**（賄）[5]。**盟**（召）萬年永光[6]，用乍（作）團宮旅彝[7]。

【注 解】

[1]　炎又見于作册矢令簋，二器又同有“在九月”，但所記是否同時事則衆説不一。炎，春秋時郯國，今山東郯城縣西南故郯城。《漢書·地理志》東海郡郯縣下班氏自注：“故國，少昊後，盈姓。”自（shī），通作師，軍旅駐扎之地。

[2]　白懋父金文屢見，小臣謎簋説：“白懋父以殷八自（師）征東夷”，“**旱**（厥）復歸，在牧自（師）。”郭沫若云：“白懋父必係周初人而封近於殷者。《逸周書·作雒解》‘俾康叔宇于殷，俾中旎父宇于東。’孫詒讓謂中旎父即康叔之子康伯髦，《左傳·昭十二年》之王孫牟父，余謂亦即此白懋父。懋牟髦旎均同紐，而幽宵音亦相近……”唐蘭早先同意郭説，云：“康叔封是成王的叔父，但在成王

圖20　召尊銘文

的叔父中是最年輕的，曾作成王的司寇……《世本》：'康伯名
髦。'宋衷注：'即王孫牟也，事周康王爲大夫。'……康伯髦應在
康王、昭王時代。"後來則看法發生變化，在《史徵·小臣宅簋》
條下則説："按《穆天子傳》穆王東征曾至於房，即房子，那末，
此器或是穆初。據此，則伯懋父的活動，可能是昭末穆初，也未
必即是康伯髦了。疑伯懋父爲祭公謀父，謀懋聲近。祭公謀父在
昭穆之際，時代正合。"彭裕商《伯懋父考》對唐先生後説有所闡
發，云："據《逸周書·祭公》，祭公謀父死於穆王時，但篇中記載
祭公説：'朕身尚在兹，朕魂在于天昭王之所，勖宅天命'，則其
曾輔佐昭王甚明，這與金文中的伯懋父爲昭穆時人年代相合。據
《左傳》等文獻記載，祭爲周公後人，該篇記載穆王稱其爲祖，可
知爲周公之孫，與昭王同輩。"本書采用後説。

[3] 黄前一字不識，唐蘭隷作姓，與上句馬連讀，解爲馬名，引《方言》"秦晉之間，凡好而輕者謂之娥。自關而東，河、濟之間謂之媌，或謂之姣。趙、魏、燕、代之間曰姝，或曰姓。"《銘文選》隷作每，讀爲腜，《説文》："背肉也。"腜黄，指馬背色黄。髮，馬鬃。微，《銘文選》讀爲黴，"指馬鬃黑色。"

[4] 紲字不識，不环義近丕顯。師遽簋："敢對揚天子不环休。"录伯簋："對揚天子丕顯休。"二銘語例相同。

[5] 《尚書·堯典》"肆類于上帝。"《説文》肆作綿。《小爾雅·廣言》："肆，極也。"眘讀爲賄，《儀禮·聘禮》注："賄，予人財之言也。"即贈賄。

[6] 萬年爲祝頌之辭，極言時間之長。《詩·大雅·既醉》"君子萬年，永錫祚胤。"永，長。光，發揚光大。

[7] 團宫，召的宗廟。又召卣二有"牧宫"。二者皆爲召之宗廟。

【斷 代】

伯懋父既爲祭公謀父，與昭王同輩，則此尊宜爲昭王時器。

21．作册睘卣

器、蓋同銘 4 行 35 字。器今不知所在。

【著 録】

《筠清》2·44　《三代》13·40·2　《大系》録 5 考 14　《集成》10·5407

【釋 文】

隹（唯）十又九年[1]，王在斥[2]，王姜令乍（作）册睘

圖 21　作册睘卣銘文

安尸（夷）白（伯）[3]。尸（夷）白（伯）賓（儐）睘
貝、布[4]，揚王姜休，用乍（作）文考癸寶隣器[5]。

【注 解】

[1] 《銘文選》以爲"十九年，當是昭王紀年"。《史記·周本紀》："昭王之時，王道微缺，昭王南巡狩不返，卒於江上。"《初學記》卷七地部下引《紀年》曰："周昭王十六年，伐楚荆，涉漢，遇大兕。"《開元占徑》卷一〇一引《紀年》曰："周昭王十九年，天大曀，雉兔皆震。"《太平御覽》卷八七四咎徵部引《書紀年》曰："周昭王末年，夜有五色光貫紫微。其年，王南巡不返。"《今本竹書紀年》："十九年春，有星孛於紫微。天大曀，雉兔皆震，喪六師於漢。"令簋銘："隹王于伐楚白，在炎。隹九月既死霸丁丑，乍册矢令尊宜于王姜。"史載昭王十六年、十九年兩次伐楚，令簋所記合於《年表》昭王十六年曆朔，此銘十九年必爲昭王十九年。

[2] 斥，地名，又見同銘尊及傳世趞卣，唐蘭初說在湖北孝感，後說在鎬京附近。盧連成《斥地與昭王十九年南征》則說在汧渭之會，即郿縣出土駒尊"王初執駒于斥"之斥，殆是。

[3] 王姜爲周王姜姓后妃。《國語·周語》："昭王取于房，曰房后。"《歷代紀事年表》說房爲祁姓之國。《銘文選》疑昭王有兩后，王姜文獻失載。唐蘭在《康宫》一文中疑爲康王后，劉啓益《西周金文中所見的周王后妃》又有闡發，其說是。在昭王時王姜已是太后。安，猶寧，探視，問安。《詩·周南·葛覃》："歸寧父母。"毛傳："寧，安也。"夷伯，夷國君長。《左傳·桓公十六年》："衛宣公烝于夷姜。"此夷爲姜姓。又《左傳·隱公元年》："紀人伐夷。"杜預注："夷國在城陽莊武縣。"即今濮陽。疏引《世本》云："夷，妘姓。"《左傳·莊公十六年》："晉武公伐夷，執夷詭諸。"杜預注：夷詭諸，周大夫。夷，采地名。"古稱夷者甚多，如師酉簋提到西門夷、秦夷、京夷等。拙文《西周畿內地名小記》說本銘之夷也可能不在山東，而在畿內。

[4] 賓讀爲儐，《廣韻》："敬也。"引申爲貢奉、敬。貝，貨貝。布，《說文》："枲織也。"段玉裁注："古者無今之木綿布，但有麻布及葛布而已。"一說布爲錢幣，但西周有無金屬貨幣學術界沒有定論。

[5] 文考，有文德的父親。《禮記·曲禮》："生曰父……死曰考。"

【斷 代】

　　郭沫若定爲成王時器，説“十九年”乃文王紀元，成王六年也。又云“斤”即寒陳，爲寒浞故地，在今山東濰縣境。但由上文可知，斤應在西周畿内，非成王時伐東夷時事，故郭説失之過早。諸家多定爲昭王時器，是。

22．中　　甗

　　1118 年（北宋重和戊戌年）出土於湖北孝感縣，同出有觶一、方鼎三、圓鼎一，史稱“安州六器”。銘爲宋人摹本，10 行 98 字。

【著 録】

　　《薛氏》16·2　　《大系》録 8 考 19　　《集成》3·949

【釋 文】

　　王令（命）中先，省南或（國）戛（貫）行[1]，虱（藝，設）应（居）在凼（曾）[2]。史兒至[3]，以王令（命）曰：“令女（汝）史（使）小大邦[4]，弔（厥）又舍（捨）女（汝）邦（虣）量[5]，至于女（汝）廄（庸）[6]，小多□[7]。”中省自方，登（鄧）迓（造）□邦[8]，在噩（鄂）自（師）陳（次）[9]。白（伯）買文酒以弔（厥）人戍漢中州[10]，曰叚，曰旃。弔（厥）人鬲（鬲？）廿（二十）夫[11]，弔（厥）貯嘼言[12]，曰貯□貝。曰傳□王□休，肄肩（肩？）又（有）羞，余□□伕，用乍（作）父乙寶彝。

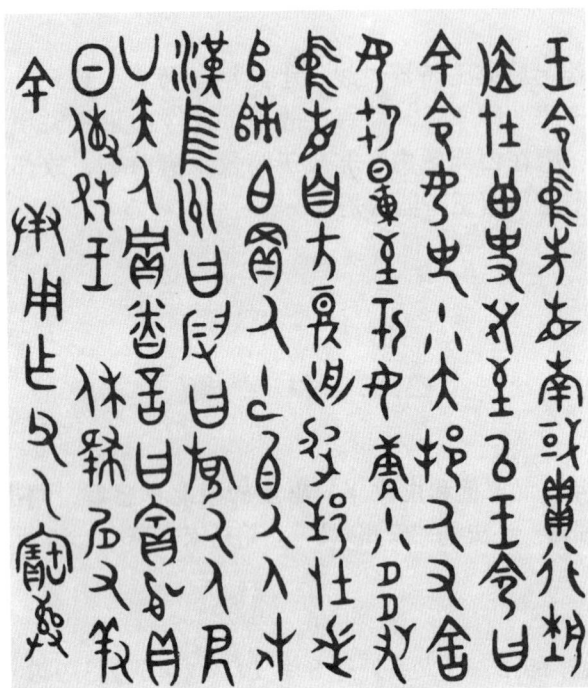

圖22　中甗銘文

【注 解】

[１]　中，人名。先，先導。《周禮·夏官·大司馬》："右秉鉞以先。"鄭
玄注："先，猶道（導）也。"省，省察，視察。南國，南方諸國，
此銘泛指漢水流域諸國。一説南或即南域，指周之南部疆域。貫，
象一繩貫穿二貝，貫通，《楚辭·招魂》："路貫廬江兮左長薄。"
行，《爾雅·釋宫》："道也。《銘文選》説此句意謂"循省南國而貫
通其道路。""古人作戰用戰車，必須使道路貫通，戰車始能發揮
作用，故征南國必先打通道路。"

[２]　𡐦字象人手持樹木植於土中，即藝字。引申或有樹立、建樹、設
立義。应或釋爲居，指王在京城以外的行宫、別館或臨時駐蹕之
地。《玉篇》尸部居之古文作𡰯。曾，漢上諸侯國，此句指在曾國
地爲王設立駐蹕之所。𤰫爲曾（甑）的本字，⊕象算形，上∧象

蒸飯上冒之氣。曾有數地，但南國既在漢水流域，則此當必在漢水之北。《國語·晉語》："申人、繒人召西戎以伐周，"唐蘭説："此繒國當與申國鄰近。申國在今河南省南陽市一帶，新野縣在其南，一直到隨縣、京山兩地最近都出土過曾國銅器。當昭王時的曾國不知定在何處，但總應在伐楚時經過的要道是可以無疑的。"

[３] 史兒，人名，當爲昭王的近侍。

[４] 使，出使。小大邦，大小諸侯國。

[５] 𤮾字不識，唐蘭隸作芻，説是芻牧之地。量，地名。

[６] 庸，奴僕、奴隸。詢簋："先虎臣后庸。"

[７] 末字不識，此句意不明。

[８] 方或説即方域，鄂君啓車節："自鄂往，就易（陽）丘，就邡域。"在今河南葉縣南方城縣北。《左傳·僖公四年》："楚國方城以爲城，漢水以爲池。"鄧，今河南鄧縣一帶。造，《説文》："就也。"即到達。邦前一字不識。

[９] 噩字爲郭沫若所釋。《漢書·地理志》有二鄂，江夏郡之鄂縣及南陽郡的西鄂。西鄂爲姞姓國，在今河南南陽市北。禹鼎："踐伐噩侯馭方。"鄂侯鼎："噩侯馭方内（納）豊（醴）于王。"𣦔，即師次之次。《金文編》云："𣦔，《説文》所無，師所止也。從自，束聲。後世假次字爲之。羅振玉説。"次本指軍隊駐扎、留守處，《左傳·僖公四年》："師退，次于召陵。"

[10] 伯買父，人名，其事不詳。"白買父逎以坒人戍漢中州，"逎字以下摹本多失真，不可卒讀，此爲張亞初隸定。唐蘭説州指漢水中的小洲。《水經·沔水注》武當縣"西北十里，漢水中有洲名滄浪州。"又云："襄陽城東有東白沙，白沙北有三洲。"

[11] 𠂤字不識，張亞初疑爲屚字之殘。人屚見大盂鼎銘，説見前。

[12] 此句以下文字殘缺意不明。

【斷 代】

此銘叙述中奉王命巡視南陽、漢上諸侯并有所賞賜事，與昭王南征事相關，故定爲昭王時器。

23．静方鼎

四足方鼎，内壁有銘文 9 行 78 字。現藏日本出光美術館。

【著錄】

《文物》1998 年 5 期　　《金文引得》殷商西周卷 4003

【釋文】

佳（唯）十月甲子[1]，王才（在）宗周，令（命）師中
罗静省南或（國）相[2]，𧊒（藝，設）应（居）。八月
初吉庚申至，告于成周[3]。月既望丁丑[4]，王才（在）
成周大室，令（命）静曰：“𤔲（司）女（汝）采[5]，
𤔲（司）才（在）𡴎（曾）噩（鄂）𠂤（師）[6]。”王
曰：“静，易（錫）女（汝）鬯、旂、市、采𩨾[7]。”
曰：“用事[8]。”静揚天子休，用乍（作）父丁寶障彝。

【注解】

[1] 斷代工程報告（簡本）云：“據古本《竹書紀年》，昭王十六年南
伐楚荆，十九年喪六師於漢，卒於漢水中。與此事有關的青銅器，
有明記十九年的𢼸卣、析尊等，以之繫連排比，可知静方鼎的
‘十月甲子’在昭王十八年，‘八月初吉庚申’與‘月既望丁丑’
在昭王十九年。以穆王元年爲公元前 976 年上推，昭王十八年爲
公元前 978 年，十月癸亥朔，甲子初二日；十九年爲公元前 977
年，八月戊午朔，庚申初三日，合于初吉，丁丑二十日，合于既
望。”共和以前，周王在位年尚無定說，故此說法是否對，還有待
研究，但可以看作一家之言。

圖23　静方鼎銘文

［２］　相之地望不明。李學勤《静方鼎補釋》文末補記："相可能是湘，
　　　　相國是封於湘水流域的諸侯國，記此待證。"

［３］　李學勤説，静在相設置王居後，返至成周，以其完成使命報告於
　　　　成周諸臣。

［４］　月既望即見於《周易·小畜》、《歸妹》的"月幾望"，幾、既相通。

［５］　嗣或作詞，其本字作司，與后爲一字，爲了區别，仍增義符嗣。
　　　　典籍通作司。《説文》"司，臣司事於外者。"本義爲治理，銘中讀
　　　　爲嗣，繼承。采，天子賜予諸侯卿大夫的封邑。《禮記·禮運》：
　　　　"大夫有采地以處其子孫。"孔穎達疏"大夫以采地之禄養其子孫，

故云以處其子孫。"《風俗通·六國》"封熊繹於楚，食子男之采。"

[6] 此䚉義爲掌管。《詩·鄭風·羔裘》："彼其之子，邦之司直。"毛傳："司，主也。"

[7] 市，音 fú，祭服的蔽膝。《説文》："市，韠也。上古衣蔽前而已，市以象之。天子朱市，諸侯赤市，大夫葱衡。从巾，象連帶之形。韍，篆文市从韋从犮。"鄈，地名，乃静之采地。

[8] 用事，金文習見語，用以履行職事。

【斷 代】

此銘所説爲使中、静等省南國事，與安州六器之中觶、中方鼎等有關，宜爲昭王時器。

24. 静　簋

李山農舊藏，銘 8 行 90 字。現藏美國紐約薩克勒藝術博物館。

【著 録】

《西清》27·14　《大系》圖 63 録 27 考 55　白川《通釋》16·123　《集成》8·4273

【釋 文】

隹（唯）六月初吉，王才（在）莽京。丁卯[1]，王令（命）静嗣（司）射學宫[2]，小子罙服[3]、罙小臣[4]、罙尸（夷）僕學射[5]。雩（越）八月初吉庚寅[6]，王以吴奉、吕罰（嗣）卿（會）𤔌（𣄴）盠自（師），邦君

射于大池[7]。静學（教）無咒（尤）[8]，王易（賜）静
韓刻（瑹）[9]。静敢拜稽首，對揚天子不（丕）顯休，
用乍（作）文母外姞障毁（簋）[10]，子子孫孫其萬年用。

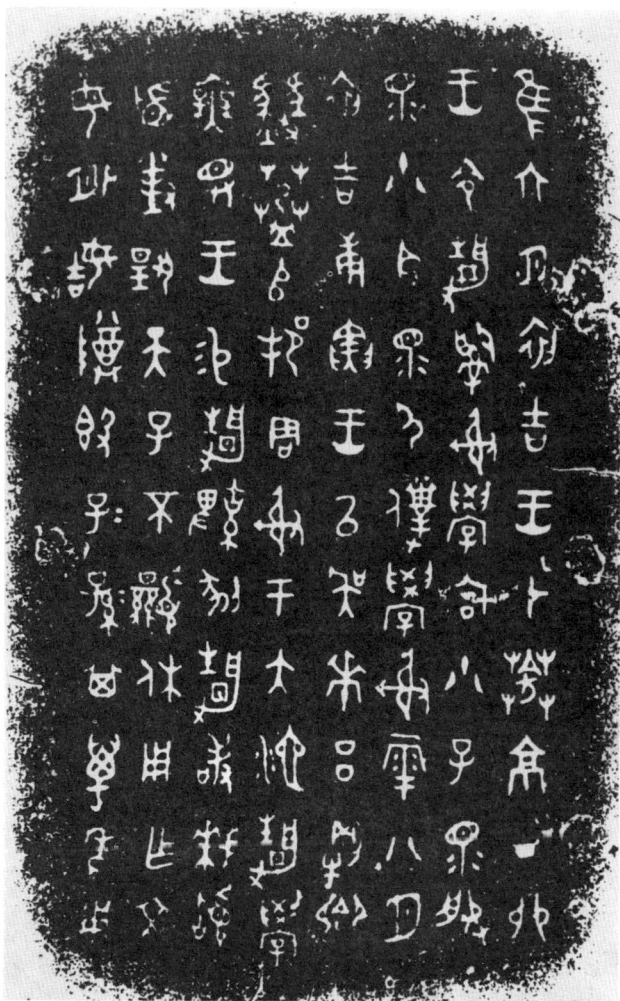

圖24　静簋銘文

【注 解】

［1］ 丁卯應爲六月初吉丁卯。上文班簋"隹（唯）八月初吉，才（在）宗周。甲戌……"文例相同。郭沫若則説在七月。

［2］ 司射，主持教習射箭事。射爲古人六藝之一，有職官專司其事。《儀禮·大射》有司馬，鄭玄注："司馬政官，主射禮。"又云："射人戒公卿大夫射。"鄭玄注："射人掌以射法治射儀。"《周禮·夏官》有射人。學宮即大學，設在辟雍。《詩·大雅·靈臺》孔穎達疏："《韓詩》説辟雍者……所以教天下春射秋饗。"《白虎通·辟雍》："小學者，經藝之宮；大學者，辟雍鄉射之宮。"

［3］ 小子，貴族子弟，未成年人。《詩·大雅·思齊》："肆成人有德，小子有造。"鄭玄箋："成人謂大夫士也，小子其弟子也。"服，服政事者。《詩·大雅·蕩》："曾是在位，曾是在服。"毛傳："服，服政事也。"服本爲動詞，此處引申爲從事政事之人，用同名詞。

［4］ 小臣，低級官吏。《周禮·夏官》："小臣掌王之小命，詔相王之小祭儀。"唐蘭則説小臣是"年輕的高級奴隸。""《儀禮·大射》有小臣正、小臣師，可見小臣的數目比較多，而作爲官名的小臣，則是管理這些小奴隸的。"

［5］ 尸讀爲夷，尸僕，出身於夷人的僕。僕亦爲奴隸，但身份比臣更低。《尚書·微子》："商其淪喪，我罔爲臣僕。"一説尸僕是官名，害簋："官嗣（司）尸僕、小射。"其職掌略同於《周禮·夏官·太僕》，"王射，則贊弓矢。"

［6］ 由丁卯至庚寅有23日，如丁卯爲六月，則中間不可能再插入七月。如丁卯爲七月，如郭沫若所説，又不合金文通例。若再加上60日，則丁卯距庚寅爲83天，又遠大於六、七月的總和，依月相定點説六月初吉丁卯可爲初一，但八月庚寅則在下旬，又自相矛盾。爲解決此矛盾，學者或説六月之後必有閏月，或閏六月，或閏七月。唐蘭説："如果六月初吉丁卯爲六月初八日，則八月初吉庚寅爲八月初三日。"《銘文選》則云："八月初吉庚寅"爲次年八月，本年年終置閏，有十三月；小臣静卣（一稱簋）銘"隹十又三月，"王所饗之地爲莽京，則可能即是當年的十三月。不過次年事而不明確指出，似亦不合通例，且小臣静卣亦有人認爲爲僞

器。本書暫取唐蘭説。

［7］ 吴𠦪即班簋之吴伯。𠦪爲其名。吕犅即班簋之吕伯。㳅，《金文編》云：“《説文》無，義如會，合也。令鼎：‘王射，有司眔師氏小子㳅射。’”䀁自，人名，趞鼎銘：“令（命）女（汝）乍（作）𢆶自冢司馬。”又吴虎鼎銘：“王令（命）善（膳）夫豐生、𤔲（司）工雍毅，𤕦（申）剌（厲）王令（命），取吴（虞）䀁舊疆付吴（虞）虎……”吴虎鼎爲宣王時器，静簋爲穆王時器，時代相差約百年，則𢆶䀁自家族必爲西周大族。𢆶又作⿱𢆶火，楊樹達釋𤇾，疑即豳字（古山、火二字易訛）。邦君之君舊多隸作周，唐蘭説：“君字上半因範損，中多一直筆，舊釋爲周誤。”邦君，小國君主。大池，亦見於遹簋，或説是鎬京辟雍的環水，或説即鎬池。

［8］ 學，教也。《説文》：“斆，覺悟也。从教从冂。冂，尚矇也。臼聲。學，篆文斆者。”𡚱讀爲尤，過失。此句静教射無過失。一説無下一字應釋𡚱，無𡚱即無斁、無射，猶無厭也。

［9］ 鞞，音 bǐng，《説文》：“刀室也。”《小爾雅·廣器》：“刃之削謂之室，室謂之鞞。”《逸周書·王會解》引《伊尹朝獻》：“請令以魚皮之鞞。”刀鞘以皮革製成，故字从革。引申也可指有鞘的刀。鞞剢番生簋作鞞鞣，鞣、剢皆刀之裝飾繫帶，典籍作䍁或璲。《爾雅·釋器》：“䍁，綬也。”郭璞注：“即佩玉之組，所以連繫瑞玉者。”邢昺疏：“所佩之玉名璲，繫玉之組名綬，以其連繫璲玉，因名其綬曰䍁。”鞞剢是連鞘帶璲的刀。

［10］ 文母，有文德的亡母（妣）。外或爲封邑名，外叔鼎：“外叔作寶障彝。”師痕簋蓋：“用乍（作）朕文考外季障簋。”外姞是姞姓女子。

【斷代】

静簋與静方鼎之静當是一人，方鼎爲昭王末年器。昭王十九年南征不復，卒於漢。簋銘言王在葊京，令静司射學宫，吴𠦪、吕犅又見於班簋，宜爲穆王早年器。

25. 班　簋

清宮內府舊藏，後不知下落。1972 年北京市文物局自廢舊物資回收站舊銅中揀出，修復後發現字數全同，但并非清宮舊器，當是同時製作之另一件。銘 20 行 197 字。又稱毛伯彝、毛父班彝、毛伯班簋。

【著　錄】

《西清》13·12　《大系》圖 76 錄 9 考 20　《文物》1972 年 9 期　《集成》8·4341

【釋　文】

隹（唯）八月初吉，才（在）宗周[1]。甲戌，王令毛白（伯）更虢城（城）公服[2]，粤（屏）王立（位）[3]，乍（作）四方工（極）[4]，秉緐（繁）、蜀、巢令（命）[5]。易（賜）鈴、鑿，咸[6]。王令（命）毛公以邦冢君[7]、土（徒）馭[8]、戜人伐東國痭（瘟）戎[9]，咸。王令（命）吳白（伯）曰：“以乃自（師）左比毛父[10]。”王令吕白（伯）曰[11]：“以乃自（師）右比毛父。”遣令曰[12]：“以乃族從父征[13]，祹（出）虢（城）衛父身[14]。三年靜（靖）東或（國）[15]，亡不成肮（尤）[16]，天畏（威），否（丕）畀屯（純）陟[17]。”公告毕（厥）事于上[18]：“隹（唯）民亡徙才（哉）[19]！彝杰（昧）天令（命），故亡[20]，允才（哉）顯，隹（唯）苟（敬）德[21]；亡（無）逌（攸）違[22]。”班捧（拜）顄（稽）首，口：“烏虖[23]！不（丕）杯（顯）乩皇公[24]，受京室懿釐[25]，毓

圖 25　班簋銘文

（育）文王姒聖孫[26]，屛（登）于大服[27]，廣成氒（厥）工（功）[28]。文王孫亡（無）弗襄（懷）井（型）[29]，亡（無）克競（競）氒（厥）剌（烈）[30]。"班非敢覓[31]，佳（唯）乍（作）卲（昭）考爽[32]，益（諡）曰大政[33]。子子孫多世其永寶[34]。

【注 解】

[1] 初吉與日辰之間插入"王在宗周"之語，這種紀日法在穆王前後頗流行。

[2] 命，册名。毛伯究爲何人，衆說不一。郭沫若定此爲成王時器，故以爲毛伯即《尚書·顧命》所見之毛公，亦即文王子毛叔鄭。于省吾、楊樹達等定此爲穆王時器，以爲毛公即見於《穆天子傳》之毛班。唐蘭初定爲康昭時器，後亦定爲穆王時器，云："毛伯當是下文毛公的長子……從銘中看，毛伯班稱毛公爲昭考，而王稱毛公爲毛父，則此毛公應爲毛叔鄭的曾孫，與昭王爲同輩了……毛伯班實與穆王同輩，爲毛叔鄭的五世孫，即《爾雅》所稱玄孫。"不過多數人仍認爲毛伯與下文毛公、毛父爲一人。更讀同庚或賡，《詩·小雅·大東》："西有長庚。"毛傳："庚，續也。"又《國語·晉語四》："姓利相更。"韋昭注："更，續也。"先秦虢國有三或四處，在陝西鳳翔（雍）者史稱西虢，在河南滎陽者稱東虢，在山西大陽（今平陸）者稱北虢，在河南陝縣（今三門峽市）者或稱南虢，或稱西虢，一般認爲諸虢皆源於陝西之西虢。此虢城公爲西虢之君。城或說讀爲成，是虢公之稱號。服，官位之泛稱。《詩·大雅·蕩》："若是在服。"毛傳："服，服政事也。"

[3] 粤爲屛之繁，讀爲屛，藩屛，保衛。《左傳·僖公二十四年》："昔周公弔二叔之不咸，故封建親戚以藩屛周。"又《哀公十六年》："俾屛余一人以在位。"

[4] 工爲極本字。象一人立於地上，高可達天，即極頂之意，引申爲準則、榜樣。陳夢家曰："'乍四方巫'，猶毛公鼎的'命女巫一方'，《君奭》'作汝民極'，《商頌·殷武》'商邑翼翼，四方之極'，

102

韓詩、齊詩作‘京邑翼翼，四方是則’，故鄭箋訓極爲則效。”此句説爲四方榜樣、表率。

[5] 秉，《爾雅·釋詁》：“執也。”即執掌。繁、蜀、巢皆地名，其故址今難確考，大約皆在江淮之間。曾伯霖簠：“克狄淮夷，印（抑）燮繄湯。”晉姜鼎：“征鯀湯□。”《左傳·襄公四年》：“楚師爲陳叛故，猶在繁陽。”杜預注：“繁陽，楚地，在汝南鮦陽縣南。”或説繁即繁陽，其地在今河南新蔡縣北。蜀，學者或以爲在山東，即《春秋·成公二年》“公會楚公子嬰齊于蜀”及《國語·楚語》“（楚靈王）使大宰啓疆請于魯侯，懼之以蜀之役”的魯地蜀；或以爲在今河南西部，即《竹書紀年》“夷王二年，蜀人吕人來獻瓊玉”之蜀。巢，今安徽巢縣。

[6] 鈴，旂上的鈴鐺。鎣爲勒字異構。《説文》：“勒，馬頭絡銜也。”

[7] 毛公即毛班，續虢城公職事後改稱公，封爵有所升遷。以，率領。邦，國。《説文》：“冢，高墳也。”引申爲高大，地位高。《爾雅·釋詁上》：“冢，大也。”郝懿行疏：“蓋冢本封土爲名，而凡大亦皆稱冢。……然則大君謂之冢君，大宰謂之冢宰。”冢君是周封舊部落首領。《尚書·牧誓》：“我友邦冢君。”

[8] 土讀爲徒，步兵。馭，駕馭戰車者，統指車兵。

[9] 戡，族名，叔夷鐘銘有“戡徒”。痟，或説是厭字異體。厭讀爲偃。徐爲偃姓。伐痟戎即伐徐戎。《尚書·費誓》：“淮夷、徐戎並興。”典籍屢見周穆王伐徐戎之事。《史記·秦本紀》：“徐偃王作亂，造父爲繆王御，長驅歸周，一日千里以救亂。”《趙世家》：“繆王使造父御，爲巡狩，見西王母，樂之忘歸。而徐偃王反，繆王日馳千里馬，攻徐偃王，大破之。”《後漢書·東夷列傳》：“後徐夷僭號，乃率九夷以伐宗周，西至河上。穆王畏其方熾，乃分東方諸侯，命徐偃王主之。偃王處潢池東，行仁義，陸地而朝者三十有六國……偃王仁而無權，不忍鬥其人，故致於敗。”顧頡剛《徐和淮夷的遷留》云：“‘徐偃王’不是一個具體的人，而只是他們國族的一個代表。”孔令遠博士論文《徐國的考古發現與研究》説：“徐偃王之所以會成爲徐國的代表人物或者説徐國的徽幟、象徵，很可能是因爲徐偃王并非是總是專指某位具體徐王的名字，

而是指以鵝（古名舒雁）爲圖騰的徐人的王，故稱舒雁王，即徐偃王。這個觀點有鵝鴨城（引者按指江蘇邳州鵝鴨城徐都遺址）和徐偃王卵生的故事爲證。"

[10] 吳伯即静簋的吳夆。師，軍隊，《詩·秦風·無衣》："王于興師，修我戈矛，與子同仇。"《爾雅·釋詁》："比，俌（輔）也。"《詩·唐風·杕杜》："嗟行之人，胡不比焉。"鄭玄箋："比，輔也。"毛父即毛公，其年輩高於王，故王稱之爲父。

[11] 吕伯即静簋之吕剄（牁）。

[12] 《說文》："遣，縱也。"引申爲發。《左傳·僖公三十二年》："姜氏與子犯謀，醉而遣之。"郭沫若説遣爲人名，理由不足。

[13] 族本指宗族，引申指軍隊。《銘文選》云："周人作戰時，在將兵首領的宗族中，凡有戰鬥力的成年人要參加作戰，作爲軍隊的骨幹。"

[14] 父，毛父，毛公。毛父是軍隊主帥，故王令吳伯、吕伯左右兩翼軍隊出城衛護之。

[15] 三年，征東國三年，不是周王紀年。静，安静，平定。

[16] 亡，無。不成，李學勤云："征戰有功爲'有成'，反之爲'不成'。"眈讀爲尤，過。亡不成尤，即"沒有戰敗的過錯。"

[17] 天威，上天威嚴。否讀爲丕，大。畀，音 bì，《爾雅·釋詁》："賜也。"屯讀爲純，美善。丕純是周時成語，《尚書·多方》："刑殄有夏，惟天不畀純。"陟，《說文》："登也。"引申爲晉陞。《尚書·堯典》："三載考績，三考，黜陟幽明。"孔氏傳："升進明者。""丕畀純陟"即：大大地賜予美善，（使之）陞遷。

[18] 公，毛公。厥事，征東國之事。上，或説指王，或説指祖先神靈。

[19] 自"隹民亡徣"至"亡逌達"諸句索解甚難，以下解釋略參《銘文選》及《讀本》的説法。民讀爲氓。《戰國策·秦策一》："彼固亡國之形也，而不憂民氓。"姚弘注："野民曰氓。"此當指東國之人。徣，楊樹達釋爲徦，以爲右旁與甲文出字或作𠇍同。銘中徦讀爲拙。《說文》："拙，不巧也。"即蠢。才讀爲哉，語氣詞。漢石經《尚書·無逸》："酗于酒德才！"今本才作哉。

[20] 彝，常。《詩·大雅·蒸民》："民之秉彝，好是懿德。"毛傳："彝，

常。”忝通昧，不明。《尚書·秦誓》："昧昧我思之。"孔氏傳："以我昧昧思之不明故也。"亡，滅亡。

[21] 允，確實，副詞。顯，明顯。

[22] 逌，典籍通作攸，《爾雅·釋言》："攸，所也。"違，違失。

[23] 烏虖，嘆詞，典籍通作嗚呼。

[24] 乩，《說文》："持也。象手有所乩據也。讀若戟。"音 jǐ。郭沫若讀爲朕，"乩朕一聲之轉"。唐蘭釋揚。李學勤讀爲極。此取唐說。皇，大也。公，乃班的父親。一說皇公即大功。

[25] 京，《說文》："人所爲絕高丘也。"引申爲高大。京宗即大宗，家族中嫡長子繼承的世系，銘指周王朝宗室。懿，美。釐，音 xī，福。《說文》："釐，家福也。"朱駿聲《通訓定聲》："許以字從里，故曰家福。愚按：福者禧字之訓，古多借釐爲禧。"

[26] 毓即《說文》育字或體，字從每（母）從倒𠫔，從𡿧，每即母字，𠫔象倒子，𡿧爲羊水，字會生育之意。王國維謂后字本象人形，厂當即𠫔之訛變，口則倒子形之訛變（《戩壽堂所藏甲骨文字考釋》）。殷甲骨文毓多指先公先王。《甲》2905："癸亥卜，古貞；桒年自上甲至于多毓？九月。"典籍多用后。《爾雅·釋詁》："后，君也。"《楚辭·離騷》："昔三后之純粹兮，固衆芳之所在。"王逸注："后，君也，謂禹、湯、文王也。"后文王即文王。王妼即王姒。《詩·大雅·思齊》："太姒嗣徽音。"毛傳："太姒，文王妃也。"《說文》："聖，通也。"前已提到，毛班乃文王子毛叔鄭的五世孫，則其父皇公乃文王、王姒之曾孫。或說育爲動詞，爲生育義。

[27] 屛讀爲登，陞任。大服，重要職務。登於大服即陞任高官。

[28] 工讀爲功業之功。廣成厥功，大成其功業。

[29] 文王孫，文王子孫。褱，懷之初文，懷念，思慕。型，效法，以之爲榜樣。

[30] 競，比并。亡克競厥烈，徐中舒師曰："言莫能比其光烈也。《楚辭·離騷》：'衆皆競進而貪婪兮。'注：'競，并。'"

[31] 覓，郭沫若云："覓即眽若覍字……《爾雅·釋詁》：'艾、歷、覭、胥，相也。'……此覓謂希冀也。"容庚云："覓《說文》所無。《周語》：'古者太史順時覓土。'《西京賦》：'覓往昔之遺館。'均

當作覓，後人以覓爲覟之俗體，非其朔也。"按容說是。《玉篇》：
"覓，索也。"《廣韻》："覓，求也。"班不敢覓，即班不敢有所求。

[32] 昭考，英明的先父。爽，即奭字異體，非爽朗之爽。此字異體甚
多，張政烺《奭字說》曰："（此字）蓋取二物相儷而偶，故不拘於
形體也。"此字殷甲骨文多見，辭例皆作"祖某奭妣某"或"妣某
祖某奭"，張先生讀奭爲仇，訓爲匹偶。本銘爽與考相對，即先妣。

[33] 益讀爲諡（音 shi）。《逸周書·諡法》："惟周公旦、太公望開嗣王
業，建功于牧野之中，終葬，乃製諡叙法。"大政，李學勤説即執
政大臣之稱，見《左傳》成六年，襄二十九年，昭七年等。金文
或作"大正"。李先生又説曰訓爲，"益曰大政"即班請於執政大
臣，爲其父作諡。

[34] 子子孫，西周中期金文常用語，晚期多稱"子子孫孫"。多世，累世。

【斷 代】

毛伯爲見於《穆天子傳》之毛班，此爲穆王時器。

26．長由盉

1954 年陝西長安縣斗門鎮普渡村西周墓出土，現藏國家博物館。
蓋內有銘文 6 行 56 字。

【著 録】

《文物參考資料》1955 年 2 期　《考古學報》1957 年 1 期
白川《通釋》卷二 339 頁　《集成》15·9455

圖26　長由盉銘文

【釋　文】

　　隹（唯）三月初吉丁亥，穆王才（在）下淢应（居）[1]。
穆王卿（饗）豊（醴）[2]，即（饮）井（邢）白（伯）

大祝射[3]。穆王蔑長甶[4]，以逨（仇）即（佽）井（邢）白（伯）[5]，井（邢）白（伯）氏（視）彊（引）不奸[6]。長甶蔑曆（歷），敢對揚天子不（丕）㔻（顯）休[7]，用肇乍（作）障彝[8]。

【注解】

[1] 穆王即昭王子穆王滿，此爲死謚，是長甶追述往事。下淢，地名，又見於師旋簋“才淢應”。盧連成《周都淢鄭考》及拙文《西周畿内地名小記》皆謂淢在今鳳翔縣南，殆即《漢書·（地理志）、《郊祀志》所見之槐陽。《詩·大雅·文王》：“築城伊淢。”毛傳：“淢，城溝也。”此稱下淢，可見其地低下、潮濕。雍又作邕，《説文》：“邕，四方有水自邕成池者。”可見淢、雍意義也接近。居有都城之義，《史記·周本紀》：“營周居于雒邑而後去。”

[2] 卿（qīng）字作𗊄，象兩人相嚮就食之形，爲饗之初文，本義爲饗（xiǎng）食，引申爲嚮。陳初生説《説文》鄉字本从𗊄，與卿有別。但後出之饗，嚮均以鄉爲聲，以致混淆。公卿之卿乃假借字。饗，飲食。《詩·豳風·七月》：“朋酒斯饗，用殺羔羊。”醴，《説文》：“酒一宿孰（熟）也。”《玉篇》：“甜酒也。”

[3] 即讀爲佽（cì）。中山王舋方壺：“敓（務）在得㷇（賢），其即得民。”《廣韻》：“佽，助也。”大祝，官名，專司祝告祈禱之事。《周禮·春官·大祝》：“大祝掌六祝之辭，以事鬼神示，祈福祥，求永貞。”穆王先舉行飲醴宴會，後到邢伯處與太祝射，是先饗後射之禮。

[4] 甶，音 fú，《説文》：“鬼頭也。”長甶，人名。唐蘭隸作鬼。

[5] 陳劍説逨即應讀爲仇佽，爲輔助義。

[6] 氏讀爲視，《説文》視之古文一作眡，古氏、氏同字，眡即眠。彊从弓，寅聲，殆引字異體。《説文》：“引，開弓也。”一説氏彊讀爲祗寅，大敬，亦通。《廣雅·釋言》：“奸，偽也。”不奸即不偽，誠信。

［7］ 天子，上天之子，爲古帝王之專稱，一般稱時王。《禮記·曲禮下》："君天下曰天子。"此處專指穆王。

［8］ 肈，《説文》作肇。《爾雅·釋詁》："初，哉、首、基、肇、祖……始也。"

【斷 代】

銘有"穆王"，學界公認此爲穆王時標準器。唯此爲追述前事，作器時間當已在恭王時。

27. 㦸 簋

1975年3月陝西扶風縣法門鄉莊白村出土。現藏扶風縣博物館。器、蓋同銘11行136字。

【著 録】

《文物》1976年6期　《陝青》（二）104　《總集》4·2836　《集成》8·4322

【釋 文】

隹（唯）六月初吉乙酉，才（在）𡊨自（師）[1]，戎伐𩁹[2]。㦸逵（率）有𤔲（司）、師氏奔追鄒（襲）戎于䣓（棫）林[3]，博（搏）戎𩱦[4]。朕文母競敏𩁹行[5]，休宕氒心[6]，永襲氒（厥）身[7]，卑（俾）克氒（厥）啻（敵）[8]。隻（獲）𩠹（聝）百[9]，執㗊（訊）二夫[10]，孚（俘）戎兵㬪（盾）、矛、戈、弓、備（箙）、

矢、裹（裨）、冑，凡百又卅又五叙（款）[11]；乎（捋）戎乎（俘）人百又十又四人[12]。衣〈卒〉博（搏），無眈（尤）于戗身[13]。乃子戗拜頓（稽）首[14]，對揚文

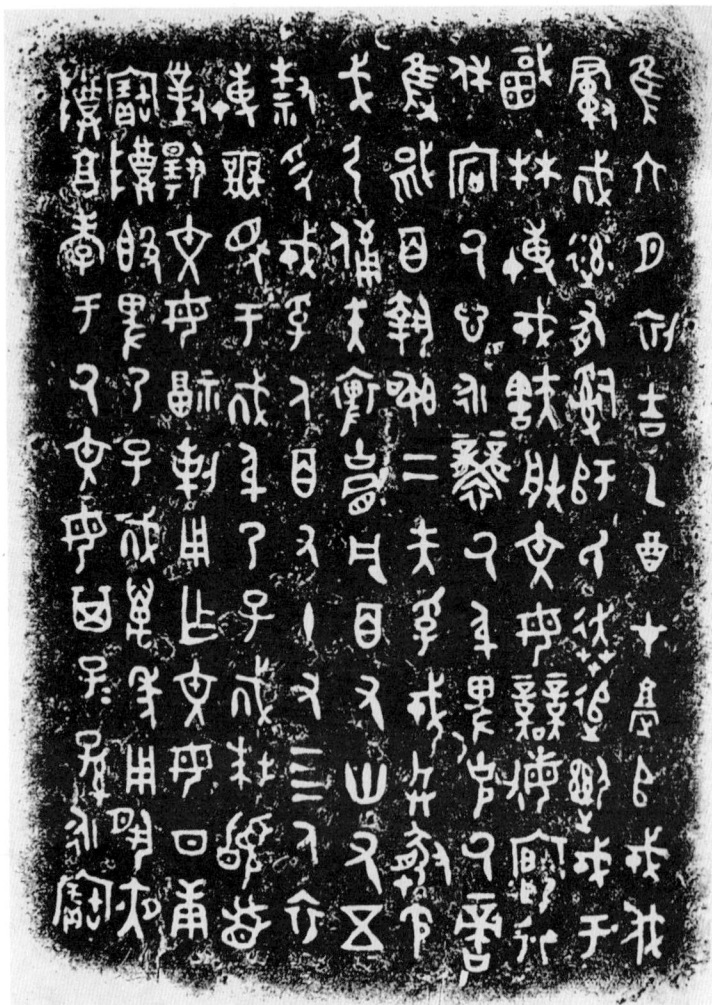

圖27　戗簋銘文（器銘）

母福剌（烈）[15]。用乍（作）文母日庚寶隣毁[16]。卑
（俾）乃子戜萬年[17]，用夙夜隣（尊）享孝于毕（厥）
文母[18]，其子子孫孫永寶。

【注 解】

[1] 坙字作愳，《說文》堂字籀文作臺，二者相似而微異，有的學者直
   接隸作堂。坙是戜伐淮戎的駐扎之地。《說文》："鄭，地名。从
   邑，堂聲。臺，古堂字。"古地名字从邑與不从邑無別，鄭應即
   堂。春秋楚地有堂谿，《史記·楚世家》："（楚昭王）十一年……夫
   概（吳王弟）敗奔楚，封之堂谿。"《正義》："《地理志》云：堂谿
   谷故城在豫州郾城縣西八十有五里也。"堂應即堂谿。

[2] 戎即淮夷，淮戎，是淮水流域的少數民族。戜方鼎二："王用肇事
   （使）乃子戜達（率）虎臣禦伐滩（淮）戎。"录戜卣："肇淮夷
   敢伐內國。"戜，地名，所在不詳。

[3] 達，典籍通作率，率領，統帥。《左傳·宣公十二年》："率師以來，
   惟敵是求。"有司，古設官分職，各有專司，因稱職官爲有司。
   《尚書·立政》："惟有司之牧夫。"《儀禮·士冠禮》鄭玄注："有司，
   群吏有事者。師氏，官名，職司教育公卿子弟及保衛王室安全。
   《周禮·地官·師氏》："凡祭祀、賓客、會同、喪紀、軍旅，王舉則
   從，聽治亦如之。使其屬帥四夷之隸，各以其兵服守王之門
   外。"奔，《說文》："走也。"奔跑，急行軍。鄭，字書未見，
   諸家或釋御，或釋絕，字形皆不合。裘錫圭初釋闌（攔），後
   釋襲，其後說是。晉侯靬盨："甚（湛）樂于遼（原）迎
   （隰）。"隰與襲音近。《春秋·襄公二十三年》："齊師襲莒。"杜
   預注："輕行疾止，不戒以入曰襲。"職林或說即棫林，其地所
   在諸說不一。唐蘭以爲棫林"在周原一帶，所以从周。"《左傳
   ·襄公十四年》記晉國伐秦"濟涇而次，……至于棫林。""《漢
   書·地理志》右扶風雍縣有棫陽宮，昭王起……西鄭本在鳳翔
   到扶風一帶，鄭桓公始封之鄭，是在涇西的棫林，後來才遷到

京兆鄭縣。"《銘文選》也主張槭林在涇西，但又說"淮夷似不可能到達宗周깊遠的腹地，或是另一地名"，態度游移。裘錫圭《論孜簋的兩個地名——槭林和胡》則說槭林在河南葉縣東北。《左傳·襄公十六年》記晉以諸侯之師伐許，"夏六月，次于槭林。庚寅，伐許，次于函氏。"杜預注："槭林，函氏皆許地。"就當時的形勢來看，裘說可信。

[4] 博讀爲搏，擊也。獣讀爲胡，獣鐘是周厲王胡自稱其名。季宮父簠簠字作匫，從獣。匫即《左傳·哀公十一年》"胡簋之事"的胡。唐蘭說戎胡爲戎之一支。裘竭圭則說此胡在河南郾城縣。《史記·楚世家》記楚昭王二十年"滅胡"，正義引《括地志》云："故胡城在豫州郾城縣界。郾城在葉縣之東，槭林亦在葉縣之東。二者相距甚近。

[5] 競，《說文》："彊語也。一曰逐也。"《左傳·宣公元年》："故不競于楚。"杜預注："競，强也。"《說文》："敏，疾也。"敏捷。竆字不識。

[6] 宕讀爲拓，開拓。休宕厥心，謂休美開拓孜之心胸。

[7] 襲，《廣雅·釋詁》："及也。""永襲厥身"謂母之美德永遠沿及其身。

[8] 卑讀爲俾，使也。《尚書·大禹謨》："俾予從欲以治。"

[9] 隻爲獲之本字。李孝定曰："卜辭隻字字形與金文小篆並同，其義則爲獲，捕鳥在手，獲之義也。當爲獲之古文。小篆作獲者，後起形聲字也。"《說文》："聝，軍戰斷耳也。《春秋傳》曰：'以爲俘聝。'從耳，或聲。馘，聝或從首。"古時戰爭中割取死敵左耳以代首級計功，故金文及典籍常見獲聝或獻聝若干的記載。《詩·魯頌·泮水》："矯矯虎臣，在泮獻馘。"

[10] 嚂即訊字，字象虜獲戰俘，以繩索捆縛之，故從糸，加口則表示訊問。銘中指戰俘。《詩·小雅·出車》："執訊獲醜。"與金文同例。執，拘捕。甲骨文作䢅，象人兩手加梏之形，金文訛𦥑作夆，字分離爲從夲從丮。夫，量詞，表成年男子數量。

[11] 戎兵，兵器總稱。《尚書·立政》："其克詰爾戎兵。"叔夷鐘："余易（賜）女（汝）馬車戎兵。"《詩·大雅·常武》："整我六師，以修我戎。"瞂從十，豚聲，即盾之注音形聲字。十即盾形，用爲意

符。豚，盾古音相通。《釋名・釋兵》：“盾，遯也。”備本作葡，箭袋。典籍通作箙。《說文》：“箙，弩矢箙也。從竹，服聲。《周禮》：‘仲秋獻矢箙。’”箙用竹、木或獸皮作成。唐蘭云：“神，當指甲。《說文》：‘革，雨衣，一曰衰衣。’古代的甲，是用皮革製成鱗甲形的小片連綴起來的（漢代帝王死後穿的玉柙，即所謂金縷玉衣，就摹仿武士的甲，所以稱柙），與衰衣之形相近，所以可以稱神。”冑，《說文》：“兜鍪也。從冃，由聲。䩉，《司馬法》冑從革。”頭盔，戰士戴的帽子。叙，甲骨文常見，《說文》作敍，唐蘭說讀如款，義爲件。

[12] 孚讀爲捋，《說文》：“取易也。”孚讀爲俘，虜獲。此句指奪取回被戎俘獲的 114 人。

[13] 衣爲卒之訛省。卒字從衣從十，省作衣。郾王職戈萃字作㭉，寡子卣辞字作䘥。卒搏，結束戰鬥。無尤于㦰身，即㦰身無過，沒有差錯。

[14] 乃，代詞，用如“你的”，“乃子㦰”，對其母而言，説“你的兒子㦰。”

[15] 剌，功業。中山妵鍌壺：“以追庸（誦）先王之工（功）剌。”典籍通作烈。福剌，福佑功烈。

[16] 日庚，庚爲日名，稱日名是商人的習慣，㦰之母有可能是商人後裔。寶，珍貴。

[17] 萬年，祝頌之辭，猶言萬歲。

[18] 障，奠祭。

【斷 代】

㦰又見㦰鼎、㦰方鼎二器。录㦰又稱伯㦰、录伯㦰，是录國族首領，穆王時曾隨伯雍父征伐淮夷。器應作於穆王時。

28. 录伯㖩簋蓋

傳世器。僅存蓋銘 11 行 113 字。又稱录伯戒敦或录伯戎敦。

【著 錄】

《攈古》三之二 15　《大系》錄 35 考 62　白川《通釋》17·
209　《集成》8·4302

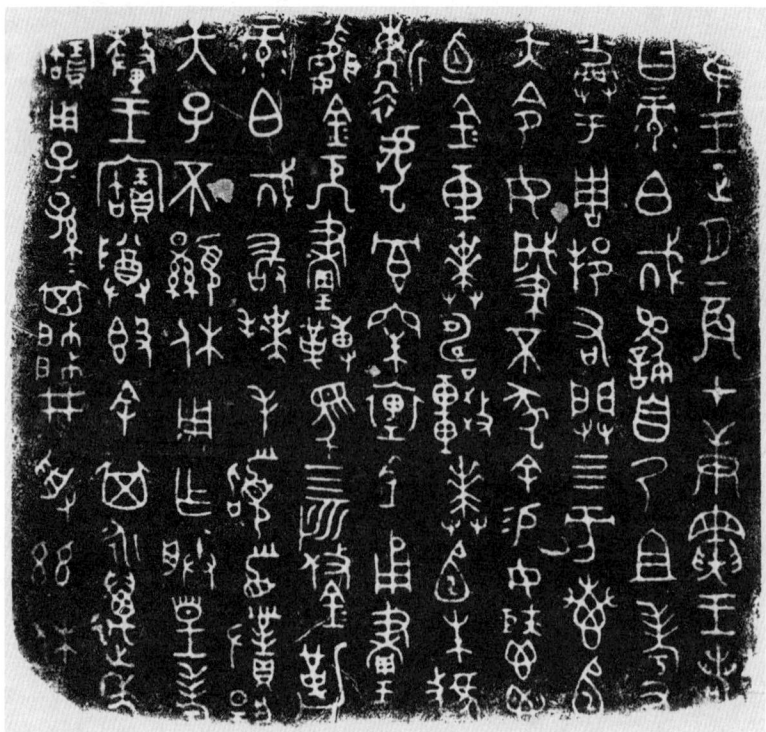

圖 28　录伯㖩簋銘文（蓋銘）

【釋 文】

佳（唯）王正月[1]，辰在庚寅。王若曰："录白（伯）
戏[2]，繇！自乃且（祖）考又（有）爵（勞）于周
邦[3]，右（佑）闢四方[4]，叀（惠）圅（弘）天令
（命）[5]。女（汝）肇（肇）不豕（墜）。余易（賜）女
（汝）瓒鬯卣、金車、棄（雕）幬（幬）較（較）[6]、棄
（雕）圅（靯）朱虢（鞹）裏（裏）[7]、虎冟（幂）窠
（朱）裏[8]、金甬（箭）[9]、畫聞（轎）[10]、金厄
（軛）[11]、畫轉[12]、馬四匹、鑾勒[13]。"录白（伯）戏
敢拜手頴（稽）首，對揚天子不（丕）顯休，用（作）
朕皇考釐王寶障簋[14]。余其永邁（萬）年寶用[15]。子
子孫孫其帥帥井（型）受丝（兹）休[16]。

【注 解】

[1] 王正月，周王之正月，亦即周曆之正月也。正月前加王字，表示
曆朔出自王，非諸侯國之曆。《史記·曆書》："王者易姓受命，必
慎始初，改正朔，易服色，推本天元，順承厥意……夏正以正月，
殷正以十二月，周正以十一月。"《春秋》："經元年，春，王正
月。"杜預注："隱公之始年，周王之正月也。"孔穎達疏："稱正
月言'王正月'者，王者革前代，馭天下，必改正朔，易服色，
以變人視聽。夏以建寅之月爲正，殷以建丑之月爲正，周以建子
之月爲正。三代異製，正朔不同……正以時王所建，故以王字冠
之，言是今王之正月也。"

[2] 录與祿通，國族名。《廣韻·屋韻》："祿，姓。紂子祿父之後。"
《通志·氏族略三》："祿氏，《風俗通》父：紂子武庚字祿父，其後
以字爲氏。涇陽有此祿姓，亦出扶風。"祿氏世代在周爲官，故有
封邑，地望或在扶風一帶。郭沫若則以爲录即《春秋·文公五年》
"楚人滅六"之六，皋陶之後，在今安徽六安附近。录子即曾被周

成王征服，後臣服於周。

[３] 爵讀爲勞，説是叔矢方鼎注④。或説讀爲恪，敬也。

[４] 右闢四方，佑助開闢四方疆土。

[５] 叀讀爲惠，和順、仁惠。毛公鼎："女（汝）母（毋）敢妄盜（寧），虔夙夕叀我一人。"雨，或作回，舊釋宏。《金文編》云："从△，从弓，與宏爲一字。《説文》：'宏，屋深響也。''宖，屋響也。'其義同。又絃或从弘作絃，其形通。"弘，大也。惠弘天命，仁惠、寬大的天命。

[６] 金車，銅車。奉較金文習見，劉心源、于省吾説奉讀爲斑，即《詩·周南·桃夭》："有蕡其實"之蕡，《小雅·魚藻》"有頒其首"之頒，《説文》作斒，"飾也"。冀小軍讀爲雕，《尚書·五子之歌》："峻宇雕墙。"孔氏傳："雕，畫飾。"弖即疇字。《説文》："晨，誰也。从口弖又聲。弖，古文疇。"疇讀爲幬（chōu），蒙車轂的皮革。《集韻》："幬，幔轂之革也。"孫詒讓正義："幬，本爲帳，引申爲覆幬之義。凡小車轂以革蒙幀爲固，故亦謂之幬。"較，車箱兩旁板上的橫木，較上飾有曲銅鈎。《周禮·考工記·輿人》："以其隧之半爲之較崇。"孫詒讓正義："蓋周製庶人乘役車，方箱無較；士乘棧車以上皆有較。唯士車兩較出軾上者，正方無飾，則有較而不重也。大夫以上所乘之車，則於車上更以銅爲飾，謂之曲銅鈎。"

[７] 雨讀爲鞃，《説文》："車軾也。从革，弘聲。《詩·大雅·韓奕》曰'鞹鞃淺幭。'讀若穹。"虢讀爲鞹，《説文》："去毛皮也。"番生簋、師兑簋、師克盨銘都作"朱虢鞃鞎"，《銘文選》説"此當是朱虢賁鞃鞎之倒文"。鞎或作鞍、靳，字不識。《銘文選》説靳另有尊文作靳，字从裏析聲，假借爲軾。"朱虢鞃鞎是用朱色皮革蒙包的車軾"。"軾，車箱前面供立乘者憑扶的橫木。郭沫若説鞎讀爲靳，服馬當胸的皮革。趙平安則説爲靳冕衣的合文。

[８] 《説文》："冟，飯剛柔不調相著。从皀，冖聲，讀若適。"郭沫若説："冟乃从皀，冖聲，或作𩚁，乃从㐫聲，冖讀如莓，與冖同紐，故知冟若𩚁必讀明紐。《周禮·巾車》作襮，《儀禮·既夕禮》、《禮記·玉藻》、《少儀》均作幦，均音近之字。凡言冟必及其裏，

裏之色或朱或熏或幽，可見冐之爲物，其裏亦在當衆覿瞻之處。《詩》言幭，《禮》言禟、幦，均不詳其所在。毛傳説爲覆軾之物，鄭注説爲覆笭之物，均不類。《説文》則訓幭爲'蓋幭'，訓幦爲'氀布'推許之意，乃謂輿蓋之幭以漆布爲之也……'蓋幭'自爲輿之冪無疑。"桼讀爲朱。虎冐朱裏，車輿外側冪以虎皮，裏面爲朱色。

[9] 甬讀爲箭，音 yǒng。《集韻》："箭，箭室。"

[10] 閒讀爲輹，《説文》作輇，"車伏兔下革也。从車，憂聲。憂，古婚字。"段玉裁注："謂以輇固之於軸上也。輇者，生革可以爲縷束也。"輹是伏兔下的車帶，後縛於軸，前縛於衡。

[11] 厄讀爲軛，《説文》作軶，"轅前也"。朱駿聲《通訓定聲》："輈峕之衡，轅峕之槅皆名軶，以其下缺處爲軥，所以扼製牛馬領而稱也。"即牛馬駕車時駕在領上的器具。

[12] 轉，《説文》："車下索也。"《釋名·釋車》："轉，縛也，在車下，與輿相連縛也。"畫轉，縛牢車輿與轅的彩繪革帶。

[13] 鋚勒，或作攸勒。《説文》："鋚，鐵也。一曰轡首銅。"勒爲馬首絡銜，以革爲之。鋚勒爲革質飾銅的馬籠頭。典籍作'鋚革'，《詩·小雅·采芑》："簟茀魚服，鉤膺鋚革。"

[14] 釐王是录國族的王，录伯戜亡父。西周時非姬姓諸侯有稱王之例，如矢王、幾王等。

[15] 邁讀爲萬。

[16] 第二個帥字爲衍文。《國語·周語下》："帥象禹之功，度之于軌儀。"韋昭注："帥，循也。"刑讀爲型，楷模，典型。帥型金文習見，義爲儀型、效法。亦或倒作型帥，史墻盤："祇覲穆王，井（型）帥宇誨。"

【斷 代】

此與上文戜簋爲一人所作器，《大系》置於穆王時，是。

29．趞　鼎

《愙齋》云：“李山農藏器。”今不明所在。9行83字。又稱趞簋。

【著錄】

《愙齋》5·10　《大系》錄 29 考 56　白川《通釋》16·114
《集成》8·4266

【釋文】

隹（唯）三月，王才（在）宗周。戊寅，王各（格）于
大朝（廟）[1]。密弔（叔）又（佑）趞即立（位）[2]。内
史即命[3]。王若曰：“趞！命女（汝）乍（作）糲（豳）
𠂤（師）家嗣（司）馬[4]，啻（適）官[5]：僕、射、
士[6]，嗾（訊）小大又（友）階（鄰）[7]，取遣（徵）
五乎（鋝）[8]。易（賜）女（汝）赤巿幽亢（衡）[9]、䜌
（鑾）旂[10]，用事。”趞拜頴（稽）首，對揚王休，用乍
（作）季姜尊彝[11]，其子子孫孫邁（萬）年寶用。

【注解】

[1]　各，典籍多作格。《爾雅·釋詁》：“格，至也。”《尚書·湯誓》：
“格，爾衆庶。”大廟，即太廟，太祖之廟。周製天子七廟，諸侯
五廟，士一廟。太祖廟居中，兩邊爲三昭三穆廟，周時天子經常
在太廟進行冊封，發佈詔令等活動。

[2]　密叔，密國公族。《詩·大雅·皇矣》：“密人不恭，敢拒大邦。”毛
傳：“國有密須氏。”孔穎達疏引王肅云：“密須氏，姞姓之國也。”
後來可能改封姬姓。《國語·周語上》：“恭王游于涇上，密康公

從。"韋昭注:"康公,密國之君,姬姓也。"《漢書·地理志》安定郡陰密縣下班固注:"《詩》密人國。"唐蘭疑此銘密叔爲密康公之先。密叔當時爲王朝大臣。又讀爲右,《爾雅·釋詁》:"導也。"金文多數作右,典籍亦作佑。立讀爲位。

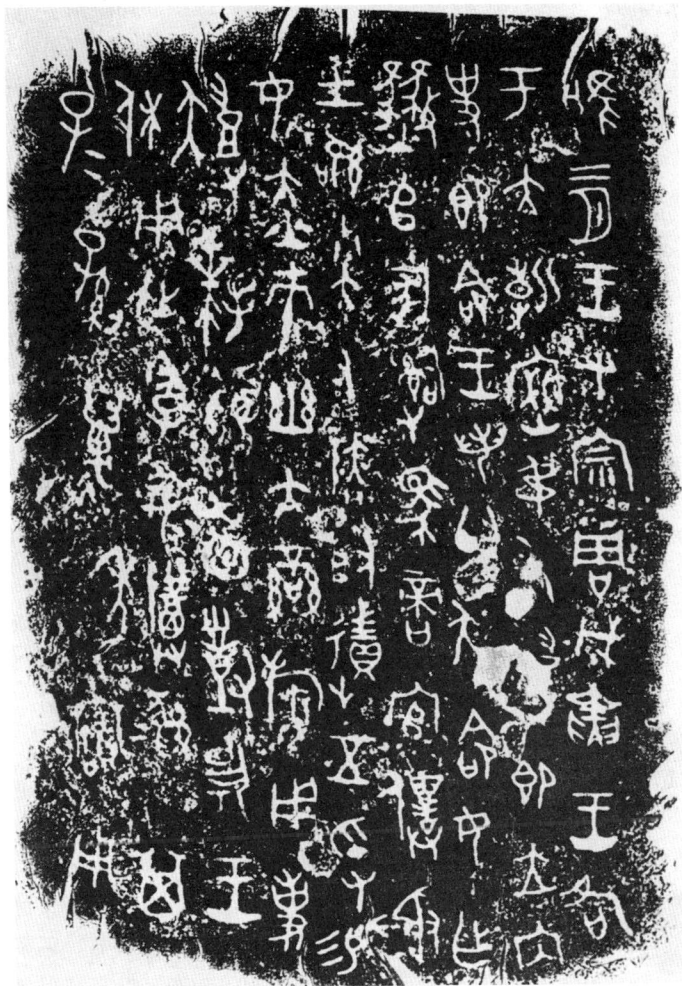

圖 29　趞鼎銘文

［３］ 内史，史官，大約昭王以後始出現。内史掌管著作簡册，奉王命册命諸侯、臣僚。除此之外，還兼管記載周王的活動事迹，金文又有作册内史。《周禮·春官·内史》："内史掌王之八枋之灋，以詔王治："一曰爵，二曰禄，三曰廢，四曰置，五曰殺，六曰生，七曰予，八曰奪……凡命諸侯及孤卿大夫，則策命之……内史掌書王命，遂貳之。"内史即命，内史就王召宣讀册命之辭。

［４］ 㦛，地名，或説即圖，卿大夫之采地食邑。司馬，官名，掌管軍政、軍賦。《周禮·夏官·序》："乃立夏官司馬，使帥其屬而掌邦政，以佐王平邦國。"在金文中，司馬是三有司之一，職位很重要，秦漢以後稱爲三公。在《周禮》中司馬是六卿之一。金文諸侯之國也有司馬。《銘文選》説家司馬是卿大夫采地的司馬。一説，家應釋冢，冢司馬即大司馬。

［５］ 啻讀爲敵，《爾雅·釋詁》："敵，匹也。"《廣雅·釋詁》："敵，輩也。"唐蘭説："敵爲同官而較卑者，應由其統帥。"一説啻讀爲適，往也。適官即往官某職。

［６］ 僕即僕夫，《詩·小雅·出車》："召彼僕夫。"毛傳："僕夫，御夫也。"《周禮》大司馬屬官有太僕、御僕等。射，郭沫若説即《周禮》司馬之屬的射人，職文謂："射人……以射法治射儀……王射則令去侯立於後，以矢行告。"《官製研究》云："銘文的司射與《周禮》所講的射人應有一定關係……從西周銘文看，射也主要是帶軍事性的。《周禮》則更多着重於禮儀性質，這表明射人的職掌在東周數百年間已産生了若干變化。"士，郭沫若認爲即《周禮》司馬屬官司士，"掌群臣之版，以治其政令"。斯維至則以爲司士掌刑罰，與《周禮》所言不同，疑司士相當於《周禮·秋官·司寇》的士師。

［７］ "訊小大又隥"極難理解。唐蘭説訊指訊問，又通作友，即《周禮·太宰》"以九兩繫邦國之民……八曰友，以任得民"之友，"其地位比吏更低"，而鄰即《周禮·大司徒》之"鄰長"。《銘文選》云："(訊)未見記載，當是訊訟官。小大右，小右即群右，包括戎右、齊右、道右等。大右即司右，統管群右。司右、群右都爲《周禮》司馬之屬。"按友金文習見，麥方鼎："用饗多寮友。"師旂鼎：

"厥友弘以告于伯懋父."師晨鼎:"師晨疋師俗嗣邑人,佳小臣、善夫、守、友、官犬,眔奠人善夫、官、守、友."右可能如《官製研究》所說,是一種職官泛稱,是僚屬、助手.鄰指左右近臣,《尚書·益稷》:"欽四鄰."孔氏傳:"四近,前後左右之臣."又"臣哉鄰哉,鄰哉臣哉."蔡忱集傳:"鄰,左右輔弼也."《尚書大傳》卷二:"古者天子必有四鄰,前曰疑,後曰丞,左曰輔,右曰弼."筆者以爲"訊小大又(友)階(鄰)"應連讀,意爲:咨詢大小助手(的意見).

[8] "取遺五十乎"一句之解釋學術界迄無定論.郭沫若曰:"'取遺若干乎'之語彝銘習見,牧殷、揚殷、載殷、𩵦殷、番生殷、毛公鼎等均有之.遺或作債(載殷)若賫(毛公鼎),大抵乃貨貝字,苦不能得其讀.乎數以毛公鼎之卅乎爲最多,其次則番生殷之廿乎,又其次則均是五乎.而五、廿、卅均爲五之倍數,此中恐亦有若何之關係……'取債若干乎'蓋言月取若干以爲薪奉也."唐蘭云:"遺即徵字,從貝,爲徵稅的專字.《廣雅·釋詁》二:'徵,稅也.'但這似乎與租稅不同.據今所知,此銘與揚簋、𩵦簋俱司訊訟而取徵五鋝……,那末,這裏的徵,可能是辦公用費之類."乎,《說文》:"五指持也.從受一聲,讀若律."音lüè.郭沫若曰:"金文均作一手盛一物,別以一手抓之,乃象意字,說爲五指持甚是,然非從受一聲也."乎讀爲鋝,重量單位,有半兩、大半兩、六兩等不同說法.唐蘭隸乎作爰,讀爲鋝.

[9] 幽通黝,黑色.亢讀爲璜,《說文》:"半璧也."典籍作衡.《禮記·玉藻》:"再命赤韍幽衡."

[10] 蠻讀爲鑾,典籍亦作鸞.《左傳·桓公二年》:"錫、鸞、和、鈴,昭其聲也."杜預注:"錫在馬額,鸞在鑣,和在衡,鈴在旂,動皆有鳴聲."孔穎達疏:"鸞、和,亦鈴也,以處異故異名耳."旂,《說文》:"旗有衆鈴以令衆也."旂幟與官位等級有關.鸞旂,懸鈴之旂.

[11] 季姜,趞之母妣,姜爲其姓,季爲排行.

【斷代】

密叔又見近年出土之虎簋蓋。後者爲穆王時器（詳見後文）。此器自《大系》以下，多置於穆王時。

30．虎簋蓋

1996 年出土於陝西丹鳳縣山溝村，現藏丹鳳縣文化館。僅一蓋，器身不知所在。蓋內有銘文 13 行 161 字。另有一件藏台灣。

【著錄】

《考古與文物》1997 年 3 期

【釋文】

隹（唯）卅（三十）年四月初吉甲戌[1]，王才（在）周新宮[2]，各（格）于大（太）室。密叔内（入）右虎即立（位）[3]，王乎（呼）入（内）史曰："册令（命）虎[4]。"曰："龏乃且（祖）考事先王[5]，嗣（司）虎臣[6]。今令（命）女（汝）曰：更（賡）乃且（祖）考，足師戲嗣（司）走馬馭人罘五邑走馬馭人[7]，女（汝）毋敢不善于乃政[8]。易女（汝）載市[9]、幽（黝）黃（衡）、玄衣[10]，憷（紃）屯（純）[11]、鑾（鑾）旂五日[12]，用事。"虎敢拜頴（稽）首，對揚天子不（丕）杯（顯）魯休[13]。虎曰：不（丕）顯朕剌（烈）且（祖）考醬（粦）明[14]，克事先王。緋（肆）天子弗望（忘）屰（厥）孫子[15]，付屰（厥）尚（常）官[16]。天

子其萬年虋（申）兹命[17]。"虎用乍（作）文考日庚障
殷，子孫其永寶用，夙夕言（享）于宗[18]。

【注 解】

[1] "三十年"我認爲應是穆王紀年。蓋有直棱紋，近於上海博物館藏
大師虘簋及倗生簋，隹、王、卅、其永寶等字風格與鮮簋相似，
密叔見於趞鼎、師戲見於豆閉簋，皆西周中期時器；銘有周新宮，

圖30　虎簋蓋銘文

123

在昭王之後；器主虎即見於元年師虎簋的師虎，二者文考皆爲日庚，元年師虎簋作於恭王元年，則此器應作於穆王三十年。《史記·周本紀》説"穆王立五十五年崩"，恭王未記，《太平御覽》84引《帝王世紀》云"共王在位二十年"。又引皇甫謐曰"在位二十五年"，但肯定不超過三十年。在 1997 年《考古與文物》編輯部召開的座談會上，我曾談過以上意見，張懋鎔當時認爲應屬恭王，主要從詞語和周新宫立説，但穆王後期與恭王時代相連，詞語的相同是很自然的現象，張氏後來也改从穆王説。王世民《關於夏商周斷代工程中的西周銅器斷代問題》定在西周晚期，但《西周青銅器分期斷代研究》又云："論者據……考定此簋蓋與師虎簋爲周人之器，屬穆王時期。由於此簋器身不存，難於從形製上判斷其所屬銅器分期，暫列於此存疑。"又將之置於"恭懿時期器"豆閉簋之前。《斷代工程》將虎簋蓋列爲"推定西周王年的七個支點"之一，也定爲穆王三十年。至於《報告》説"穆王元年爲公元前 976 年，三十年爲公元前 947 年，該年四月丙寅朔，甲戌爲初九，虎簋蓋曆日正可排入"，僅爲一家之言，還遠不是定論。

[2] 周新宫又見師湯父鼎及趞曹鼎，又望簋有"周康宫新宫"。康宫爲康王之廟，康宫新宫之出現更在其後，故周新宫出現於西周中期。

[3] 密叔爲密國公族，姞姓。密又見於周原甲骨文，在今甘肅靈台縣。即位，就位。大約從西周中期起，金文習見某大臣導佑受册命者受賞賜者就其禮儀規定的特定位置。《禮記·喪服大記》："卿大夫即位于堂廉楹西。"

[4] 入讀爲内。册命即封官賜爵，因爲是正式任命，任命書寫在簡册上，并由史官當場宣讀。《説文》："册，符命也，諸侯進受於王也。象其札一長一短中有二編之形。"

[5] 瓞，語助詞，典籍作載。《詩·鄘風·載馳》："載馳載驅。"

[6] 虎臣，周王的侍衛之臣，因其勇猛善戰如虎，故有是稱。虎臣亦可參與征戰，師寰簋："今余肇令（命）女（汝）達（率）齊帀（師）……左右虎臣征淮夷。"亦多見於典籍。《尚書·顧命》："乃同召太保奭、芮伯……師氏、虎臣、百尹、御事。"孔氏傳："虎臣，虎賁氏。"由師寰簋可知虎臣之地位略低於師。《顧命》虎臣、

虎賁同見，汪中文亦説二者似非一職。

[7] 師戲又見豆閉簋，任師職。足，輔佐。善鼎："昔先王既令（命）女（汝）左（佐）足蠡侯。"左足同義連用。足、疋古文字同形同義。《説文》："疋，足也……亦以爲足字，或曰胥字。"典籍多爲胥。《廣雅·釋詁二》："由、胥、輔、佐、佑……助也。"《方言》六："胥，由，輔也。"走馬即趣馬，《詩·大雅·緜》："來朝走馬。"《玉篇》走部引走作趣。《周禮·夏官·趣馬》："掌贊正良馬，而齊其飲食，簡其六節，掌駕税之頒，辨四時之居治，以聽馭夫。"其身份爲下士，地位甚卑微。《尚書·立政》有"虎賁、綴衣、趣馬、小尹、左右携僕、百司"，與《周禮》所説相合。但金文中有的走馬身份較高，所得王之賞賜甚多，大概是走馬之首領。馭本作[字]，會以攴馭馬之意，古從攴字有作又者，如文父丁尊啓作[字]，召卣啓字作[字]，故駁即馭字。《説文》："御，使馬也。從彳，從卸。馭，古文御。"《周禮·夏官司馬》有馭夫，"掌貳車、從車、使車，分公馬而駕治之。"又有大馭、戎僕、齊僕，皆馭夫之類。五邑又見柞鐘（五邑甸人）、師兑簋（五邑祝）、救簋蓋（五邑守堰），五邑當是五個邑，但究竟是泛稱衆邑，還是具體指五個邑，無法確知。

[8] 政，政事。

[9] 載不見於《説文》，載市與朱市、赤市例同，載應爲顔色。但究爲何色，諸家説異。或説讀爲靺。《儀禮·士冠禮》："爵弁服，纁裳、純衣、緇帶、靺韐。"《説文》云靺爲"茅蒐染韋也，一入曰靺"，爲赤黄色。陳夢家云字從韋、戈聲，其字當是𧙛或緇字。《説文》："緇，帛黑色也。"

[10] 玄，《説文》："幽遠也。黑而有赤色者爲玄，象幽而入覆之也。"玄衣，一種赤黑色的絲衣，或稱玄衮衣，見吳方彝。

[11] 纊字亦見啓卣"王出狩南山，寇迆山各，至于上侯，纊川上。"陳漢平釋爲訓字。白于蘭説竟字從言從人會意，纊爲訓字異體，讀爲紃，《説文》："圜采也。"段玉裁注："以采線辮之，其體圜也。"《字林》："紃，圜緣絛（條）也。"《儀禮·士冠禮》："玄端黑屨，青絇繶純。"鄭玄注："繶，縫中紃也。"賈公彦疏："'繶，縫中紃

也’者，謂牙底相接之縫中有絛紃也。"白氏説"繢純"即"紃純"，"玄衣戠（紃）屯（純），是指在衣緣之縫中飾有以彩色絲綫辮成的綫條的玄色衣服。屯讀爲純，音 zhǔn。《廣雅·釋詁》："純，緣也。"朱駿聲《説文通訓定聲》："純，假借爲緣。"《尚書·顧命》："篾席，黼純。"

[12] 日，繪畫在旗上的太陽。《周禮·春官·司常》："司常掌九旗之物名，各有屬，以待國事：日月爲常。"

[13] 魯與旅、嘉通用。于省吾曰："魯與旅、嘉古通用。《説文》：'𢍰，古文旅，古文以爲魯衛之魯。'《史記·周本紀》：'魯天子之命。'《書序》作'旅天子之命'。《史記·魯周公世家》作'嘉天子之命'。魯、旅之與嘉互作，爲魚、歌通諧。"魯休，嘉美。

[14] 甾即舜字，舜明又見於尹姞鼎（穆公鼎）、史墻盤，是西周中期出現的詞匯，大意爲英明或賢明。《説文》："粦，兵死及牛馬之血爲粦。粦，鬼火也"。粦陳夢家讀爲瞵，《説文》："精也。"唐蘭讀爲令，李學勤讀爲靈，亦可爲一説。

[15] 望讀爲忘，縣改簋："孫孫子子母（毋）敢望白（伯）休。"孫子爲子孫倒文，《詩·大雅·皇矣》："施于孫子。"

[16] 尚讀爲常。𢼊方鼎二："則尚安永宕乃子𢼊心。"尚下一字不很清楚，但肯定是官，不是宫。常官，久任之官，《商君書·去强》："常官治者遷官。"高亨注："常官，久任一官。"又《詩·魯頌·閟宫》："魯邦是常。"鄭率箋："常，守也。"付厥常官，給予其常守世襲之官。也有可能尚讀爲裳，與叔夨方鼎之𧘝同義。

[17] 𤔲字金文習見，師克盨蓋："今余唯𤔲橐（就）乃命。"毛公鼎："今余佳（唯）𤔲先王命。"𤔲讀爲申，重也。《儀禮·士昏禮》"申之以父母之命"，與毛公鼎之例同。"天子其萬年申兹命"。是説時王永遠重申先王之命，命虎繼先祖之職官。

[18] 宗，《説文》："尊祖廟也。""用享于宗"亦見士父鐘。

31. 鮮　　簋

　　無蓋雙耳簋，原藏英國倫敦斯肯納齊商行，現藏法國吉美博物館。器內底有銘文 5 行 44 字。又稱鮮盤。

圖 31　鮮簋銘文

【著 録】

《中日歐美澳紐》156　　《集成》16·10166

【釋 文】

隹（唯）王卅（三十）又四祀，唯五月既望戊午，王在
荠京，啻（禘）于瑂（昭）王[1]。鮮穛曆（歷），裸，
王剔（贛）裸玉三品、貝廿（二十）朋[2]。對王休，用
乍（作）[3]，子孫其永寶。

【注 解】

[1]　啻即帝字，殷甲骨文作朶（《鄴》3·34·5）、朶（《粹》818）、朶
（《摭續》91）。拙文《殷人火祭説》説帝之本義爲禘祭，字本象架
木或束木以燔。禘初爲禘自然神，後亦禘及先公先王。典籍通作
禘。《説文》：“禘，禘祭也。”段玉裁注：“禘有三：有時禘，有殷
禘，有大禘。”大禘指郊祭祭天；殷禘指宗廟五年一次的大祭，與
祫並稱爲殷祭；時祭，宗廟四時祭之一，《禮記·王製》所謂“夏
曰禘”。本銘時間是“五月”，應爲時祭之禘。瑂字从王，與利簋、
何尊、大盂鼎文，武字从王同，是昭王的專用字。刺鼎銘云：“唯
五月，王才（在）□，辰才（在）丁卯，王啻，用牡于太室，啻
卲王。”與鮮簋同。又吕方鼎：“唯五月既死霸，辰才（在）壬戌，
王饗卲大室。”李學勤説：“字體最接近鮮簋的可推吕方鼎和刺鼎，
有好多字彼此酷肖。它們都記祭祀之事，又都作於五月。鮮簋是
五月戊午，吕方鼎是五月壬戌，相距五天；刺鼎是五月丁卯，距
壬戌六天。這三件青銅器頗有可能是同時的東西。”刺鼎、吕方鼎
公認是穆王器。黄盛璋亦據“禘昭王”稱此簋爲“穆世標準器”。

[2]　裸字作𧴘，黄盛璋文列裸字字形13種，比較其與福字的異同：福
字所象酒器乃一長頸有蓋之圓腹壺，裸字所从酒器上多有流口，
少數無流口者上皆从“𠧧”；裸下大抵皆象器座，福字畐下無器

座；福表靜象，祼表動象；福皆加示旁，祼多數不加。黃氏據此
考定此字爲祼，説可信。戠字陳劍《釋西周金文中的"戁（戁）"
字》説即《説文》戁字，讀爲戁。《説文》："戁，賜也。从貝，戁
省聲。戁，籀文戁。""通行的寫法作戁。"王戠（戁）祼玉三品"
"即把祼祭用的玉、貝賞賜給鮮"。陳劍又説古書中戁訓賞賜，貢
訓貢獻，但二字都是"給予"的意思，只是上對下、下對上的關
係不同，在古書中它們常常通用。戁字最初兼有上對下的賞賜、
下對上的貢獻兩種意思。

［3］ "用作"後省略所作器名及所爲作器之人名。

【斷 代】

《斷代工程》定穆王三十四年爲公元前 943 年，該年五月壬寅
朔，戊午爲十七日，此與李學勤《鮮簋的初步研究》所説不盡相
合。李先生在文中排比鮮簋、吕方鼎、剌鼎的曆日，説在公元前
十世紀的範圍内，依張培瑜《中國先秦史曆表》，符合三器曆朔的
只有公元前 999 年、公元前 989 年、公元前 963 年三個年份。看
來，鮮簋爲穆世器是肯定的，但其具體年份則有待討論。

32．盠駒尊

1955 年 3 月陝西省郿縣車站鄉李家村西周銅器窖藏出土，共
2 件。現藏國家博物館。一件器銘 9 行 94 字，蓋銘 3 行 11 字；另
一件只存蓋。又稱馬尊。

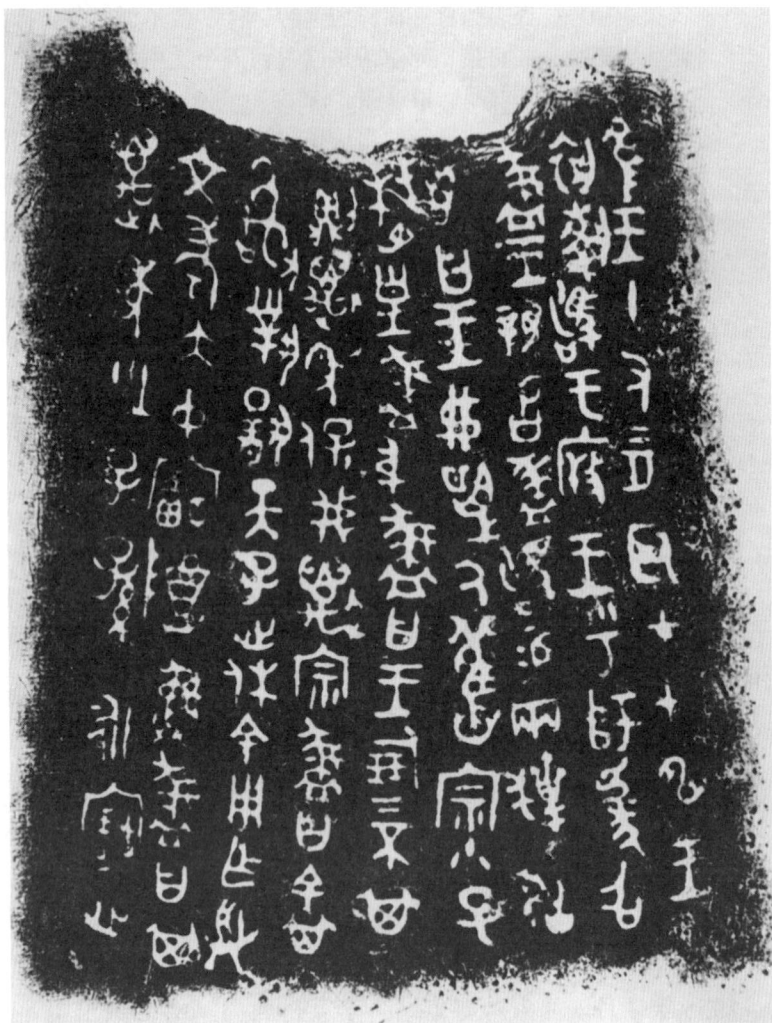

圖 32-①　盠駒尊銘文（器銘）

【著 録】

《文物參考資料》1957 年 4 期　白川《通釋》19·102　《集成》11·6011

圖 32- ② 盠駒尊銘文（蓋銘）

【釋 文】

隹（唯）王十又二月辰才（在）甲申[1]，王初執駒于
啟[2]。王乎（呼）師虘召（詔）盠[3]。王親旨（詣）
盠[4]，駒昜（賜）兩[5]，拜頴首曰：“王弗望（忘）氒
（厥）舊宗小子[6]，盠皇盠身[7]。”盠曰：“王倗下不其
（丕基）[8]，則邁（萬）年保我邁（萬）宗[9]。”盠曰：
“余其敢對揚天了之休，余用乍（作）朕文考大中（仲）
寶障彝。”盠曰：“其邁（萬）年世子子孫孫永寶之。”
（以上器銘）

王軷（拘）駒啟[10]，昜盠駒弽雷雛子[11]。

（以上蓋銘）

【注 解】

[1]"十二月"郭沫若隸作"十二月",亦有學者隸作"十三月"。郭氏云:"本銘言'王十又二月',乃周正,在夏正則爲十月,是在秋末冬初。據此可見春秋都可行'執駒'之禮。《管子·山至數篇》:'春秋不鄉贅合游者,謂之禮義。大夫幽其列,民幽其門'……牛馬是可以二季交配的。故本銘之出,既可證明《周禮》之有據,又可證明《周禮》之晚出。《周禮·校人》四季均有馬祭,但'執駒'僅限於春,則出於後世所調整。據有經驗者言,秋季交配,其育不旺。"

[2]執駒是古代的一種典禮。《周禮·夏官·校人》:"春祭馬祖,執駒。"鄭玄注:"鄭司農云:'執駒,無令近母,猶攻駒也。二歲曰駒,三歲曰駣。'玄謂執猶拘也,春通淫之時,駒弱血氣未定,爲其乘匹傷之。"又《廋人》:"廋人掌十有二閑之政……執駒散馬耳。"又《大戴禮記·夏小正》:"四月……執陟攻駒。"戴德傳:"執也者,始執駒也。執駒也者,離之去母也;陟,升也,執而升之君也。"《銘文選》云:"執駒之禮是小馬二歲離開母馬而升入王閑爲服馬時,初繫馬具所行之禮。周重馬政,執駒禮由天子親自參加。"敔,地名。

[3]師虢,即師虢簋、師遽彝所見之師遽,二器郭沫若皆定爲懿王時。召讀爲詔,《玉篇》:"告也。"《楚辭·離騷》:"麾蛟龍使梁津兮,詔西皇使涉予。"王逸注:"詔,告也。"盠又見同出之盠方彝。彼銘云盠"司六師王行,參有司",地位在三有司之上,兼管軍政,甚爲尊崇。

[4]旨郭沫若疑讀爲詣,《玉篇》:"往也。"銘謂王親到盠處。

[5]駒賜爲賜駒之倒裝。兩,二匹。

[6]小子,子孫。《尚書·酒誥》:"文王誥教小子。"孔氏傳:"小子,民之子孫也。"盠爲王之宗屬,很受重視。

[7]蠻字字書所無。郭沫若云:"蠻字僅見,蓋蟥之異文,从虫,焚省聲。'蠻皇'猶輝煌。春秋時晉人有苗賁皇,取名之義蓋有所本。"亦推測之辭。

[8]同窖出土的方彝銘有"天子不叚不其",與此句文例相似。郭沫若云:"'不其'者'丕基'也。《尚書·立政》'以并受此丕丕基'。

'佣下'與'不叚'音相近，義當亦相近。佣假爲堋，《説文》'喪葬下土也。''堋下丕基'即是奠定盛大基業。"不過不遐文獻習見，皆爲疑問義。王引之《經傳釋詞》："遐，何也。"《詩·大雅·下武》："受天之祜，四方來賀，於萬斯年，不遐有佐。"朱熹集傳："遐何通。"馬瑞辰通釋："'不遐'即'遐不'之倒文。凡《詩》言'遐不'者，遐、胡一聲之轉，猶言胡不。"胡不，何不，都是一種反問的語氣，實際上是肯定王有盛大的基業。

[9] 同祖曰宗，直系爲大宗，支系爲小宗，萬宗，衆多的宗族。

[10] 辭字從緣，句聲。金文"執訊折首"訊字作緣，本象繩索反綁俘虜雙手之形，拘，與執義近。參看注[2]鄭玄説。《銘文選》云："今器銘作執駒而蓋銘作拘駒，是爲鄭注之佳證。"

[11] 炗、雷應是馬之産地，雷前一字不識。騅，《説文》："馬蒼黑雜毛。"《詩·魯頌·駉》："薄言駉者，有騅有駓。"毛傳："蒼白雜毛曰騅。"騅是蒼、白、黑毛混雜的馬。子，幼馬，駒。另一蓋銘與此蓋銘略同，唯地名作厚、馬名作駱。駱亦見於《駉》詩，《説文》："馬白色黑鬣尾也。"

　　蓋與器銘所説皆執駒典禮事，自成段落，不連讀。亦有學者説應連讀，將蓋銘置于器銘之前。

【斷代】

　　譚戒甫定爲宣王時，失之過晚。郭沫若云："本器群年代，上已言及，僅師盉一名可以作爲綫索，姑定爲懿王時代。"此乃近似的推測，因師遽簋與師遽彝年代也不是絶對的。2003 年 1 月 19 日陝西郿縣楊家村出土單氏家族銅器 27 件，其中有盤銘 366 字，歷述單氏八代及周文、武至宣王功德，銘中提到"惠仲盉文"活動在昭穆時期，曾踐伐楚荆。則此器當屬穆王時器。

33. 裘衛盉

　　1975 年 2 月出土於陝西岐山縣董家村，現藏陝西歷史博物館。蓋內銘 12 行 132 字。

【著 錄】

　　《文物》1976 年 5 期　　《銘文選》193　　《集成》15·9456

圖 33　裘衛盉銘文

【釋 文】

隹（唯）三年三月既生霸壬寅[1]，王禹（偶）旂于
豐[2]。矩白（伯）庶人取堇（瑾）章（璋）于裘衛[3]，
才（戴）八十朋[4]，氒（厥）貯（賈）[5]，其舍田十
田[6]。矩或（又）取赤虎兩[7]、麀韐兩[8]、韐輅一[9]，
才（戴）廿（二十）朋，其舍田三田。裘衛迺矢（矢）
告于白（伯）邑父、焚（榮）白（伯）、定白（伯）、琼
白（伯）、單白（伯）[10]。白（伯）邑父、焚（榮）白
（伯）、定白（伯）、琼白（伯）、單白（伯）迺令（命）
參（三）有嗣（司）[11]：嗣（司）土（徒）敝邑、嗣
（司）馬單旟、嗣（司）工（空）邑人服[12]，罘受（授）
田[13]。燹（幽）犀、衛小子□逆者（諸）其卿
（饗）[14]。衛用乍（作）朕文考惠孟寶般（盤）[15]，衛其
萬年永寶用。

【注 解】

[1] 三年爲共王三年。裘衛盉出於董家村銅器窖藏。此窖藏出銅器 37
件，分屬西周中晚兩個時期，是一個家族不同世代的器物。裘衛
盉形製近於穆王時器長由盉，榮伯、邢伯等又爲共王時執政大臣，
論者多據此定衛盉爲共王時器，但也有人定爲懿王或孝、夷時器。
至於此三年究竟是公元何年，則無定説。《斷代工程》定"三年三
月既生霸壬寅"爲公元前 920 年 3 月 13 日，殆一家之言。

[2] 禹讀爲偁，《説文》："揚也"。《廣雅・釋詁》："舉也。"典籍通作
稱。《尚書・牧誓》："稱爾戈，比爾干，立爾矛。"偁旂即建樹旗
幟。《周禮・春官・司常》："王建大常，諸侯建旂，孤卿建旜，大夫
士建物。"又云："凡祭祀，各建其旗。會同賓客亦如之，置旌
門。大喪，共銘旌，建廞車之旌。及葬，亦如之。凡軍事，建旌旗。
及致民，置旗，弊之。甸，亦如之。凡射，共獲旌。歲時，共更
旌。"此次建樹王大常旗，當是爲了朝會諸侯。豐爲文王所都，

《詩·大雅·文王有聲》："文王受命，有此武功。即伐于崇，作邑于豐。"鄭玄箋："作邑者，徙都於豐以應天命。"典籍或作鄷。《說文》："鄷，周文王所都，在京兆杜陵西南。"今在長安縣灃水西岸馬王鎮及其周圍地區。

[3] 矩爲國族名，所在不詳。矩伯爲矩國諸侯，在周王朝作卿士。庶人，徒役。堇讀爲瑾，《說文》："瑾瑜，美玉也。"章讀爲璋，《說文》："剡上爲圭，半圭爲璋。"一說堇讀爲覲，覲璋是朝覲用的璋。《左傳·僖公二十八年》："受策以出，出入三覲。"裘衛，衛爲私名，裘爲其職官，即《周禮》之司裘，"掌爲大裘，以共（供）王祀天之服。中秋獻良裘，王乃行羽物。季秋獻功裘，以待頒賜……凡邦之皮事掌之。"

[4] 才或讀爲裁，或讀爲財，或讀爲在，或讀爲值，皆解爲作價。拙文《幾件銅器銘文中反映的西周中葉的土地交易》讀爲戴。《說文》："分物得增益曰戴。""戴八十朋"即再增加八十朋。這裏朋是參與交易的補價物，而不是交易的價格。

[5] 貯讀爲買。趙光賢云："貯、賭、居、酤、買諸字音皆可通假，由儲藏之義引申爲買賣之義，又引申爲商買、價錢之義。自買字行，賭、居、酤等字漸廢。"貯即交易，指上文的"取"與下文的"舍"二者。有人說買指價格，郭沫若、唐蘭則說貯讀爲租。但西周的土地交易并不是通過市場的商品交易，而是由許多王臣在場監視的經官方認可的交換，所以不存在租田及私自交易的情況。

[6] 舍，給予，施予。令鼎："余其舍女（汝）臣十家。""田十田"前田字是名詞，後田字爲量詞，《周禮·考工記·匠人》："田首倍之。"鄭玄注："田，一夫之所佃，百畝。"十田爲周製千畝，但實際田畝可能稍有出入，不會這樣整齊。也有人說十田只是十塊田，其大小并無規定。

[7] 或讀爲又，見王引之《經傳釋詞》。《詩·小雅·賓之初筵》："既立之監，或佐之史。"鄭玄箋："又助以史，使督酒。"赤虎，赤色的虎皮。《周禮·秋官·小行人》："合六幣，圭以馬，璋以皮，璧以帛"鄭玄注："皮，虎豹皮也。"虎皮是用來墊藉覲璋的。一說虎讀爲琥，《說文》："琥，發兵瑞玉，爲虎文……《春秋傳》曰：

"賜子家子雙琥。"兩，數詞，指一對，一雙。

[8] 圈字字書未見，字從鹿，應是鹿屬獸。牽舊說讀爲賣，《説文》"飾也"。冀小軍讀雕，雕亦飾也。

[9] 韐，同袷，音 gé。《説文》："袷，士無市有袷，製如榼，缺四角，爵弁服，其色韎，賤不得與裳同。司農曰：'裳纁色。'從市，合聲。韐，袷或從韋。"韐爲禮服蔽膝，用茜草染成黄色，橢圓形。一般在祭祀時穿。

[10] 迺，典籍多作乃。矤讀爲矢，《爾雅·釋詁》："矢，陳也。"是叙述的意思。伯邑父、焚（榮）伯、定伯、琼（liàng）伯、單伯都是執政大臣，是土地交易的見證人與監督者，這説明西周王朝承認土地交易的合法性，王臣在促成土地交易之後，就負有法律上的保護作用，承認私人通過交易而得到的田地的所有權。伯邑父至單伯五人名下皆有重文號。伯邑父亦見五祀衛鼎。焚伯是西周著名貴族，榮見大盂鼎、邢侯簋，其地拙文《西周畿内地名小記》以爲在今岐山、扶風二縣交界處。榮伯也像周公一樣，歷代相承，所以師詢簋、卯簋、應侯見工鐘、輔師嫠簋等不同時代的器銘都有榮伯，屬王時代的榮夷公是榮伯後裔，屬王近臣。定伯見於五祀衛鼎及即簋。琼伯亦見於五祀衛鼎。單伯見《春秋·莊公元年》："夏，單伯送王姬。"杜預注："單伯，天子卿也。單，采地。"孔穎達疏："單者，天子畿内地名。"或説此單在今河南孟津縣東南。單在西周也應爲畿内采地，在今陝西郿縣楊家村，2003 年出單氏家族銅器 27 件。《銘文選》説："單伯傳世有單伯昊生鐘，鐘的上下枚界闌及兩側均飾有方形錐釘，時代較早，是西周中期器，昊生或者即是此銘的單伯。"

[11] 參有司，即下文之司徒、司馬、司空，是當時管理具體職事的官吏。參與土地的具體交割。

[12] 嗣典籍通作司。司土，西周早中期皆作土，晚期始作徒。司徒主要管理土地、農業、藉田、虞、牧等農副業。《周禮·地官司徒·大司徒》："大司徒之職，掌建邦之土地之圖與其人民之數，以佐王安擾邦國。"司馬是武官，説見前趞簋注。司工戰國晚期至秦代作司空，見《秦漢南北朝官印征存》0019 "右司空印"，近年西安北郊

出土秦封泥有左司空、宮司空，見拙著《秦文字集證》圖版 141。
周代司空主管土木工程，兼掌地政。《詩·大雅·緜》："乃召司空，
乃召司徒，俾立家室。"《周禮》冬官本爲司空，今已逸去，後世以
《考工記》填補。《後漢書·百官志》司空條云："掌水土事，凡營城
起邑，浚溝洫，修墳防之事，則議其利建其功。"微邑、單旟、服
皆私名。邑人見師酉簋，郭沫若以爲是從事生產的奴隸。

[13] 受讀爲授。罙，及，逮，到。

[14] 衛即裘衛。小子，職官，銘中指裘衛的下屬辦事人員。燹趙、衛
小子□都是具體辦事人員。逆，《說文》："迎也。"也有人認爲逆、
者也是人名。辦事人員迎接三有司等并加以宴饗，表示土地交易
手續已完成。

[15] 器爲盉而稱盤者，是因爲盤、盉皆盥洗器，成套使用，鑄盤時同
時也鑄盉，所以就把盤銘錯鑄在盉上。

34．五祀衛鼎

　　1975 年 2 月與衛盉同出于陝西岐山縣董家村青銅器窖藏，現藏
陝西歷史博物館。腹內壁鑄銘文 19 行 207 字。

【著 錄】

　　《文物》1976 年 5 期　　《陝青》（一）173　　《集成》5·2832

【釋 文】

　　隹（唯）正月初吉庚戌[1]，衛以邦君厲告于井（邢）白
（伯）、白（伯）邑父、定白（伯）、琼白（伯）、白
（伯）俗父[2]，曰厲曰："余執龏（恭，共）王卹（恤）

功（功）[3]，于邵（昭）大室東逆（朔）焂（營）二川[4]。"曰："余舍女（汝）田五田[5]。"正迺訊厲曰[6]："女（汝）貯田不（否）[7]？"厲迺許曰："余寀（審）貯田五田[8]。"井（邢）白（伯）、白（伯）邑父、定白（伯）、琼白（伯）、白（伯）俗父迺顜[9]，事（使）厲誓[10]。迺令參（三）有嗣（司）嗣（司）土（徒）邑人趨、嗣（司）馬頜人邦、嗣工（空）隆（陶）矩、内史友寺芻[11]，帥履裘衛厲田四田[12]，迺舍寓（宇）于毕（厥）邑[13]。毕（厥）逆（朔）彊（疆）眔厲田[14]，毕（厥）東彊（疆）眔散田[15]，毕（厥）南彊（疆）眔散田，眔政父田，毕（厥）西彊（疆）眔厲田。邦君厲眔付裘衛田。厲弔（叔）子夙[16]、厲有嗣（司）뻬（申）季[17]、慶癸、爕（幽）表、邢（荆）人敢[18]、井（邢）人偈屖[19]，衛小子逆其卿（饗）、儔（賸）[20]。衛用乍（作）朕文考寶鼎，衛其萬年永寶用。隹（唯）王五祀。

【注解】

[1] 此銘紀年放在銘末，而開頭則提到月份、月相、干支，是紀時四要素具備的銅器。《斷代工程》定此爲共王五年（公元前918年）正月初二，可爲一家之言。

[2] 以，介詞，把，此句是説裘衛把邦君厲的話轉告給邢伯等執政大臣。邦君，畿内諸侯。白俗父、定伯、琼伯見上衛盉。邢伯當是邢國諸侯，又見七年趞曹鼎、利鼎、豆閉簋等，爲共懿時大臣。伯俗父又見南季鼎（《三代》4·24·2），或稱師俗（師永盉）。古時男子之字多稱某父，爲男子之美稱。《春秋·隱公元年》："三月，公及邾儀父盟于蔑。"《穀梁傳·隱公元年》："儀，字也，父，猶傅也。男子之美稱。"典籍或作甫。《詩·大雅·烝民》："衰職有闕，惟仲山甫補之。"此及衛盉參與土地交易，訴訟的執政大臣都是五名，大概是當時的常規。

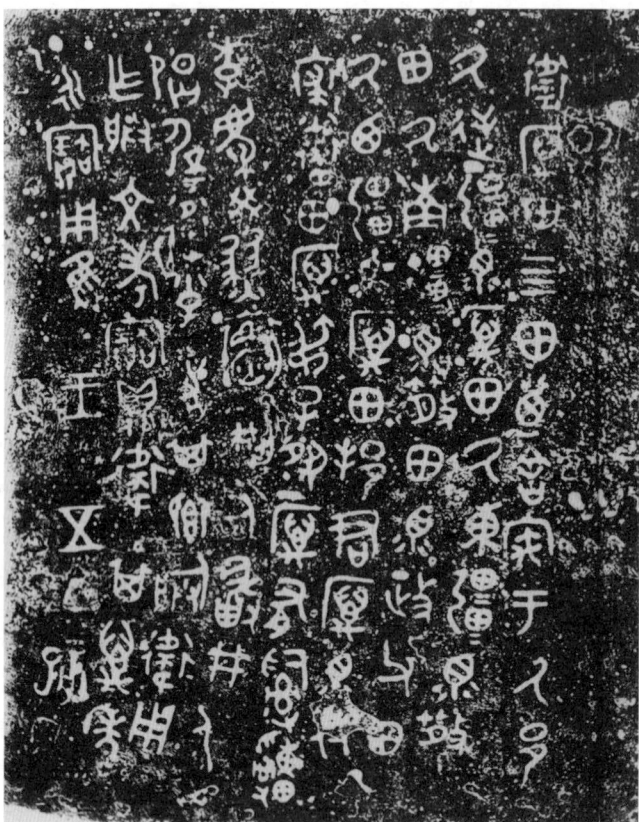

②

圖 34 － ①② 　王祀衛鼎銘文

［３］　執，執掌，辦理。《詩·豳風·七月》："上入執宮功。"龔通恭。龔
　　　　王即恭王，典籍或作共王。《史記·周本紀》："穆王立五十五年卒，
　　　　子共王繄扈立。"《國語·魯語下》："周恭王能庇昭、穆之闕而爲
　　　　恭。"韋昭注："恭王，周昭王之孫，穆王之子。"卹，音 xù。《說
　　　　文》："卹，憂也。从血，卩聲。一曰鮮少也。"段玉裁注："卹與
　　　　心部恤音義皆同。古書多用卹，後人多改爲恤。"工讀爲功。《尚
　　　　書·呂刑》："乃命三后，恤功于民。"蔡忱傳："恤功，致憂民之功
　　　　也。"共王恤功，共王憂勤政事民衆之勞苦。

［4］ 昭大室即康宮中的昭王大室。逆鐸部疑紐，朔鐸部山紐，二字疊韻，逆讀爲朔，《爾雅·釋訓》：“北方也。”東逆即東北。下文提到逆、東、南、西四疆，逆必讀爲朔。災讀爲營。《詩·小雅·黍苗》：“肅肅謝功，召伯營之。”鄭玄箋：“營，治也。”二川，兩條河流，大約在岐山、扶風一帶。唐蘭説災讀爲祭，祭山川。《左傳·昭公元年》：“山川之神，則水旱癘疫之災於是乎祭之。”

［5］ “余舍汝田五田”是邦君厲對裘衛説的話。厲因治理河道，需用部分裘衛的地，答應用自己的五田來作交換。

[6] 正，長官。《尚書·説命》："昔先正保衡。"此正即指上文提到的五位執政大臣。訊，問。

[7] 不讀爲否，疑問語氣詞。貯讀爲買，交易也。

[8] 審，《説文》："息也。知寀諦也。"確實。

[9] 顜，音 jiǎng，《集韻·講韻》："明也。"《史記·曹相國世家》："蕭何爲法，顜若畫一。"《索隱》："顜，訓直，又訓明。"《漢書·曹參傳》顜作講。《廣韻》："講，謀也。"銘中當爲討論商議義。

[10] 事讀爲使。《説文》："誓，約束也。"

[11] 三有司司土邑人趞也可能就是衛盉的燹趞，他在五年時地位有所上升。司馬、司空也與衛盉不是一人，可能衛盉製作較早。隆或釋陶。不其簋："宕伐玁狁于高陶。"陶字作𦥑，與本銘𦥑字形接近，又與𠬪（乎，厥）古文字多相混之例。容庚曾指出，"𦥑或作𨋖，故知陶𨋖爲一字。"（《金文編》942 頁）其説是。從本鼎看，陶字也可能本作隆，象陶者在溝岸邊兩手填土作器。四版《金文編》十四卷陶字條下漏收隆字，應補。此字又見保利藝術博物館藏𩔖（豳）公盨，李學勤《論𩔖公盨及其重要意義》、裘錫圭《𩔖公盨銘文考釋》皆釋隨。内史掌册命之事，職位頗高。内史友爲内史僚屬，見《尚書·酒誥》。寺，寺人，《周禮·天官冢宰·寺人》："寺人掌王之内人及女宫之戒令，相導其出入之事而糾之。若有喪紀賓客祭祀之事，則帥女官而致於有司，佐世婦治禮事"寺人爲内宫之閣官，世婦的助人，管理宫女。秦時稱"寺從"，西安北郊出土秦封泥多見。本銘寺人芻參加土地交易，可見其活動不全限於宫内。

[12] 履，《説文》："足所依也。"《玉篇》："履，踐也。"引申爲踏勘。《左傳·僖公四年》："賜我先君，履：東至于海，西至于河。"帥亦循也。《禮記·王製》："命鄉簡不帥教者以告。"鄭玄注："帥，循也。"帥履即踏察地界。"裘衛屬田四田"現屬裘衛原屬屬的四塊田。

[13] 《説文》："宇，屋邊也。从宀，于聲。《易》曰：'上棟下宇。'㝢，籀文宇从禹。"引申爲居住，史墻盤："武王則令周公舍㽞（宇）于周。"經過五位執政大臣的裁決，屬將四塊田及邑中的房屋交付給裘衛。

[14] 罙，及，至，到。朔疆。北界。

[15] 給予裘衛的田的東邊和南邊都和散田交界，可見在散田的西北面。散田見下散氏盤，散大約在今鳳翔、岐山南部。由此可知裘衛田也在這一塊地方。

[16] 叔，古人以伯仲叔季排行，叔爲第三。叔子，小兒子，夙爲其私名。

[17] 屬有司，邦君屬的辦事官員。䚅讀爲申。曾侯乙鐘銘："妥賓之在楚號爲坪皇，其在䚅號爲遲則。"申與楚并列，即申息之申，説詳拙著《古文字通假釋例》818頁。申爲姜姓之國，傳伯夷之後，故城在今河南省南陽市。申季爲申國公族。

[18] 邢讀爲荊，即見於周原甲骨文 H11:4 "其微、楚□夆鼡"之楚，乃西周畿內地名，而非江漢之楚，説詳拙文《西周畿內地名小記》。

[19] 井讀爲邢，即邢國。

[20] 衛小子已見衛盉注 [14]。儧從人，朕聲，朕從关聲，讀爲媵，《説文》作佚，云："送也。從人，灷聲。呂不韋曰：'有佚氏以伊尹佚女。'古文以爲訓字。"段玉裁注："佚今之媵字。《釋言》曰：'媵，將送也。'"其饗媵，是説宴會之後贈送禮物。

【斷代】

此鼎稍晚於衛盉，爲共王時器。

35．史墻盤

1976 年陝西扶風縣法門鄉莊白村一號銅器窖藏出土，同出器 103 件，現藏扶風周原博物館。內底銘 18 行 284 字。銘文前段頌揚文、武、成、康、昭、穆及時王七代周王的功德，後段記述微氏家族六代事迹。

圖 35 － ① ②　史墻盤銘文

②

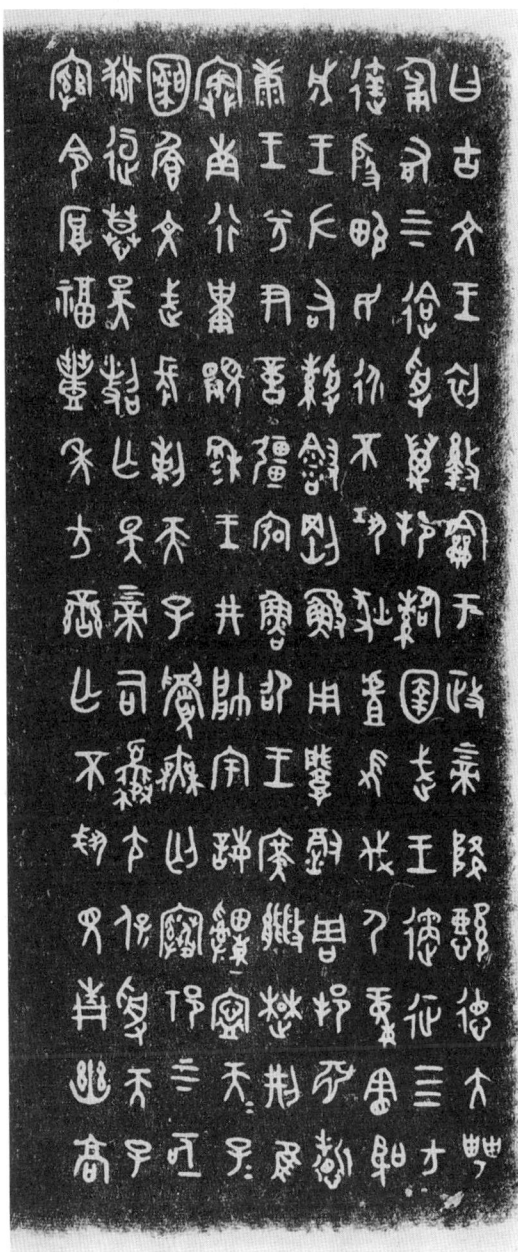

①

【著 録】

《文物》1978 年 3 期　　《總集》8·6792　　《集成》16·10175

【釋 文】

曰古文王[1]，初敤（鼚）龢于政[2]，上帝降懿德大甹（粤，屏）[3]，匍（敷）有上下[4]，迨受萬邦[5]。翻圍武王[6]，遹征（正）四方，達（撻）殷畯民[7]，永不鞏（恐）狄虘[8]，峕（鬱）伐尸（夷）童[9]。憲聖成王[10]，左右綬（綏）觙（會）剛鮌（漁）[11]，用肇（肇）罄（徹）周邦[12]。𠂤（胻，肅）鮞（哲）康王[13]，分（遂）尹箐（億）彊（疆）[14]。宖（宏）魯卲（昭）王[15]，廣懯楚刑（荆）[16]，隹（唯）寏（煥）南行[17]。祗覜穆王[18]，井（型）帥宇誨[19]。繭（申）寧天子[20]，天子圈屖文武長刺（烈）[21]，天子費（眉）無勾[22]，龏祁（示）上下[23]，亟獄（熙）逗（宣）慕（謨）[24]，昊卲（照）亡（無）昊（斁）[25]。上帝司夋尤保，受（授）天子鼑（綰）令厚福豐年[26]，方蠻（蠻）亡（無）不即見[27]。青（静）幽高祖[28]，才（在）孜（微）靁（靈）處[29]。雫武王既玟殷[30]，孜（微）史刺（烈）且（祖）迺來見武王[31]，武王則令（命）周公舍圈（宇）于周，卑處[32]。甬（通）叀（惠）乙且[33]，遣（仇）匹玟（厥）辟[34]，遠猷匐（腹）心[35]，子𠀠沓（粦）明[36]。亞祖祖辛，毓屍（毓）子孫[37]，繁（繁）猶（被）多釐（釐）[38]，梻（齊）角犠（熾）光[39]，義（宜）其禋（禋）祀[40]。害（舒）屖（遲）文考乙公[41]，遽（競）趉（爽）晷（得）屯（純）無諫[42]，農嗇（穡）戉（越）曆（歷）[43]。隹（唯）辟孝

眘（友）[44]，史墻夙夜不豕（墜）[45]，其日蔑曆（歷），
墻弗敢叹（沮）[46]，對揚天子不（丕）顯休令（命），用
乍（作）寶障彝。剌（烈）且（祖）文考弋（弋，翼）
寵（宣）[47]，受（授）墻爾齲福裛（懷）猵（祯）录
（禄）[48]，黄耈彌生（性）[49]，龕（勘）事毕（厥）
辟[50]，其萬年永寶用。

【注 解】

[1] 曰，語首助詞。"曰古文王"與《尚書·堯典》開頭"曰若稽古帝
堯"句式相似，裘錫圭說這是"周代人叙述古事時的一種老套
頭"。

[2] 敔同窖出土瘋鐘銘作甃。《説文》：“甃，彌戻也。讀若戻。”《漢書
·張耳陳餘傳贊》：“後相背之甃也。”顔師古注：“甃，古戻字。”
《爾雅·釋詁上》：“戻，至也。”龢，和。唐蘭說戻和即致和。《尚
書·君奭》：“唯文王尚克修和我有夏”，致和，修和，意義相近。
又《爾雅·釋詁下》：“戻，定也。”《廣雅·釋詁》：“戻，善也。”或
説戻和即善和、定和，亦通。初戻和於政，開始做到了政事和諧。

[3] 懿，美也。懿德典籍習見。《詩·大雅·烝民》：“民之秉彝，好是懿
德。”《左傳·昭公十年》：“讓之謂懿德。”粤字《説文》省作甹，
音 pīng，讀爲屏，輔佐。《尚書·顧命》：“建侯樹屏。”《荀子·儒
效》：“周公屏成王而及武王。”又班簋、番生簋有“甹王位”，孫
詒讓釋甹，《説文》：“甹，定息也。从血，甹省聲。”或説大甹即
大定，亦通。

[4] “匍有上下”與大盂鼎“匍有四方”義近，上下、四方均指宇内。
《尚書·金縢》作“敷佑四方”，敷，普遍也。

[5] 迺讀爲合，典籍或作翕。《尚書·皋陶謨》：“翕受敷施，九德咸
事。”孔氏傳：“翕，合也。”合受萬邦，完全接受臣服衆多方國。
傳文王時“三分天下有其二”，大盂鼎銘亦説“丕顯文王受天有大
命”，與本銘的説法相合。

[6]　貇字不識。《銘文選》："貇，从索从乩、口，乩是基本聲符，與强字同聲紐，貇圉當讀爲强圉，古代成語。《離騷》：'澆身被服强圉兮，從欲而不忍。'王逸注：'强圉，多力也。'亦作彊禦，《詩·大雅·蕩》：'咨汝殷商，曾是彊禦。毛亨傳：'彊禦彊梁禦善也'。"裘錫圭讀爲迅圉'，解爲迅猛强圉。强圉也可用爲褒義。《逸周書·謚法解》："威德剛武曰圉。"

[7]　遹音聿，發語詞。征諸家皆解爲征伐，連劢名讀爲正，《吕氏春秋·重言》："以余一人正四方。"正訓定。《銘文選》説征即正，讀政，正四方即統治四方。《詩·商頌·玄鳥》："正域彼四方。"鄭玄箋："天帝命有威武之德者成湯，使之長有邦域，爲政於天下。"達讀爲撻，《説文》："撻，鄉飲酒，罰不敬，撻其背。"引申爲擊伐。《尚書·顧命》："昔君文王武王宣重光……用克達殷集大命。"屈萬里説達讀撻。又《詩·商頌·殷武》："撻彼殷武，奮伐荆楚。"畯讀爲悛，《尚書·多士》："成湯革夏，俊民甸四方。"大盂鼎："畯正氒（厥）民"，俊、畯并讀爲悛。《國語·楚語》："有過必悛。"韋昭注："悛，改也。"悛民，使民改過向善，亦即正民。一説畯民指材武之人，强大的部族。

[8]　徐中舒師"狄虘"連讀，云："狄虘是古代北方狄族的一支。《國語·晉語》：'獻公田，見翟祖之氛'，翟祖即此狄虘，翟同狄，祖同虘，音楂。殷亡以後，狄虘在北方孤立無援，周人從此也就不再恐懼狄虘的侵略了。"一説狄讀爲逖，遠也。"永不（丕）鞏狄虘、兒（微）"是説長久地鞏固了與遠方的虘微等國的關係。

[9]　坒舊釋兇、長、彭，字形皆有距離。劉楚堂《墙盤新釋》隸作坒，説："應爲懲之古作……从彳、攵、心，爲後來的增繁。"懲，懲伐。《詩·魯頌·閟宫》："戎狄是膺，荆舒是懲。"孔穎達疏："荆楚群舒叛逆者，於是以此懲創之。"夷童是對夷族的蔑稱。《説文》："男有罪曰奴，奴曰童，女曰妾。"《逸周書·世俘解》："（武王）遂征四方，凡憝國九十有九國……凡服國六百五十有二。"其中當包括夷童在内。一説童讀爲東，夷童即東夷，但典籍中無其例。

[10]　《説文》"憲，敏也。"又云："聖，通也。"此句説成王機敏而通達。

[11]　左右，輔助，《詩·商頌·長發》："實維阿衡，實左右商王。引申指

輔政大臣。《尚書·立政》："王左右常伯、常任、準人。"周公、召公、畢公等皆成王之輔佐。"穀敊剛鯀"句甚難解。《銘文選》説："穀，從索受聲，受柔旁紐同部，音近假借。敊從友會聲，當假作會字。會有和義，《逸周書·諡法解》：'和，會也。'柔會即柔合……鯀……《楚辭·離騷》作鮌……今按此字象以手持絲釣魚，與甲骨文漁字相同……剛漁當讀爲剛禦……穀敊與剛漁皆指成王輔佐大臣的柔剛相濟的德性而言。"裘錫圭"疑當讀爲'受任剛謹'"。徐中舒師説鯀以梗直著名。此句"言成王左右各級大臣皆有剛强梗直之風"。

[12] 徹，治。《詩·大雅·江漢》："徹我疆土。"鄭玄箋："治我疆界。"此句意謂肇始理周邦。

[13] 𤔔字不識，學者或隸作睿，或隸作𡆐，或隸作肅，而肅字亦從𡆐。徐中舒師云："𤔔，齊叔夷鎛作𤔔，其所從之𤔔，與此形同……肅悊連文，又見王孫遺者鐘。肅悊周人常用語，《詩·小旻》：'或哲或謀，或肅或艾'，《尚書·洪範》：'曰肅，時雨若，曰乂，時暘若，曰哲，時燠若，曰謀，時寒若'，皆以肅哲謀乂爲互文。肅恭敬也，哲明智也。"唐蘭則説𡆐讀爲淵，訓深，淵哲即《詩·長發》"濬哲維商"之濬哲，濬毛傳亦訓深。

[14] 尹，治理。宣爲億之本字。《説文》："悥，滿也，從心，㫤聲。"古以十萬爲億，漢以後以萬萬爲億。億，數之滿也。遂尹億疆，就治理了廣大的疆宇。

[15] 宏，讀爲弘，大也。魯，嘉美。宏魯即弘大、壯美，言昭王年富力强，正當壯盛。

[16] 《説文》："廣，殿之大屋也。"引申爲大。《銘文選》云："歔，從攴能聲，《説文·能部》：'能，熊屬，足似鹿。從肉，㠯聲。'《史記·天官書》載：'魁下六星，兩兩相比者名曰三能。'裴駰《集解》引蘇林曰：'能，音台。'司馬貞《索隱》曰'三台'。歔字從攴會意，當讀作咜，能、台皆從㠯聲。《説文·足部》：'咜，擊也。'義爲捶擊。"陳世輝讀爲懲，引《詩·閟宫》"荊舒是懲"爲例。不過上文已説過，徵初文作𢼪，同銘不當有兩種寫法，且文獻未見能、懲通用之例。或説，能當解爲《尚書·舜典》及《詩·

大雅·民勞》"柔遠能邇"之能，謂安撫和睦荊楚也。

[17]　奂，于省吾訓盛大，讀爲焕。云："《説文》無焕字，焕爲奂的後起字。《漢書·韋玄成傳》的'惟懿惟奂'，顏注謂'奂，盛也。'……《初學記》卷七引《古本竹書紀年》：'周昭王十六年，伐楚荊，涉漢，遇大兕。'又：'周昭王十九年，天大曀，雉兔皆震，喪六師于漢。'……'隹奂南行'，是形容邵王統帥六師以南征，其士卒衆多，規模盛壯，是可想而知。但銘文意在隱惡揚善，故只炫耀其出征的盛況，而諱言其'没于水中而崩'（見《史記·周本紀》正義）。"也有學者讀奂爲患，貫，唐蘭釋爲狩，亦通。

[18]　祇，《説文》："敬也。"覞，徐中舒師讀耿，云："覞从見日會意爲形，又从尹聲，當讀爲耿。尹、耿古真韻字，故相通。金文史頌簋'日逓天子覞命'，即《尚書·立政》'丕釐上帝之耿命'，虢季子白盤'白父孔覞有光'即《尚書·立政》'以覲文王之耿光'，兩相對照，覞之爲耿益爲顯然。西周金文耿皆作覞，毛公鼎乃有耿字，毛公鼎爲西周晚期銅器。覞，明也。祇（輝按：徐先生釋祇爲地神）覞即神明之意。《竹書紀年》：'穆王元年，冬十月，築祇宮于南鄭，'《左傳》昭公十二年亦謂'穆王是以獲没于祇宮'，穆王居祇宮，故周人即以神明的穆王稱之。"覞或説義同顯。

[19]　型帥，效法，遵循。"宇誨"即《詩·大雅·抑》'訏謨定命'之"訏謨"，毛傳："訏，大；謨，謀"，即遠大的謀略，指有深謀遠慮的文王、武王。

[20]　龘讀爲申，《爾雅·釋詁下》："申，重也。"寧，安定，安寧。天子，時王共王。盤銘對先王以文、武、成、康、昭、穆稱之，而時王以天子稱之，這是因爲時王尚在世，不能對其進行品評，加以懿美之詞，可見西周時已有謚法。申寧天子，繼位的天子得以安寧。也的學者將此4字屬上讀，説穆王能使繼位天子得以安寧。

[21]　圅字釋讀諸説不一。張政烺《周厲王䚄簋釋文》説九年衛鼎的"圅裘""按字音求之，當是貂裘"。拙文《圅、緐、臺、龘圅、龘臺諸辭再考辨》説圅讀爲紹，《爾雅·釋詁》："紹，繼也。"《玉篇》："屃，《字書》古文纘字也。"音 zàn。銘中讀爲纘，《説文》："繼也。"圅屃同義連用，意爲繼承。文武長剌，長烈，文王、武

王影響久遠的功烈。

[22] 䀑或作䀒，象用水盆洗臉，即䀑（沬）字異體。金文多假借沬爲眉壽之眉。句與害通。伯家父簋：“用易害䀑壽黃耇。”《詩·魯頌·閟宮》：“萬有千歲，眉壽無有害。”眉壽無害爲古成語，意謂眉壽無疆，無有患害。

[23] “䫉祁上下”句頗難解。徐中舒師云：“䫉，原文從夆寒聲，從手與從受同意。《說文》：‘撲，拔取也。’字又作搴。祁從邑示聲，（示甲骨文示）示古讀如提，《史記·晉世家》之示眯明（人名），《左傳》宣公二年則作彌明，衹從示氏二聲，《說文》：‘衹，地衹，提出萬物者也。’即以提釋衹。祁從示聲，其義亦當爲提，撲祁上下各級大臣之意。”或說䫉讀爲庋，敬也，祁，衹，敬也，“䫉祁上下”是說敬事鬼神。

[24] 亟讀爲極，副詞，最，很。獄通熙，魯侯獄鬲即《史記·魯世家》之魯煬公熙。《尚書·堯典》“熙帝之載”，《史記·五帝本紀》作“美堯之事”。逗讀爲桓，《詩·長發》傳：“大也。”慕通謨。唐蘭解釋此句爲“十分美好，很大的謀畫”。或說亟獄爲速聽獄訟；逗慕爲宣謨，掌握國家謀略。

[25] 昊，昊天。詔讀爲照，昊照，昊天照臨。亡斁即無斁，《說文》：“斁，解也。從攴，睪聲。《詩》云‘服之無斁。’斁，猒也。”亡猒又作無射，不懈怠也。《詩·大雅·思齊》：“不顯亦臨，無射亦保……古之人無斁，譽髦斯士。”毛公鼎：“肆皇天亡斁，臨保我有周。”句例相似。

[26] 司讀爲嗣，繼承。叔向父簋：“余小子司朕皇考。”司下一字唐蘭釋夏，說“上帝嗣夏應是夏祝”。又云：“尢字古文作尫，見《說文》。尢保是巫保……《史記·封禪書》：‘秦巫祠社主，巫保、族纍之屬。’索隱：‘巫保、族纍，二神名。’秦國地域原是西周，巫保這個神，應是西周時就有的。”唐先生解“上帝司夏尢保”爲“上帝的後代夏和神巫名保”。裘錫圭釋“司夏”爲“后稷”，云：“據《大雅·生民》、《魯頌·閟宮》，周人本以后稷爲上帝之子。《大雅·雲漢》：‘后稷不克，上帝不臨’，《閟宮》：“皇皇后帝，皇祖后稷’，皆以后稷與上帝并提，與盤銘同。”尢，《說文》古文作尫，

尪與匡通。《荀子·正論》："譬之是猶傴巫跛匡大自以爲有知也。"
楊倞注："匡讀爲尪。"匡，匡保。受讀爲授。絟，寬裕，絟令，
寬裕的任命。

[27]　方，方國。蠻讀爲蠻。方蠻，夷狄。䟤，《說文》："讀若踝。"踝
繼，䟤見即朝見，接踝而見。

[28]　青讀爲靜。幽，《說文》："隱也。"靜幽義近連用，指沉靜，安閑。高
祖，始祖，遠祖。陳后因資（齊）敦："高且（祖）黃帝（帝）。"此
銘自高祖以下，尚有烈祖、乙祖、亞祖、文考，至牆已六代。

[29]　微，地名。微地或說爲商代微子啓的封地，在今山西潞城縣東北；
或說指商周時西南夷之國，約在今四川巴縣。微氏家族入周後居
於畿內。周原甲骨 H11：4"其微、楚□厥燎"。裘衛盉（見前）銘
有"嗣土（徒）微邑"。《路史·國名紀》："微，子爵……今岐山郿
縣。"才徐中舒師釋甲，說甲微即微子啓。霝讀爲靈，《爾雅·釋
詁》："善也。"一說讀爲令，亦訓善。裘錫圭則說靈爲巫靈，靈
處，即以靈處。

[30]　伐，《說文》："傷也。"引申爲擊敗，此句指武王滅商。

[31]　史讀爲使。舍，施，給予。

[32]　圂，同窖出土的 30 號癲鐘作寏，即宇字。《廣雅·釋詁二》："宇，
居也。"名詞。《國語·周語中》："其餘以均分公侯伯子男，使各有
寧宇。"卑讀爲俾，使也。處，居住。此句說武王既已伐滅殷，微
氏高祖使其子烈祖來朝覲武王，武王命周公給其居地，使之在周
地居住。裘錫圭"卑處甬"連讀，甬讀爲頌（容），說微氏家族爲
西周的容官，掌管周王朝的威儀。

[33]　甬讀爲通，叀讀爲惠。通惠，通達仁惠。

[34]　逑讀爲仇，見前矧尊注 [4]。仇匹，朋友或配偶。《詩·秦風·無
衣》："與子同仇。"孔穎達疏："與子同爲仇匹。"朱熹《朱子語
類》卷八："謂如此之女子，方可爲君子之仇匹。"銘指輔弼。辟，
君也，銘中當指周王。

[35]　猷，《爾雅·釋詁》："謀也。"遠猷一詞習見。趩簋："宇慕（謨）
遠猷。"《詩·大雅·抑》："遠猷辰告。"《說文》："复，重也。从夂，
復聲。复，或省彳。"即重復之復。銘中讀爲腹。《詩·周南·兔

置》："赳赳武夫，公侯腹心。"朱熹集傳："腹心，同心同德之謂。"乙祖爲周王出謀劃策，成爲其心腹。

[36]　猷字音義不明。裘錫圭云："'子'疑當讀爲'孜'。《説文》："孜，汲汲也。''猷'字不識，似从'入'得聲，古音與'及'同部，疑當讀爲'汲'。'孜汲'等於説'孜孜汲汲'，是勤勉不怠的意思。"爲推測之辭。舜明見虎簋蓋注[14]。

[37]　甄字不識，但字从垔得聲，學者多讀爲甄。《説文》："甄，匋也。"徐鍇《説文繫傳》："甄，化之也。"屍即毓、育字。殷甲骨文毓字作𠂤，象婦人生子倒出形。此字上尸字爲人字訛變。古文字人、母作爲偏旁在特定情況下義近可以互換。甄育即化育，造就。《後漢書·班彪傳附班固》："乃先孕虞育夏，甄殷陶周。"句例相似。

[38]　繁讀爲繁，衆多。叡是髮的異體，讀爲祓，是除惡之祭，多去惡即福。祋同釐，福。叔向簋："降余多福繁祋。"句例相似。裘錫圭疑繁讀爲皤。《爾雅·釋詁》："黄髮，壽也。"裘氏説黄髮與皤髮同意，等于説長壽。

[39]　連劭名云："'齊角戴光'應當是指祭祀用的牲牛。齊，从齊得聲，讀爲'齊'，《詩經·小雅·小宛》'人之齊聖'，毛傳：'齊，正也。'……'戴'从戠聲，當讀爲戠，《尚書·禹貢》'厥土赤埴墳'，鄭注：'埴作戠'，并説'戠讀爲熾，赤也。''戠光'即是指鮮明的黄紅色，形容牲牛的顏色……周人不但注意牲牛的顏色，而且在祭祀時對於牛的犄角也頗爲講究……《論語·雍也篇》子謂仲弓曰'犂牛之子騂且角，雖欲勿用，山川其舍諸'。何晏集解：'騂，赤也，角者，角周正，中犧牲。'"其説可信。"齊角熾光"四字亦見于64號瘋鐘，形義同。

[40]　義讀爲宜。禋即禋（yīn），《説文》："潔祀也。一曰精意以享爲禋。𡫦，籀文从宀。"

[41]　害王孫遺者鐘作秚，典籍作舒。屖，《説文》："遲也。"害屖即舒遲，《禮記·玉藻》："君子之容舒遲。"孔穎達疏："舒遲，閑雅也。"

[42]　于省吾説遽越應讀爲競爽，爲金文恒語。馬王堆帛書《老子》甲本卷後古佚書《五行》引《詩》"不勮不救"，毛詩作"不競不絿"。《尚書·仲虺之誥》："用爽厥師"。《墨子·非命上》引作"襲

喪厥師。”《左傳·昭公三年》：“二惠競爽，猶可，又弱一个焉，姜其危哉！”杜預注：“競，彊也。爽，明也。”屯讀爲純，純粹，美好。誎讀爲責（責字本作賚，从朿得聲），要求。《論語·衛靈公》：“躬自厚，而薄責於人。”此句謂墻父乙公剛强爽朗，純美無貪。

[43] 嗇讀爲穡，《説文》：“穀可收曰嗇。”《左傳·襄公九年》：“其庶人力于農嗇。”杜預注：“種曰農，收曰嗇。”戉爲斧鉞之本字，讀爲越，《廣雅·釋詁》：“治也。”㽁讀爲厤（歷），《説文》：“治也。”越歷同義連用，義爲治理。或説戉應隸作歲，《左傳·哀公十六年》注：“年穀也。”按戉字金文作戉，見於虢季子白盤：“昜（賜）用戉（鉞），用政（征）䜌（蠻）方。”歲字金文作歲，子禾子釜：“□□立事歲。”二者形近易混。《詩·庭燎》“噦噦”，《説文》引作“鉞鉞”，故此銘也可能以戉爲歲。㽁裘錫圭釋稼。

[44] 辟，效法。《詩·大雅·抑》：“辟爾爲德。”鄭玄箋：“辟，法也。”徐中舒師則説辟，君王，此指周穆王。孝友，周人的倫理準則，《周禮·春官宗伯·大司樂》鄭玄注：“善父母曰孝，善兄弟曰友。”此句説墻遵循孝友之道。

[45] 㒸讀爲墜。喪失。不墜古文字、典籍習見。秦公鐘：“不㒸在下。”《國語·周語二》：“知禮可使，敬不墜命。”

[46] 取讀爲沮，《詩·小雅·小旻》：“謀猶回遹，何日斯沮。”毛傳：“沮，壞也。”鄭玄箋：“沮，止也。”弗敢沮，即不敢敗壞，不敢廢止，與“不墜”大意接近。

[47] 弋乃弋字。徐中舒師《弋射與弩之溯原及關於此類名物之考釋》云：“字以與弩之形製相似，中間直筆象弩臂，長横象弛弓形，短横疑與弩弓上準星相當。”弋讀爲翼，《尚書·多士》：“敢弋殷命。”《釋文》：“弋，馬本作翼。”孔穎達疏：“鄭玄、王肅本作翼。”翼，輔助，翼護。《集韻》：“翼，輔也。”《尚書·益稷》：“予欲左右有民，汝翼。”孔穎達疏：“汝當翼贊我也。”䆟字不識，用法與金文常見的宖相同。從用例歸納，其意義略同於休、賜。此句意謂烈祖文考翼護墻，予之以善。或與下文受連讀，解爲予授。又弋裘錫圭讀式，于省吾讀特，亦可。

[48] 受讀爲授，予也。爾，第二人稱代詞，乃烈祖文考稱呼墻。𪓊又

見同出之丁組癲鐘："裹（懷）受（授）余爾髭福靁冬（終）。"裘錫圭說髭當是髭之異體。《説文》："髭，合五采鮮色。从髟，虍聲。《詩》曰'衣裳髭髭。'"所引爲《詩·曹風·蜉蝣》，今本作"楚楚"。毛傳："楚楚，鮮明貌。"髭福大約與魯福同義，大福也。也有學者以爲爾髭連讀，爾與髭義接近。《説文》："爾，麗爾，猶靡麗也。"《詩·小雅·采薇》："彼爾維何。"毛傳："爾，華盛貌。"又《説文》："薾，華盛。从艸，爾聲。《詩》曰：'彼薾維何。'"裹讀爲懷，饋遺，贈送，給予。《詩·檜風·匪風》："誰將西歸，懷之好音。"毛傳："懷，歸也。"懷與上文授對文。䯕，髮字古文，當讀爲廢，大也。裘錫圭說，禄前加䯕，謂福禄多如頭髮。

[49] 黄耈（gǒu），長壽。徐中舒師云："黄耈者，古稱壽老之徵。《論衡·無形篇》云：'人少則髮黑，老則髮白，白久則黄；人少則膚白，老則膚黑，黑久則黯，若有垢矣。髮黄而膚有垢，故《禮》曰黄耈無疆。'"彌生，長生，久生。《小爾雅·廣詁》："彌，久也。"生，典籍作性。《詩·大雅·卷阿》："俾爾彌爾性。"毛傳："彌，終也。"鄭玄箋："樂易之君子來在位，乃使女（汝）終女（汝）之性命，無困病之憂。"

[50]《説文》："龕，龍皃。从龍，今聲。"段玉裁注："假借爲伐亂字。今人用勘堪字，古人多假龕……各本作合聲，篆體亦誤，今依《九經字樣》正。"段說與金文相合。堪，能也。《韓非子·難三》："君令不二，除君之惡惟恐不堪。"銘謂史墻至老年尚能够事奉其君。

【斷　代】

　　盤銘歷述文、武、成、康、昭、穆六王功德，六王前所加稱號皆謚法，而對時王則稱"天子"，可知天子乃穆王子共王。器作於共王時。《逸周書·謚法解》："維周公旦、太公望開嗣王業，攻于牧野之中，終葬，乃製謚叙法。謚者，行之迹也；號者，功之表也；車服，位之章也。是以大行受大名，細行受小名；行出于己，名生于人。"近人始有王號生稱之說，以爲謚法起於共、懿之後甚或戰國時代，由墻盤觀之，殆不足信。微氏爲殷人後裔，故

其先祖仍稱乙祖、祖辛、乙公，用日名。

36. 師訇鼎

1974 年 12 月出土於陝西扶風縣黃堆鄉强家村青銅器窖藏，現藏陝西歷史博物館。腹内壁有銘文 19 行 196 字。

【著 錄】

《文物》1975 年 8 期　《陝青》（三）105　《集成》5·2830

【釋 文】

唯王八祀正月[1]，辰才（在）丁卯。王曰：“師訇[2]！女（汝）克盨（賸）乃身[3]，臣朕皇考穆王[4]，用乃孔德琭（遜）屯（純）[5]，乃用心引正乃辟安德[6]。叀（唯）余小子肇（肇）盄（淑）先王德[7]，易（賜）女（汝）玄袞[8]、黹（黼）屯（純）[9]、赤市、朱横（黄，衡）、鸞（鑾）旂（旂）、大師金雁（膺）[10]、攸（鋚）勒，用井（型）乃聖祖考[11]，隣（隣）明榖辟前王[12]，事余一人[13]。”訇拜稽首，休白（伯）大師屑（夷）毗（任）訇臣皇辟[14]。天子亦弗諲（忘）公上父龢德[15]，訇蔑曆（歷）白（伯）大師，不自乍[16]。小子夙夕專由先且（祖）剌（烈）德[17]，用臣皇辟。白（伯）亦克叔（紫）由先且（祖）盠（蠱）[18]，孫子一毗（湛）皇辟懿德[19]，用保王身。訇敢對（對）王，卑（俾）天子萬年[20]，

圖 36 師訊鼎銘文

虢白（伯）大師武[21]，臣保天子，用髟（厥）剌（烈）且（祖）介德[22]。訇敢對王休，用妥（綏）乍（作）公上父隣（尊）[23]，于朕考韋（虢）季易父敕（秩）宗[24]。

【注 解】

[1] 據下銘"臣朕皇考穆王"，此器作於共王八年正月，稱年爲祀，本爲商人習慣，但此風習西周中期仍保留。唐蘭初定爲共王器，後又改定爲穆王另一子的孝王，認爲"這個鼎的形製、紋飾、銘文字體看來都較共王時爲晚。銘中所説的伯太師，見於伯太師盨……均當屬於西周後期。因此定爲孝王時。"但《銘文選》以爲伯大師盨之伯太師名蠿，與此鼎之伯太師不是一人。王慎行亦指出：據銘可知師訇曾供職於穆王之朝，且常告王以善道，對穆王有所匡正，年歲不會太輕，不可能歷經四王，活到孝王八年。于豪亮也指出銘文在時王之前只提到穆王，未暗示還有其他的王。

[2] 師爲師氏。《官製研究》將師氏的職掌歸納爲七項，三個方面，説師氏是軍事、行長、教育長官，是。《周禮·地官·師氏》："師氏掌以媺詔王，以三德教國子……教三行……居虎門之左，司王朝，掌國中失之事，以教國子弟，凡國之貴遊子弟學焉……凡祭祀賓客會同喪紀軍旅，王舉則從，聽治亦如之。使其屬帥四夷之隸，各以其兵服守王之門外，且蹕，朝在野外則守内列。"與金文所見相合。此銘師氏屬文職。

[3] 盡爲贐之異體，又作賮（jìn）。于豪亮説讀爲進。《詩·大雅·文王》："王之蓋臣。"毛傳："蓋，進也。"《禮記·樂記》："禮減而進，以盡爲文。"鄭玄注："進謂自勉强也。"銘謂師訇能自勉其身。

[4] 臣用爲動詞，臣事。井侯簋："朕臣天子。"《尚書·康浩》："綏爾先公之臣服于先王。"穆王是皇考，顯爲謚法。

[5] 孔德，美德。《説文》："孔，通也，嘉美之也。"《老子》："孔德之容，唯道是從。"琭李學勤釋遜。《説文》："遜，遁也。"《正韻》："遜，順也，謙恭也。"屯讀爲純，純粹。史墻盤："羣（德）屯（純）無諫。"

[6] 引，長久。《爾雅·釋訓》：“子子孫孫，引無極也。”《釋文》：“引，長久也。”正，匡正。句謂：你用心永遠使君王保持安和之德。一說引訓引導。

[7] 盅讀爲淑，《爾雅·釋詁》：“善也。”用爲動詞作修善講。《孟子·離婁下》：“予私淑諸人也。”與此同例。

[8] 袞，繡有龍紋的禮服。《説文》：“袞，天子享先王，卷龍繡于下幅，一龍蟠阿上鄉（嚮）。”從本銘看，不只天子，一般貴族也可服用。

[9] 齟讀爲黼，黼純是畫有五彩花紋的衣邊。

[10] 大師是師的上屬，下文訇自稱“小子”，小子即部屬。師望鼎亦云：“大師小子師望。”西周大師地位顯赫。《詩·小雅·節南山》：“赫赫師尹，民具爾瞻。”毛傳：“師，大師，周之三公。”又《節南山》：“尹氏大師，爲周之氐。秉國之均，四方是維。天子是毗，俾民不迷。”《周禮》大師爲樂官，大概反映東周的情形。雁爲膺之初文。《詩·秦風·小戎》：“虎韔鏤膺。”毛傳：“膺，馬帶也。”鄭玄箋：“鏤膺有金飾。”于豪亮説膺即樊纓，“樊纓是馬胸前的裝飾，因爲是在胸前，所以又名爲膺。以革或五采罽爲之，再繫上旄牛尾，均以金涂，所以又稱爲金膺。”于氏又云：“金膺或樊纓雖然不過是馬胸前的裝飾，却只有王與諸侯才能使用……在銅器銘文中毛公鼎記載王以‘金雁（膺）’賜與毛公，毛公地位極高，權力極大。本銘文謂王以‘大師金雁（膺）’賜於訇，對訇之倚重於此可見。這似乎意味着委訇以大師的職務，至少是授予訇以相當於大師的權力或地位。”大概師訇承接伯大師的全部或一部分職務。

[11] 《説文》：“聖，通也”。李孝定曰：“聖之初誼，爲聽覺官能之敏鋭，故引申訓通，聖賢之義又其引申也。”聖，聖智，具有高超的才智。《尚書·洪範》：“聰作謀，睿作聖。”孔氏傳：“於事無不通謂之聖。”

[12] 隣明即粦明，粦讀爲靈。《詩·大雅·靈臺》：“經始靈臺，經之營之。”毛傳：“神之精明者稱靈。”于豪亮説粦明即精明。鈴讀爲令，善也。辟用爲動詞，事君。

[13] 余一人即我一人，殷周時王之自稱。

[14] 休用爲動詞，贊美。屔字書所無，字從月，尸聲。于豪亮説古尸字及從尸得聲之字可讀如夷，語助詞。《周禮·行夫》：“居于其國，則

掌行人之勞辱事焉。使則介之。"鄭玄注:"使謂大小行人也。故書曰夷使……玄謂夷發聲。"䀂从册,甚聲,裘錫圭讀爲任。任,保舉,《管子·任法》:"世無請謁任舉之人。"注:"任,保也。"此句意謂:贊美伯大師保舉䀂臣事先王。

[15] 魰讀爲胡,《廣雅·釋詁》:"胡,大也。"

[16] 䀂蔑歷伯大師,䀂稱贊伯大師的經歷、功績。作,及。《尚書·無逸》:"其在高宗,時舊勞于外,爰暨小人。作其即位,乃或亮陰,三年不言。"王引之《經傳釋詞》:"作,猶及也。作其即位,皆謂及其即位也。"不自作,不引爲自己的功績。

[17] 專讀爲薄,《方言》卷一:"薄,勉也。秦、晉曰釗或曰薄,故其鄙語曰薄努,猶勉努也。"郭璞注:"如今人言努力也。"由,《廣雅·釋詁》:"行也。"《禮記·經解》:"是故隆禮由禮;謂之有方之士,不隆禮由禮,謂之無方之民。"孔穎達疏:"由,行也。"孫希旦集解:"由,謂踐履之。"此句意謂䀂早晚勉力遵行先祖美德。

[18] 叔字或釋䰞,非是。王慎行說此字右旁又上一點係殘泐之痕,并非字畫,字應隸作叔,是。叔見於殷甲骨文,即柴字。《說文》:"柴,燒柴樊燎以祭天神。"本爲祭天。于省吾《甲骨文字釋林·釋柴》說柴"均應讀爲塞,指報塞鬼神之賜福言之。"蠱,《廣雅·釋詁》:"事也。"此句謂祭行先祖事。

[19] 孫子,指䀂,伯大師是䀂的祖輩。一,皆也。䀂讀爲任,《說文》"任,符也。"徐鍇《繫傳》作"保也"。段玉裁注:"如今言保舉是也。"

[20] 犛,釐,福。釐王,祝福王。卑讀爲俾,使也。

[21] 裘錫圭《說"燊鏵白大師武"》以爲鏵字跟甲骨文四方風名中的西方風名相近,其字作燊或鏵,後者王國維釋爲韋,燊字象木之周圍有物包束之形,正與燊字同意,應隸作橐,此字有範的讀音。鼎銘二字連文,讀音又不可能没有區別,因說二字讀爲範圍。《易·繫辭上》:"範圍天地之化而不過。"《正義》:"範謂模範,圍謂周圍。言聖人所爲所作模範周圍天地之化養,言法則天地以施其化。"銘謂䀂法則伯大師所作所爲而不違離。

[22] 介,大也。《易·晉》:"受兹介福。"

[23] 公上父當爲䀂的先輩,生世不詳。王慎行推測爲䀂的從祖。

[24] 易父爲鬻父之字。敇讀爲秩。《尚書·舜典》："俞！咨伯，汝作秩宗。"《銘文選》云："秩宗，指宗廟之有次秩。宗廟分昭穆，故秩宗也就是泛指宗廟。"

【斷 代】

共王時器，説已見前。

37．師永盂

1969 年陝西藍田縣洩湖鎮出土。現藏西安市文物考古所。腹內有銘文 12 行 123 字。

【著 錄】

《文物》1972 年 1 期　　《銘文選》207　　《集成》16·10322

【釋 文】

隹（唯）十又二年初吉丁卯[1]，益公内（入）即命于天子[2]。公迺出氒（厥）命[3]，易（賜）畀（畀）師永氒（厥）田滄（陰）易（陽）洛[4]，疆罘師俗父田[5]。氒（厥）罘公出氒（厥）命：井（邢）白（伯）、燊（榮）白（伯）、尹氏、師俗父、遣中（仲）[6]。公迺命酉（鄭）嗣（司）徒函父[7]、周人嗣（司）工眉（眉）、敔史、師氏[8]、邑人奎父、畢人師同[9]，付永氒（厥）田[10]。氒（厥）率曆（履）□，氒（厥）疆宋句[11]。

161

永拜頴（稽）首，對揚天子休命，永用乍（作）朕文考
乙白（伯）障盂。永其邁（萬）年孫孫子子永其達
（率）寶用。

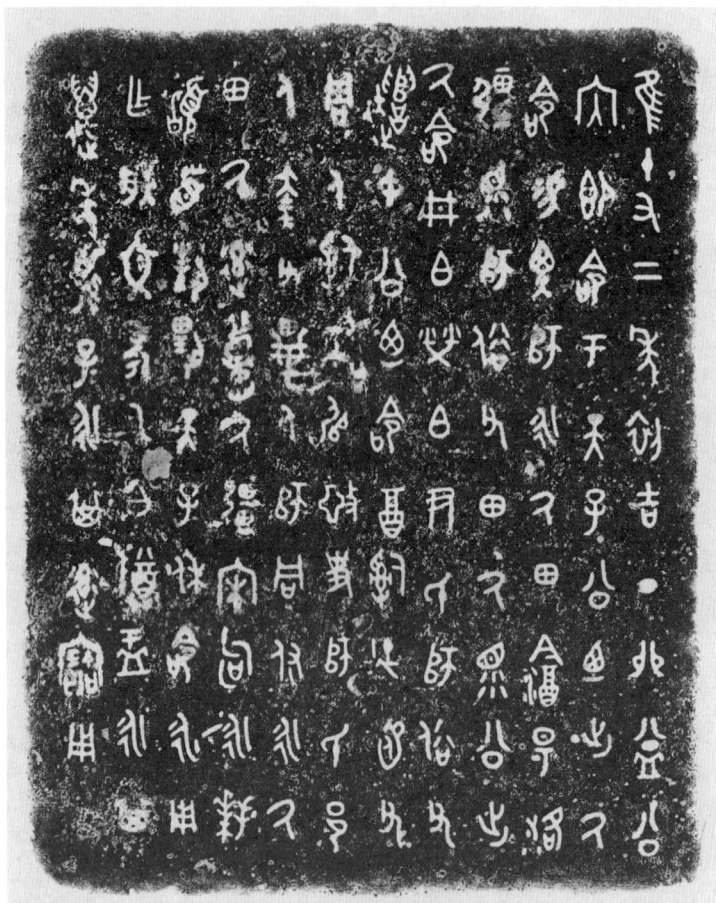

圖37　師永盂銘文

【注　解】

［１］此銘有年份、月相而無月份，當屬遺漏。據唐蘭考證此爲共王十二

年十一或十二月份。

[2] 即，就。即命，遵從王命，《易·訟》九四："不克訟，復即命渝。"
此銘謂接受天子對盂的任命。益公見於益公鐘、休盤、乖伯簋、王
臣簋、申簋蓋，爲共、懿時人，其身份可能是司徒。

[3] 公，益公。厥，其，指王。益公傳達和貫徹王命。

[4] 昊字作𰻞，象箭形，唐蘭説即《周禮·夏官·司弓矢》八矢之一的庫
矢。昊讀爲畀，予也，與賜同義。《爾雅·釋詁》："畀，予，賜也。"
易畀即賜予。潏郭沫若讀爲陰，陰陽洛爲地名，又見於敔簋，作
"隓陽洛"。

[5] 眔，及，至。賜予師永的田方位在陰陽洛，具體疆界則與師俗父田
接壤。師俗父即師俗，見師晨鼎，又稱伯俗父。

[6] 邢伯、榮伯、尹氏、師俗父、遣仲皆王朝卿士。邢伯見共懿時器豆
閉簋、師虎簋，榮伯見共王時器裘衛盂，尹氏見共王時器休盤，遣
仲見共王時器宇鼎。尹氏本西周時對史官之長的尊稱，不是具體的
人，所以西周晚期銘文中也有尹氏。

[7] 酉當是奠之省，讀爲鄭。函父是諸侯國鄭的司徒。

[8] 眉即展，同臀，用爲人名。此字又見史密簋，讀爲殿。師氏，官
名，見前戣簋注[3]。

[9] 師同又見師同鼎，是共懿孝時畢地人。畢，豐鎬附近地名，大約在
今陝西長安縣韋曲鎮西北。相傳文王、武王、周公旦都葬於畢。
《史記·周本紀》正義引《括地志》云："周文王墓在雍州萬年縣西
南二十八里畢原上也。"

[10] 函父、眉、叀史、師氏、奎父、師同等六人監理王賜田給師永的過
程。

[11] 付田時率領踏勘，定疆界者爲宋句。

【斷 代】

　　銘中出現的人物益公、邢伯是共懿時人，師同是共懿孝時人，
師虎、榮伯、遣仲是共王時人，綜合判斷，師永盂應爲共王時器。

38. 詢　簋

1959年陝西藍田縣城南寺坡村北溝道中出土，現藏陝西歷史博物館。器腹有銘文10行132字。

【著録】

《文物》1960年2期　白川《通釋》31·182　《集成》8·4321

【釋文】

王若曰："訇（詢）[1]！不（丕）顯文武受令（命），則乃且（祖）奠周邦[2]，今余令（命）女（汝）啻官嗣（司）邑人，先虎臣後庸[3]：西門尸（夷）、秦尸（夷）[4]、京尸（夷）、纂尸（夷）、師笭側新[5]、□華尸（夷）、由□尸（夷）、㽙人、成周走亞[6]、戍秦人、降人、服尸（夷）。易（賜）女（汝）玄衣、黹屯（純）、載市、冋、黄（珩、衡），戈琱戟歀（厚）必（柲）彤沙[7]，䜌（鑾）旂、攸（鋚）勒，用事。"訇（詢）䭫（稽）首，對揚天子休令（命），用乍（作）文祖乙白（伯）同姬障毁（簋）[8]。訇（詢）萬年子子孫孫永寶用。唯王十又七祀[9]，王才（在）射日宫[10]。旦，王各（格），益公入右訇（詢）[11]。

【注解】

［1］郭沫若説此簋與《薛氏》所録師訇簋爲同人之器。《薛氏》摹刻失

真，文字走形而已。郭氏云："旬者詢之古文，甲骨文旬字多見，均爲𠂤，金文旬字鈞字均同此作……旬之官當爲師，其父當爲師酉。金文有師酉毀（《大系》76～78）……所司職務大體相同。又

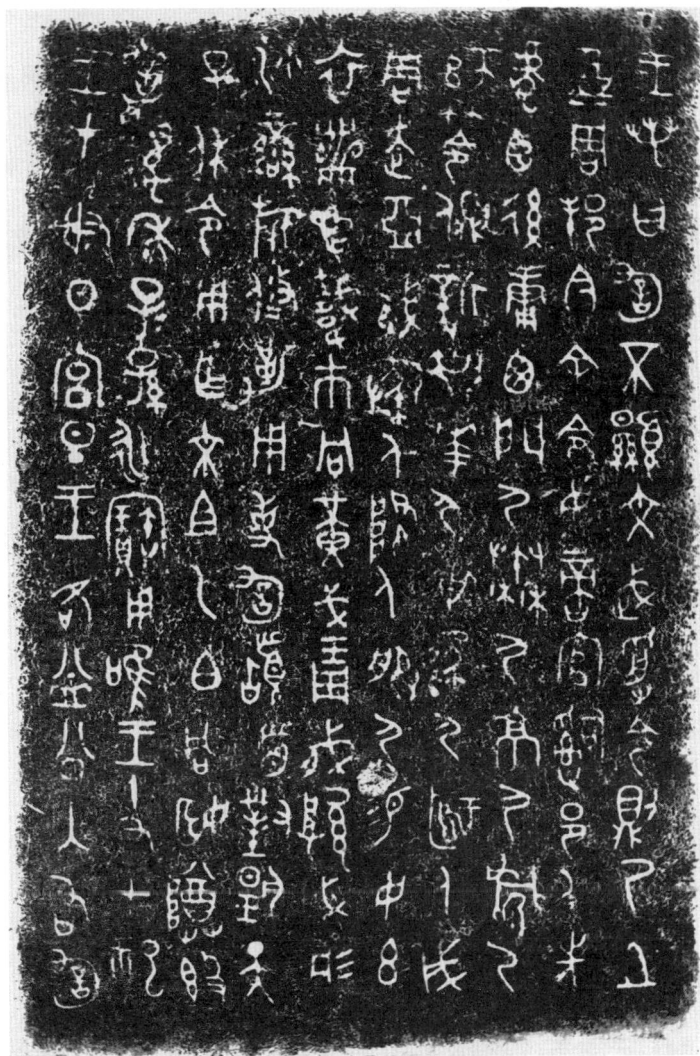

圖38　詢簋銘文

旬之祖爲乙伯，酉之父爲乙伯，則酉與旬蓋爲父子。古者世官，酉之職爲師（即師氏），則旬之職亦必爲師。故師旬與旬，是一非二。"

［２］則，效法。奠，定也。奠的字形爲器在 π 上，本義爲置，引申爲定。奠周邦，奠定周國。

［３］郭沫若云："'先虎臣后庸'猶大盂鼎'自馭至于庶人'。庸與傭通，即是奴隸。庸字統括'西門夷'以下直至'服夷'。"虎臣爲周王的侍衛官，參看虎簋蓋注釋［６］，身份稍高於傭。陳世輝則說"先虎臣"是作爲先鋒的虎臣，乃軍旅名。

［４］秦字不很清楚，師酉簋作雹，郭沫若隸作舂，誤，此實即秦字的較早寫法。近年甘肅禮縣出土，而爲上海博物館從海外搶救回國的秦公鼎三、四秦字作雹，秦公簋一、二作雹，師酉簋秦字中間也應爲臼，下則爲二禾，今所見乃前人摹刻之誤。拙著《秦文字集證》云："西周中期，秦先祖'造父爲穆王御'，爲王室所知，其後非子爲周孝王養馬，孝王封土爲附庸，邑之秦。但其時秦勢力弱小，周大臣皆以'秦夷'目之，不加重視。"

［５］師旮側新當爲庸僕之名，郭沫若說："'側新'殆是'鍘薪'，薪樵之類的賤役……秦代尚有'鬼薪'，乃刑餘之人可服賤役，蓋沿周製，而性質稍變。"

［６］成周走亞爲成周之走亞。走亞張亞初、劉雨以爲"應是武職"，"似是受控製的殷遺"，但具體職掌則不清楚。

［７］載應爲顏色之一種，但究爲何色，諸說不一。陳夢家《西周銅器斷代》說字從韋，戋聲，而戋從才聲，故其字是紂或緇字。《說文》："緇，帛黑色。"《金文編》云："同，《說文》以爲H之古文。孳乳爲綱。《禮記·玉藻》：'禪爲絅'。"按《玉藻》鄭玄注："有衣裳而無裡。"字亦作褧。"珊咸歕必彤沙"金文習見。珊，《說文》："治玉也。"引申爲雕刻。咸《金文編》隸作戋。郭沫若《戈珊咸歕必彤沙說》云咸當是戈之援，戈之最古者僅有援有內而無胡，有胡之戈皆周室東遷以後之物。"無胡之戈，其援橫出，恰類棘刺，則棘者宜爲援之古名，而於文則造從肉從戈之咸以當之也……是故'戈珊咸'者，依余說，乃戈援有花紋之戈，簡言之，則曰'珊戈。'"

歇從昌從欠，王臣簋"厚必彤沙"字作厚，文例相同，故新版《金文編》直接將歇隸作厚。《銘文選》說厚讀爲緱。《說文》："緱，刀劍緱也。"《史記·孟嘗君列傳》："馮先生甚貧，猶有一劍耳，又蒯緱。"《集解》："緱音侯，亦作候，謂把劍之物。"緱乃戈劍柄上所纏的絲繩，便於握緊施力。一說厚柲爲增厚、加固柲的部分，於義亦通。沙通綏（緌）。郭沫若曰："古人之戈兵，其內端有綏，而綏則紅色。旗綏多以旄牛尾，近人之槍矛旗幟亦往往如是，則戈兵之綏亦當以旄牛。其形婆娑然，故名之曰沙，更轉而爲綏爲緌爲蕤。《詩·大雅·韓奕》：'淑旂綏章。'"

[8] 郭沫若云："古者夫人無字，以夫之字爲字，'同'者同爲'乙'也。例如頌鼎'皇考龔叔，皇母龔姒'……母爲姬姓，則知旬必非姬姓。"容庚以爲同爲氏族名。

[9] 十又七祀爲共王十七年，而師酉簋作於共王元年。《銘文選》云："師酉卒於恭王十五年以前，詢因父喪至少三年後才能服官。"

[10] 射日宮，周宮名，所在不詳。

[11] 益公見師永盂注[2]。

【斷 代】

郭沫若定爲宣王時器。唐蘭1960年爲《青銅器圖釋》寫的序言定爲厲王時器，後《史徵》又改定爲共王。按唐氏後說是。益公爲共懿時人，郭說失之過晚。

39．智 鼎

據《積古》卷四，此鼎爲畢沅於清乾隆年間"得之於西安"。後毀於兵火。《銘文選》云："智鼎的出土地點雖未可確知，但亦當在周原的範圍之內。一九七六年，陝西扶風縣雲塘發掘一周墓，

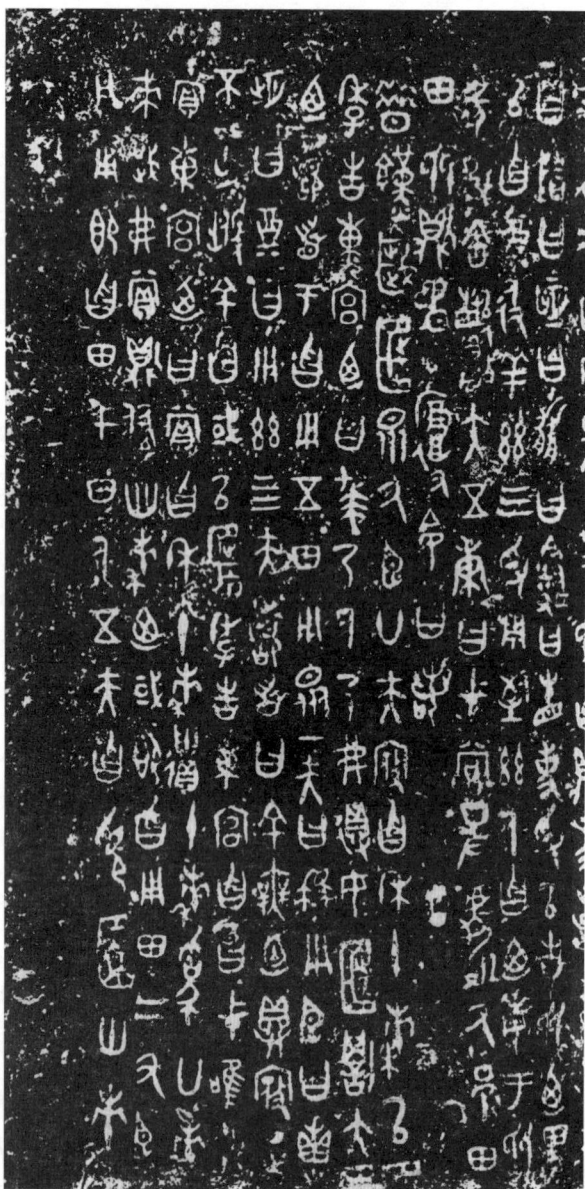

②

圖 39- ①② 智鼎銘文

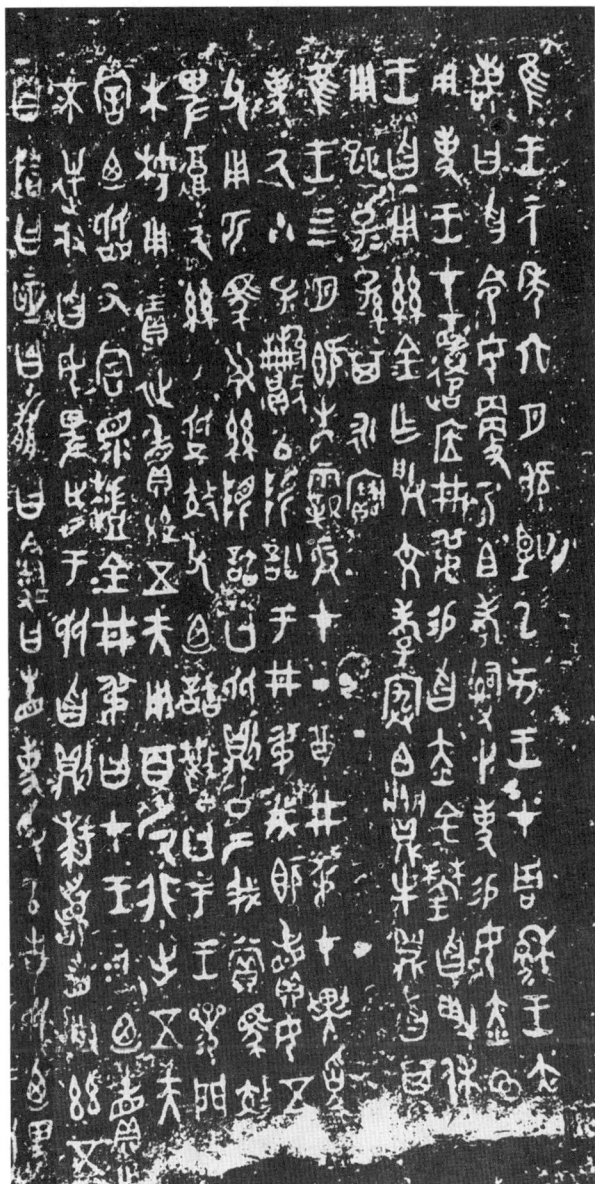

①

墓中發現曶尊、效爵、闕卣等一批不同器主的禮器。曶尊與本器同器主；效爵與效卣同器主。據曶鼎銘效當爲曶訴訟的被告效父，故曶鼎或當爲同一地區出土。"銘 24 行，存 384 字。拓片下緣已殘，每行缺 1 或 2 字。補齊當有 400 餘字。或作舀鼎。

【著錄】

《積古》4·35　　《全上古》13·5　　《大系》錄 83 考 96

白川《通釋》23·113　　《集成》5·2838

【釋文】

隹（唯）王元年六月既望乙亥[1]，王才（在）周穆王大〔室〕[2]，〔王〕若曰："曶[3]！令（命）女（汝）更乃且（祖）考嗣（司）卜事[4]。易（賜）女（汝）赤⊘〔市〕[5]、〔鑾〕，用事。"王才（在）遘应（居），井（邢）弔（叔）易（賜）曶赤金，鋝[6]。曶受〔休令（命）〕于王[7]。曶用絲（茲）金乍（作）朕文孝（考）弃白（伯）鼄牛鼎[8]。曶其萬〔年〕用祀，子子孫孫其永寶。隹（唯）王三（四）月既眚（生）霸[9]，辰才（在）丁酉。井（邢）弔（叔）才（在）異爲□[10]，〔曶〕吏（使）厤（厥）小子繲以限訟于井（邢）弔（叔）[11]："我既賣（贖）女（汝）五〔夫效〕父[12]，用匹馬束絲[13]。"限話（許）曰[14]："祇則卑（俾）我嘗（償）馬[15]，效〔父〕則卑（俾）遉（復）厤（厥）絲束奭[16]。"效父迺話（許），戲曰："于王參（三）門[17]，□□木杤[18]，用徵征（誕）賣（贖）絲（茲）五夫[19]，用百乎（鋝）。非出五夫則□旝[20]。迺豔又（有）旝罘鎋金[21]。"井（邢）弔（叔）曰："才（在）王廷迺賣（贖）

用〔續〕不逆[22]。付智，母（毋）卑（俾）弌于甌[23]。"智則拜頴（稽）首，受絲（兹）五〔夫〕[24]：曰陪、曰恒、曰棘、曰觺、曰眚，吏（使）孚（鋝）以告甌[25]，迺卑（俾）□，以智酉（酒）彶（及）羊[26]、絲（兹）三孚（鋝）用致（致）絲（兹）人[27]。智迺每（誨）于甌〔曰〕："女（汝）其舍鐅矢五秉[28]。"曰："必尚（當）卑（俾）處乓（厥）邑，田乓（厥）田[29]。"甌則卑（俾）□遝（復）令（命）曰[30]："若（諾）[31]！"昔饉歲[32]，匡衆乓（厥）臣廿（二十）夫[33]，寇智禾十秭[34]。以匡季告東宮[35]，東宮迺曰："求乃人，乃弗得，女（汝）匡罰大[36]。"匡乃頴（稽）首于智，用五田，用衆一夫曰𤔲（嗌），用臣曰疐、曰朏[37]、曰奠，曰："用絲（兹）四夫。"頴（稽）首曰："余無卣（攸）具寇[38]、足□，不□，顝余[39]。"智或（又）以匡季告東宮，智曰："必唯朕〔禾是〕賞[40]。"東宮迺曰："賞（償）智禾十秭，續（遺）十秭，爲廿（二十）秭[41]。□來歲弗賞，則賔（付）卌（四十）秭[42]。"迺或（又）即智用田二[43]，又臣〔一夫?〕，凡用即智田七田，人五夫。智覓（免）匡卅（三十）秭[44]。

【注 解】

[1] 下文提到穆王大室，則器時代必在穆王之後，董作賓、唐蘭定爲共王，容庚、陳夢家、《銘文選》定爲懿王，郭沫若定爲孝王。《銘文選》指出智與師望鼎之師望考皆爲弃（㝬），爲兄弟輩，師望活動在共王後期，智鼎爲元年器，宜爲懿王時器。其説或是。

[2] 周，地名。周王朝先都宗周（鎬京），後又建成周，二者都可簡稱周。此銘周有可能指宗周。

[3] 智，音 hū。《金文編》曰："《説文》从匚、智聲之匫，曾侯乙墓出

土漆器作㔬，是知㔬即㔱。”

[4] 卜，占卜。司卜事，管理占卜之事。《銘文選》説：“㔱初襲官，其職當是卜師之屬。《周禮·春官宗伯·序官》：‘大卜，下大夫二人。卜師，上士四人。卜人，中士八人，下士十有六人。’又《周禮·春官宗伯·卜師》‘卜師，掌開龜之四兆’。”

[5] 赤㔬市與縊（鑾）經常并賜。于省吾曰：“㔬爲雍之初文，赤雍市即赤緼市……赤猶朱也，雍謂黄也。赤黄色即《詩·斯干》箋所稱‘芾者，天子純朱，諸侯黄朱’之‘黄朱’也。”（《雙劍誃古文雜識·釋赤㔬市》）

[6] 遷，地名，所在不詳。井弔即邢叔，王朝大臣，又見㝬叔簋、免卣等，地位在㔱之上，故對㔱有所賞賜。赤金，紅銅。𨟻字不識，或隷作鈎，然字形有差距。林上古音侵部來紐，鈎真部見紐，聲、韻亦懸隔。

[7] 休命，美命，嘉命。

[8] 絲讀爲兹，指示代詞。𡘜《銘文選》説即師望鼎之㝬，伯梡簋之㝬，皆古之㝬字。㝏爲封邑名。𩰪，《玉篇》：“式羊切，煮也。亦作鬵。”字本作𩰪，于省吾謂字象祭祀時陳列肉類於几案之形，右上從刀，用以割肉。𩰪牛鼎是煮牛之鼎，是宗廟中專設的祭器。

[9] 眚讀爲生。辰，日辰，日子。此句僅記月而不記年，郭沫若説：“銘分三段，均非一時事，首段與次段尤不得在一年。以六月既望有乙亥，則同年四月不得有丁酉。或謂四月與六月之間有閏，然古曆均於年終置閏，春秋時猶然，此説殊不足信。余以爲次段乃第二年事，元年年終有閏，則翌年四月之既生霸即可以有丁酉。”

[10] 異，地名，所在不詳。后祖丁卣：“辛亥，王才（在）廙降令曰……”《説文》：“廙，行屋也。”異與廙有無關係，暫不能知。爲下所缺字《讀本》補爲“士”字，説士爲司法官，見於牧簋及趞鼎，從銘文看，邢叔主管訴訟事，但周金文中管獄訟者并非一定是士，故不補。

[11] 鞭下文又作歔，是㔱的家臣，代表㔱向邢叔起訴。限，人名，被告效父的家臣，銘中的被訴訟對象。

[12] 楊樹達云：“銘文云：‘我既賣女五□〔夫〕□〔效〕夫〈父〉，用

匹馬束絲，'賣字中从目，乃《說文》訓衒之賣字，其形與今隸買賣之賣相近，然買賣之賣从出从買，買字从网从貝，今隸於从网之字皆書作四，於是罒作買，賈作賣，而賣乃與此銘之賣字混淆無別矣。銘文賣字作贖字用，余疑即贖之初文也。"下文爲方便，統作"賣（贖）"。

[13] 束爲絲的重量單位，然其重量不可考。匹馬，一匹馬，束絲，一束絲，數詞一省略。用一匹馬一束絲贖買五個奴隸，可見奴隸的價格很低賤。

[14] 詐《金文編》以爲是許字，陳初生説："許字金文聲符午或加口作舌，麥盂'邘'作𨙕，午亦从口。"李學勤、楊樹達以爲此字讀音與御同，讀爲訴（溯），《讀本》从之。《銘文選》讀𧥣、迕。此暫从《金文編》。《說文》："許，聽也。"引申爲順從、應允。

[15] 氐字不識，人名，下文又作㪝、𢼸，李學勤以爲是冒的采地管理人。此句意爲：氐使我償還馬。

[16] 遝同復（復），回復，回報。此句意爲：效父却把那束絲退還給了氐。由以上兩句銘文看，可見議約未得到完全執行。

[17] 王，王宮。參門即三門，小盂鼎銘有"入三門，即立（位）中廷，北鄉（嚮）"之語。孫詒讓《古籀餘論》云："依宋劉敞及近代戴震、焦循説，天子亦止皋、應、路三門，則此三門或指皋門外言之。"《讀本》説"此處的'三門'在王宮外，爲上古進行交易的場所"。此句意謂歔在王宮三門外另訂議約。

[18] 枋字義不明。《讀本》説枋即方，木製的寫字板。《儀禮·聘禮》："三百名以上書于策，不及百名者書于方。"此指書寫有關交易法令的木版。

[19] 贖字見趞鼎注[8]。郭沫若説贖爲金屬貨幣名，贖百鋝約當馬一匹，絲一束。

[20] 旃字上部略殘，郭沫若隸作旃，説即大師虘豆"用旃多福"之旃，即祈字。《爾雅·釋詁》："祈，告也。"

[21] 又讀爲有，有告，猶言上告。愷，李學勤以爲从豈聲，讀爲覬（ji），意爲希冀、希圖。《讀本》云："以上兩句是歔又作的陳訴，叙述其與限這一方再次訂約的情況，意爲：雙方在王宮外的三門懸

挂着交易法令的木版下，用貨幣進行交易，於是買了這五個人，付出一百錢。如果不交出這五個人就要上告，於是瓡上告並希望索回贖金。”

[22] 廷字不很清楚，或隸作人。王廷，官府所在地，典籍或作王庭。《周易·夬》：“揚于王庭。”孔穎達疏：“王庭，是百官所在之處。”用下一字缺，依文義補。《釋名·釋言語》：“逆，不順也。”不逆，順，引申指合法。

[23] 弍字不清，郭沫若隸作式，同貳。《左傳·襄公二十四年》：“則諸侯貳。”杜預注：“貳，離也。”以上兩句是邢叔的判詞，意爲：在王庭用金贖人，是合法的，將五夫交給召，不使他們離開瓡。《銘文選》隸作成，講和。

[24] 受，接受。陪字右旁不清，郭沫若隸作陪。陪等五字即五夫之名。𣓀、𡥉二字音義未明。

[25] 告，報。引申爲交付，召將百鋝之金交予瓡，而瓡則交付五個奴隸給召，與上述判決相符。

[26] 卑下一字殘缺，或補爲鄉（饗），或疑爲人名。以，用也，李學勤以爲有給付之義。

[27] 致讀爲致，《說文》：“送詣也。”《銘文選》解釋此句大意，云：“以此三鋝用來酬送報金百鋝的使者。回報送者之禮，這應是當時的禮節。”孫常叙《召鼎銘文淺釋》釋三爲气，讀爲訖，意爲完成。《讀本》從之。不過气天亡簋作三，齊侯壺作三或三，與此銘仍有別。

[28] 秉，《說文》：“禾束也。”引申爲矢一束。一束矢的數目，衆說不一，或說百支，或說五十支，或說十二支。《周禮·大司寇》：“以兩造禁民訟，入束矢于朝，然後聽之。”鄭玄注：“必入矢者，取其直也。《詩》曰：‘其直如矢’。”《銘文選》云：“古代訴訟者先要向審理部門交矢一束，然後審訊。如果所告不實則沒收……據本器銘文，西周時敗訴的一方要向勝訴的一方交納矢五束。”

[29] 尚讀爲當，卑下省略賓語五夫，此句意爲：必定要使五夫住其原住的居邑，種原來的地。

[30] 卑後所缺一字當爲人名，復命，回報。

[31] 若讀爲諾，應答之聲。

[32] 昔，往昔。《銘文選》説："此必非懿王元年，乃是恭王時代。……
自此以下都是追記旨在恭王時代與匡季的一次訟事。"饉，饑荒。
《説文》："饉，蔬不孰爲饉。"《詩·小雅·雨無正》："降喪饑饉。"毛
傳："蔬不熟曰饉。"《墨子·七患》："一穀不收謂之饉。"

[33] 匡，氏名，即下文的匡季。衆，一種身份。郭沫若説衆指衆人，耕
作奴隸，于省吾以爲是從事農耕和征戰的自由民。衆的身份似比臣
高。

[34] 寇，搶劫。《尚書·費誓》："無敢寇攘。"鄭玄注："寇，劫取也。"
秭，音 zǐ，禾的計量單位。《説文》："秅，二秭爲秅……四百秉爲
秅。"秭相當於禾二百乘。禾十秭即二千秉。

[35] 匡季二字下有重文號。東宮或説爲太子所居之宮，後引申指太子。
《詩·衛風·碩人》："東宮之妹。"毛傳："東宮，齊太子也。"孔穎達
疏："正義曰太子居東宮，因以東宮表太子。"

[36] 求，覓，尋找。《禮記·檀弓》："瞿瞿如有求而弗得。"孔穎達疏：
"求，覓也。"第一個乃是第二人稱代詞，第二個乃是假設連詞，義
爲若、如。

[37] 用，給付，交出。𢑑，譚戒甫謂即《説文》嗌字籀文𦧩。𧲷，音
dì，𦙫，音 fěi。

[38] 卣讀爲攸。《説文》："卣，氣行皃……讀若攸。"攸，所也。《易·
坤》："君子有攸往，先迷後得主，利。"孔穎達疏："君子有攸往
者，以其柔順利貞，故君子利有所往。"具，《説文》："共置也。"
余無攸具寇：我無所（辦法）交出全部盜禾者。

[39] 足下一字殘失，孫常叙以爲當補禾字。不下一字《銘文選》隸作
出。𩍿，讀爲鞭刑之鞭。《國語·魯語上》："大刑用甲兵……薄刑用
鞭撲，以威民也。"韋昭注："鞭，官刑也。"

[40] 或讀爲又。《左傳·哀公元年》："今吳不如過，而越大于少康。或將
豐之，不亦難乎？"《史記·吳世家》作"又將寬之"。

[41] 楊樹達云遺爲加義。《詩·邶風·北門》："政事一埤遺我。"毛傳：
"遺，加也。"《左傳·成公十二年》："無亦唯是一矢以相加遺。"加
遺連文，遺亦加也。賞讀爲償，《説文》："還也。"償還十秭，再加
十秭爲二十秭。

[42] 來前一字殘缺，依文義，當爲表假定之詞。貸，同付，交付。

[43] 即，楊樹達《散氏盤跋》："即者，今言付與。"

[44] 覓，郭沫若讀爲免，謂智免除匡三十秭禾的賠償。《讀本》隸作頕，同抑，"此處意爲減免、扣除"。亦通。

40. 儳 匜

　　1975 年 2 月出土於陝西省岐山縣董家村西周銅器窖藏。現藏陝西歷史博物館。腹底及蓋有銘文兩段，可以連讀；器銘 6 行，蓋銘 7 行，共 157 字。李學勤稱訓匜。

【著 錄】

《文物》1976 年 5 期　　《銘文選》258　　《集成》16·10285

【釋 文】

　　隹（唯）三月既死霸甲申，王才（在）莽上宮[1]。白（伯）揚父迺成嬃[2]，曰："牧牛！叙乃可（苟）湛[3]，女（汝）敢以乃師訟[4]，女（汝）上卲先誓[5]。今女（汝）亦既又（有）卩（節）誓[6]，專、趞、嗇、親、儳宥[7]，亦茲五夫，亦既卩乃誓[8]，女（汝）亦既從讟從誓[9]。弋（式）可[10]，我義（宜）便（鞭）女（汝）千、黥劖女（汝）[11]。今我赦（赦）女（汝）。義（宜）便（鞭）女（汝）千、黥劖女（汝）[12]，今大赦（赦）

（以上器銘）

女（汝），便（鞭）女（汝）五百，罰女（汝）三百乎

圖 40- ①　儶匜銘文（器銘）

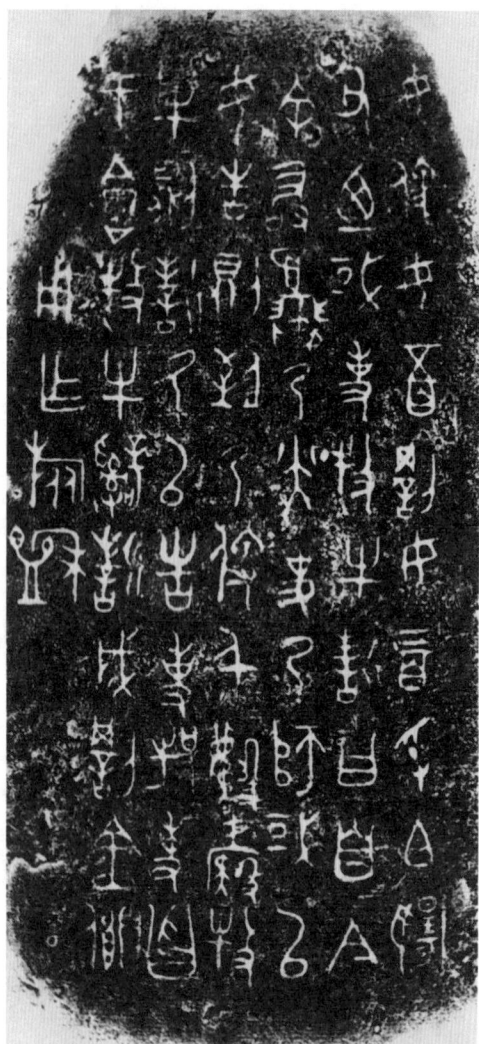

圖 40-② 儕匜銘文（蓋銘）

（鋝）。"白（伯）揚父迺或吏（使）牧牛誓曰："自今余敢憂（擾）乃尖（小大）史（事）[13]。" "乃師或以女（汝）告，則致（致）乃便（鞭）千、鬢鬢[14]。"牧牛則

誓。毕（厥）以告吏赵、吏智于會[15]。牧牛辭誓成，罰金[16]。儥用乍（作）旅盉[17]。

（以上蓋銘）

【注 解】

[1] 荞，荞京。上宫，《銘文選》説是宗廟的重屋。《孟子·盡心下》："孟子之滕，館於上宫。"趙岐注："上宫，樓也。"《説文》釋樓爲"重屋"，宗廟的太室之上建有重屋，《漢書·五行志》引左氏説曰："前堂曰太廟，中央曰太室屋，其上重屋，尊高者也。"

[2] 伯揚父，人名。《銘文選》以爲伯揚父"即揚簋之揚。揚簋銘中有單伯和史年。單伯初見於恭王三年衛盉銘。史年又稱内史年，見於懿王時代的王臣簋和孝王時代的諫簋和癲盨。故儥匜爲懿王時器。揚簋銘記王任命揚可訊訟，此匜銘記伯揚父訊儥和牧牛之訟正相吻和。"黄盛璋以爲伯揚父即《國語·周語》"幽王三年，西周三川皆震。伯陽父曰：'周將亡矣'"的伯陽父。但從器形上看，此匜似不會晚至幽王時期。唐蘭定爲西周晚期，云："伯揚父與《國語·周語》的伯陽父不知是否一人。但此器似較早，可能只是同名。"《銘文選》的説法較有道理。成是法律詞語。《周禮·方士》注："成，平也。"賚也是法律詞語，李學勤讀爲讞（澈）。今按从奴聲的字常可和从贊聲、獻聲的字相通。《列子·説符》："見而下壺餐以餔之。"張湛注："餐，音孫，水澆飯也。"即饡。《説文》："饡，以羹澆飯也。"《文選·文賦》："務嘈啐而妖冶。"李善注："《卑蒼》曰：'嘈啐，聲皃'。啐嘖及嘛同。"《説文》："澈，議睾也。與法同意。"《字匯》："澈，與讞同。按：此字有从言者，从水者。从言，以言議罪也；从水，議罪如水之平也，義各有取。"今通作讞。古時刑獄案件判決，即上報國君，以取得最後批準。《禮記·文王世子》："獄成，有司讞于公。"鄭玄注："讞者言白也。"白即上報，所以讞的本義接近於判決。唐蘭隸作剈，讀爲勁，但字明顯非剈，餐與勁二字聲、韻皆有距離，似不可取。

[3] 牧牛，李學勤説是職官名，即《周禮》養公牛的牛人，也有學者以

爲是人名。可讀爲苛，《周禮·春官·世婦》："大喪，比外内命婦女之朝莫哭不敬者，而苛罰之。"鄭玄注："苛，譴也。"湛讀爲甚。一説可讀爲荷，湛讀爲堪。

[4] 師，長官。《周禮·地官司徒·序官》："鄉師。"鄭玄注："師，長也。"以，與也。訟，《説文》："争也。"《周禮·地官·大司徒》："凡萬民之不服教而有獄訟者，與有地治者聽而斷之，其附于刑者歸于士。"鄭玄注："争罪曰獄，争財曰訟。"

[5] 上，以前。《吕氏春秋·安死》："自此以上者，亡國不可勝數。"高誘注："上猶前也。"㤈從卩，弋聲，讀爲忒（tè），《説文》："更也。"《讀本》解釋此句意爲：你以前改變了原來的誓言。

[6] 卩字原作⺈，李學勤釋卩，《説文》："卩，瑞信也。"卩誓即信誓。卩今通作節，《集韻》："節，信也。"或説此字應釋孚。上海博物館藏楚竹書《緇衣》引《詩·大雅·文王》"葛邦作孚"孚作⺈。孚亦訓信。

[7] 尃、趞、嗇、親、儥皆人名，即"五夫"，是出庭作證的一方。趞同徦，各，金文多用爲動詞，但此銘用爲人名。儥，音 ying。李學勤隸作倄，即俖，《説文》云古文以爲訓字。但段玉裁注以爲"訓與佚音部既相距甚遠，字形又不相似……訓當作揚。"則此説仍待進一步確認。宥郭沫若釋造，是法律名詞。《尚書·吕刑》："兩造具備，師聽五辭。"孔氏傳："兩，謂囚、證。造，至也。"囚或證人在審訊時出庭，特稱爲造。

[8] 此句意爲：(尃等五人出庭作證) 這五個人都以爲你的誓言是誠實可信的。既，盡。

[9] 謰，同辭，指獄訟的判决。

[10] 弋讀爲式，丁聲樹説式者勸令之詞，殆若今言應言當。

[11] 義讀爲宜。者汈鐘銘："車（惠）脊（逸）康樂，勿有不義。"《詩·大雅·蕩》："天不湎爾以酒，不義從式。"毛傳："義，宜也。"偞原作㥦，从人从古文鞭（㪑），象以手執鞭抽人，當爲鞭之早期形體，此用爲動詞。《周禮·秋官·條狼氏》："誓大夫曰敢不關，鞭五百。誓師曰三百。"黷黷二字字書所無，但字既从黑，應與古代的墨刑有關。黷从黑，殳聲，音 miè。黷从黑，殳聲。《説文》屋之古文作㧋，則殳當即典籍之剭，黷亦即黜字。《玉篇》："黜，刑名。或

作劇。"

[12] 黼字字書所無，字既從黑，當亦是墨刑之一種，但與戵戵似有區別。或說黼音 chī，《説文》："斁，刺也。"

[13] 或，又。燹，音 náo，通擾，擾亂。此句爲牧牛誓辭：從今後我豈敢以大小事來擾亂您。

[14] 《説文》："致，送詣也。"引申爲給予。

[15] 厥，句首助詞，無義。《史記·太史公自叙》："左丘失明，厥有《國語》。"虰，即兄字，《金文編》引高景成曰："兄、生同聲，古字恒增聲符。"智，李學勤説即見於孝王時器克鐘的士智，與智鼎之智不是一人。古代刑官多稱士，而吏智、吏虰亦爲刑獄官，故得參預聽斷訟獄和誓約之事。于，以。會，音 kuài，計簿，法律用語。《周禮·天官·小宰》："聽出入以要會。"鄭玄注："要會，謂計最之薄書，月計曰要，歲記曰會。"又《秋官·小司寇》："歲終，則令群士計獄弊訟，登中于天府……乃命其屬入會，乃致事。"鄭玄注："得其屬之計，乃令致之于王。"古代斷獄後要登入計簿，年終上報。

[16] 譶從口，與譶從言同，指判辭。

[17] 旅，陳列。《詩·小雅·賓之初筵》："籩豆有楚，殽核維旅。"毛傳："旅，陳也。"本銘自名爲盉，而器實際上是匜。這是因爲匜與盉皆水器，匜始出現於西周中期，是由盉發展演變而來，所以匜有時仍沿舊稱。

41．師詢簋

傳世器，今不存。銘 15 行 213 字，又稱訇簋、訇簋。

【著録】

《薛氏》4·14　《大系》録 132 考 139　《集成》8·4342

【釋文】

王若曰："師訇（詢）[1]，不（丕）顯文、武，□〔雁，膺?〕受天令（命）[2]。亦則□女（汝）乃聖且（祖）考[3]，克乎（乎，左?）右（佑）先王[4]，乍（作）毕（厥）乚犭〔肱股?〕[5]，用夾瞳（紹）毕（厥）辟，奠大令（命）。盨（盤）屌（龢）雩（于）政[6]。辪（肆）皇帝亡昊（斁）[7]，臨保我又（有）周[8]，雩（于）四方民，亡不康静[9]。"王曰： "師訇（詢），哀才（哉）[10]！今日天疾畏（威）降喪[11]。□ 德不克妻

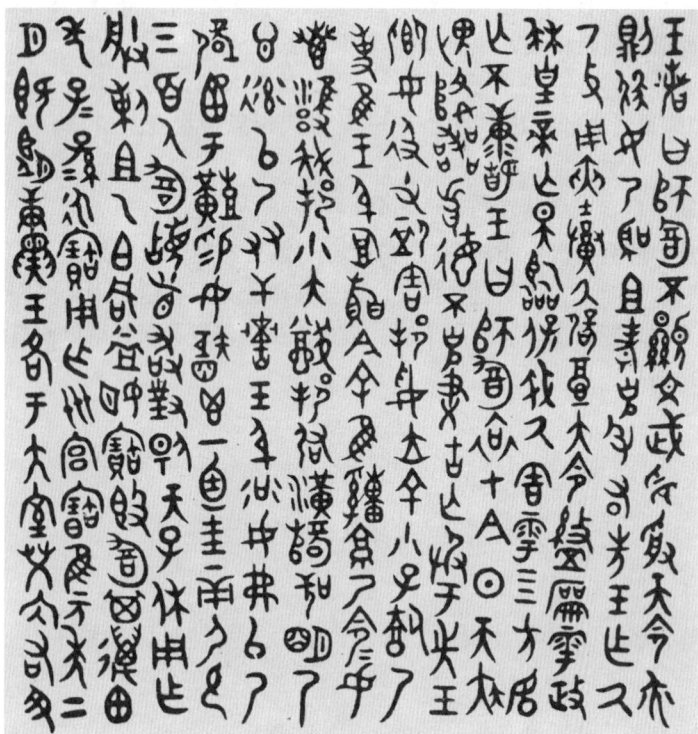

圖 41　師詢簋銘文

（乂）[12]，古（故）亡承于先王[13]。卿（嚮）女（汝）
彶父卹周邦[14]，妥立余小子龖（載）乃事[15]，隹（唯）
王身厚鯀[16]。今余隹（唯）龘（申）亰（就）乃令
（命）[17]，令女（汝）女（惠）龏（雍）我邦小大猷[18]，
邦弜潢斍[19]，敬明乃心[20]，徆（率）以乃友干（捍）
吾（敔）王身[21]，谷（欲）女（汝）弗以乃辟圅（陷）
于囏（艱）[22]。賜（賜）女（汝）雩乪一卣、圭鬲
（瓚）、夷厶三百人[23]。"詢（詢）頴首，敢對揚天子休，
用乍（作）朕剌（烈）且（祖）乙白（伯）同益姬寶
毀[24]。詢（詢）其徦（萬）甶（斯）年子子孫孫永寶，
用乍（作）州宮寶[25]。隹（唯）元年二月既望庚寅，王
各（格）于大室。焂内（入）右（佑）多〈詢?〉[26]。

【注 解】

[１] 師詢與詢爲一人，參看前詢簋注[1]。

[２] □字作𤔔，唐蘭隸作𤔦，郭沫若隸作孚，《薛氏》隸作雁（雁），從
　　字形上看，以後者爲近是。雁字作𤼣（雁公鼎）、𤼣（雁叔鼎），簋
　　爲摹本，不很準確。"雁（膺）受天命"金文習見。

[３] 女前一字《薛氏》隸作於，與女合讀爲"於女（汝）"，然金文介詞
　　率作于，不作於。郭沫若隸作殷，又改隸女爲民，說"'亦則殷民'
　　亦字讀爲奕，大也，則字蓋讀爲惻……'亦惻殷民'者，猶言'視
　　民如傷'。"可爲一說，但也沒有更積極的證據。疑此字爲隹或唯之
　　誤摹。師克盨"則唯乃先祖考有助于周邦"，句例相似。

[４] 右前一字或隸作尃，讀爲輔。"左右"，輔助。《詩·商頌·長發》：
　　"實維阿衡，實左右商王。"

[５] 𦥑下二字摹作厶攴，郭沫若云："'厶攴'二字舊未釋，今以字形及
　　文義推之，知當如是。厶作𠃌者乃反書，古文此例至多，不足異。
　　厶即肱之初字，見《說文》，攴乃股省。《左傳·僖二十六年》'昔周

公、大公股肱周室，夾輔成王'，語例相近。"

[6] 奠，定。大令，王命。"盤屚"即鼇穌之誤摹，"鼇（庚）穌（和）于政"見史墻盤注釋[2]。

[7] 皇帝，對上帝的尊稱。《詩·大雅·皇矣》："皇矣上帝。"毛傳："皇，大。"亡昊、無斁，不懈。毛公鼎："肆皇天亡罜，臨保我有周。"句例同，皇帝即皇天。

[8] 臨，《說文》："監視也。"臨保，臨視保護。又原誤摹爲乓（尺）。又，有。有周即周。

[9] 康靜，安靜，安寧。《國語·吳語》："昔周室逢天之降禍，遭民之不祥，余心豈忘憂恤，不唯下土之不康靖。"康靖與康靜義近。

[10] 哀，悲哀。才文獻作哉，嘆詞。禹鼎："烏虖（嗚呼）哀哉！"

[11] 楊樹達說日爲旻之誤摹，毛公鼎作敗。疾象人中矢狀，即疾字，讀爲急。畏讀爲威。《詩·大雅·召旻》："旻天疾威，天篤降喪。"鄭玄箋："疾猶急也。"降喪，降喪亂、災禍。

[12] □字《薛氏》隸作首，今人多從之。郭沫若說首爲元首，首德即君德，然典籍乏證。妻《金文編》以爲"義與乂同"，即治理。郭沫若隸作規，正也。此句既有誤字，義不盡可知。

[13] 所以不能繼承先王的基業，此乃王之謙語。

[14] 嚮，時間狀語，從前。伋即及，連詞，和。父字形摹寫亦小誤，郭沫若隸作屯，義爲大；郭氏又讀伋爲汲，似牽強。岬，《說文》："憂也。"此句王稱贊詢及其父能憂勞周國。

[15] 妥讀爲綏（suí），《爾雅·釋詁》："安止也。"余小子，王之謙稱。飄典籍通作載。《荀子·榮辱》："使人載其事而各得其宜。"楊倞注："載，行也，任之也。"師詢及其父憂念周國，安立周王，行其事，看來地位極高。

[16] 厚下一字不識。郭沫若疑爲旨之繁文，訓美。

[17] 申就，重申，參看虎簋蓋注釋[17]。

[18] 《銘文選》說叀叡讀爲惠雍，即惠和之意。《國語·周語》："國之將興，其君齊明、衷正、精潔、惠和。"又《左傳·昭公四年》："紂作淫虐，文王惠和，殷是以隕，周是以興，夫豈爭諸侯？"猷疑讀爲酋，馬王堆帛書《老子》乙本："天之道其酋張弓與？"今本《老

子》作猶。酋，部落首領。師袁簋："即贁（殘）毆（厥）邦酋（酋），曰冬……"可見邦有酋，且有多人。一說猷爲謀策。

[19] 邦下一字不識。《銘文選》隸作弘，讀爲有。潢，深大。《楚辭·九嘆·逢紛》："揚流波之潢潢兮。"王逸注："潢潢，大貌。"辟即乂，治也。銘之大意是說：周邦得到大治。

[20] 明，顯明、彰明。

[21] 率，率領。干吾讀爲捍敵，典籍作捍禦，義爲守禦、保衛。《列子·揚朱》："人者，爪牙不足以供守衛，肌膚不足以自捍禦。"

[22] 谷讀爲欲。函讀爲陷。艱，《說文》囏之籀文。《詩·王風·中谷有蓷》："嘅其嘆矣，遇人之艱難矣。"毛傳："艱亦難也。"

[23] 尸（夷）下一字舊釋邑，非是。《銘文選》以爲是奴隸身份的專名，字或摹寫有誤。張亞初隸作允，讀爲訊。

[24] 師詢之烈祖爲乙伯，其配爲同益姬，與詢簋同。參看詢簋注釋[8]。

[25] 州宮，宮名。

[26] 夂疑爲旬之誤摹。

【斷 代】

郭沫若定爲宣王時器，主要根據是"本銘與毛公鼎銘如出一人手筆，文中時代背景亦大率相同。"唐蘭定爲孝王，云："剌且乙伯同益姬與師酉簋文考乙伯冏姬、詢簋文且乙伯同姬有關，詢簋爲共王十七年，此最遲爲孝王元年。"《斷代工程》簡本定爲共王元年（前922年）。《銘文選》定爲懿王時，云："元年師酉簋爲恭王時器，詢爲師酉之子，十七年詢簋有益公，而七年牧簋是懿王紀年，銘中已稱益公爲文考益伯，故十七年詢簋應是恭王時器。此銘紀年爲元年二月，自應爲懿王紀年。"此暫取懿王說。

42．逆　鐘

1975 年陝西省永壽縣店頭鄉好時河出土，共 4 枚。現藏咸陽市文物考古研究所。銘文在鉦部，每鐘 3 行，共 12 行 85 字。

【著　錄】
《考古與文物》1981 年 1 期　　《集成》1·60～63

【釋　文】
隹（唯）王元年三月既生霸庚申[1]，弔（叔）氏才（在）大廟[2]。弔（叔）氏令（命）史盍召逆[3]，弔（叔）氏若曰[4]："逆，乃且（祖）考□（許?）政于公室[5]，今余易（賜）女（汝）盾五錫[6]、戈彤墨（緌），用歸于公室[7]。僕庸、臣妾，小子室家[8]，母（毋）有不聞（聞）智（知）[9]。敬乃夙夜，用筭（屏）朕身[10]，勿夓（廢）朕命[11]，母（毋）豕（墜）乃政[12]。"逆敢拜手頜（稽）[13]。

【注　解】
[1]《銘文選》定此爲孝王時器，云："西周孝王元年三月既生霸庚申日，據《年表》，孝王元年爲公元前 924 年，三月甲寅朔，七日得庚申，先天一日。"《銘文選》的編者主張四分月相說，謂既生霸爲八、九日至十四、十五日，故有"先天一日"的說法。《斷代工程》簡本表八《西周金文曆譜》置逆鐘於屬王元年，前 877 年，云："三月庚戌朔，庚申十一日。"以上二說差距很大，但皆難視爲定論。西周中期懿、孝、夷三王在位年數眾說紛紜（參看《西周諸王

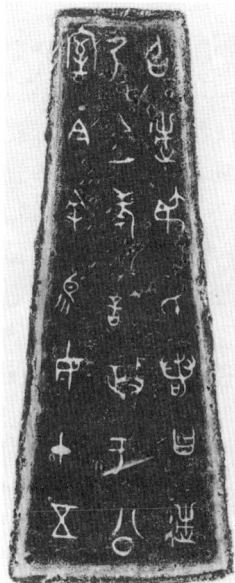

②

①

④

③

圖 42 - ① ~ ④
逆鐘銘文

年代研究》），短期内也難有定論。《斷代研究》列逆鐘爲Ⅳ型1式鐘，形製爲“粗陽綫界格鐘……爲西周中期後段器，約當孝夷前後。”此暫从《銘文選》置於孝王時，但具體年份則不能定。

[2] 拙文《逆鐘銘文箋釋》云：“金文之稱叔者，如長安縣普渡村的叔作旅鼎……文獻之稱叔者，更是屢見不鮮。如周初武王弟管叔、蔡叔、霍叔、衛叔等皆稱叔。《禮記·曲禮下》：‘天子同姓謂之叔父；異姓謂之叔舅。’《左傳·僖公二十八年》也提到周天子稱晉文公重耳爲叔父。本篇中的叔氏可以命史臣召逆，且進行重大賞賜，很可能是周王的同姓卿士，握有很大權力。”大廟，始祖廟。《禮記·祭統》：“君致齊於外，夫人致齊於內，然後會於大廟。”鄭玄注：“大廟，始祖廟也。”

[3] 盍字原作𥁋，而寅字郰孝子鼎作𡩜，此字上所从正寅字之倒書。此字又見格伯簋，《金文編》入於附錄，郭沫若云：“盍字亦見陳肪殷及因𦥑鐸，彼二器用爲虔敬義，此用爲垠限義。”召，召見。

[4] 若曰，參大盂鼎注[2]，此銘當是史官盍轉述其君叔氏的話。

[5] □字右旁已殘，但左旁爲言，右旁上部殘畫與午字近，有可能爲許字。公室指諸侯宗室。蔡簋：“先王既令（命）女（汝）𠂤（作）宰，嗣王家。”天子稱王家，諸公如周公、召公之家自可稱公室。逆之先祖及父輩曾長期在叔氏公室從政，也足見逆的家族地位非同一般。

[6] 𠂤字或釋十，或釋甲，或釋干，皆不確。西周早期金文盾字作𠂤、中、卥等，與此字接近。𢼸簋盾字作𣪠，从𠂤，豚聲。錫指盾背裝飾。《禮記·郊特性》：“朱干設錫。”鄭玄注：“干，盾也；錫，傅其背如龜也。”孔穎達疏：“謂用金琢傅其盾背。盾背外高，故云如龜也。”

[7] 𩰋字金文習見，《金文編》收入附錄。此字從宋代以來，皆不得其解，前人或釋繼、駿、并、共、糒、攝，在文句中多扞格難通。高鴻縉釋兼，云：“今字既从手執同形之二物，而以井爲聲，疑是兼字之初字。兼字从又持二禾，始見於秦權，殆是後起。”其說較有理致。從金文文例看，𩰋經常同司連用，且多爲幾種職務，如番生簋：“王命𩰋司公族卿士大史寮。”用，因此。此句意爲讓逆在叔氏公室兼任職務。《銘文選》“公室”與“僕庸臣妾小子室家”連讀，

說爲逆主司的對象，亦通。

［8］僕，奴僕。庸，奴隸。《楚辭·懷沙》：“固庸態也。”王逸注以爲庸是“厮賤之人。”《說文》：“妾，有辠女子給事之得接於君者……《春秋傳》云：‘女爲人妾。’”即女奴隸。《尚書·費誓》：“臣妾逋逃。”孔氏傳：“役人賤者，男曰臣，女曰妾。”僕、庸、臣、妾皆家内奴隸。小子，逆之謙稱。室家，家族，或泛指家中之人。《楚辭·大招》：“室家盈庭，爵禄盛只。”

［9］此及上句乃叔氏告誡逆牢記對他的任命，即使逆的臣妾、僕庸，亦當慎記勿忘。

［10］甹讀爲屏，保衛。叔氏給逆的賞賜物有盾、戈等兵器，則逆的職務當是武臣，故保衛王身安全是其重要職責。

［11］灋，《說文》：“刑也。平之如水，从水。廌所以觸不直者去之，从去。法，今文省。”灋爲法之篆文，讀爲廢。《管子·侈靡》：“利不可法，故民流；神不可法，故事之。”郭沫若集校：“金文以法爲廢字，此兩字均當讀爲廢。”

［12］彖讀爲墜，喪失，違背。毛公鼎：“女（汝）母（毋）敢彖。”此句乃叔氏告誡逆不要玩忽職守，耽誤政務。

［13］𩒨字下有筆畫似山字，疑爲首字（）之上部殘畫。此銘未完，估計後邊尚有1或2枚鐘。

43．五年琱生簋

傳世器，《攈古》云：“見洛陽市中，後歸山西馬氏。”現藏美國耶魯大學博物館。内底有銘文11行104字。又名召伯虎簋、五年召伯虎簋。

【著 録】

《攈古》三之二·25　《大系》録133考142　《集録》

A250R419　　白川《通釋》33•841　　《集成》8•4292

【釋文】

　　隹（唯）五年正月己丑[1]，琱（周）生（甥）又（有）事[2]，𥃻（召）來合事[3]。余獻婦（婦）氏以壺[4]。告曰："以君氏令曰[5]：'余老，止公僕庸土田多諌（刺）[6]，弋（式）白（伯）氏從（縱）許[7]，公宕其參（叄），女（汝）則宕其貳；公宕其貳，女（汝）則宕其一[8]。'"余眔（惠）于君氏大章（璋）[9]，報婦（婦）氏帛束、璜[10]。𥃻（召）白（伯）虎曰："余既訊，厌

圖43　五年琱生簋銘文

我考我母令[11]，余弗敢亂（亂）[12]，余或（又）至
（致）我考我母令。"珊生則菫（覲）圭[13]。

【注 解】

[1] 此五年究竟是何王紀年，學者意見不一。郭沫若稱召伯虎簋，定爲
宣王時，云："召伯虎即《大雅·江漢》之召虎，珊生即師詨簋之宰
珊生，宣王時大宰也。"《銘文選》置於孝王五年，云："孝王五年
爲公元前九二〇年，正月辛卯朔，己丑先天二日。傳世珊生簋尚有
六年器，銘四月甲子，合於孝王六年四月十三日，此兩器内容有聯
係，故此器之五年應是孝王紀年。"孝王五年究爲何年，無法確定，
但説五年、六年二器内容有聯係，似可信。《斷代研究》云："……
從器形和紋飾考察，它們不能晚至宣王時期，從雙耳的鳥頭造型，
分解的獸面及銘文涉的内容而論，宜定爲西周中期器。"此暫取
西周中期説，列於孝王時，師詨簋或定爲夷王十一年器。

[2] 珊生又作周生，見周生豆一（《三代》10·47·4）、周生豆二（《文
物》1980 年 9 期），六年簋稱"珊生奉揚朕宗君其休，用乍（作）
朕剌（烈）且（祖）召公嘗簋"，則爲召公之後。生，張亞初讀甥，
珊生母爲珊族之女，圅皇父鼎有珊妘，可見珊氏爲妘姓。有事，據
下文爲土田獄訟之事。

[3] 召，即下文召伯虎之省稱。合，會也。合事，商議事。召伯虎，召
公後裔，父爲幽伯，母爲幽姜，珊生之父爲宽仲，爲次子，或爲幽
伯之弟。珊生乃支族，奉幽伯爲宗君。

[4] 余，珊生自稱。婦氏，林澐説指召伯虎之母幽姜，因她是召族的宗
婦。

[5] 君氏，自孫詒讓以下多數學者以爲指王后。《春秋經·隱公二年》：
"夏四月辛卯，君氏卒。"孔穎達疏："君氏者，隱公之母聲子也。
謂之君氏者，言是君之母氏也。"林澐則以爲君氏乃召伯虎之父幽
伯，因他是召族的宗君。林氏云："第一，現在有的同志總以爲
'君'是婦女專用的尊稱，這是不對的……試看伯克壺銘（《博古
圖》6·33）把佰太師稱爲'天君'，幾父壺銘（《扶風齊家村銅器

群》）把同仲稱爲‘皇君’……都可證明‘君’這一尊稱決非專用
於女姓……第二，我認爲君氏是宗君的變稱，婦氏是宗婦的變稱，
并非只根據金文中作册尹可變稱尹氏，齊侯可變稱侯氏，而且有銘
文本身内在的證據。統觀全銘，琱生獻壺於婦氏，所求者‘以君氏
命’也，召伯虎所奉行者‘我考我母命’也。可見琱生之事雖由
召伯虎處理，但起決定作用的則是琱生所説的‘君氏命’，亦即召
伯虎所説的‘我考我母命’。所以事成之後，琱生所奉揚的對他有
好處的‘朕宗君’，應該是召伯虎之父，而不是召伯虎……”其説
甚是。“以君氏命曰”乃“琱生通過宗婦幽姜而請求由宗君幽伯出
面説話。‘命曰’以下，是琱生爲幽伯所預擬的命辭内容”。

[6] 老，年老。止公，舊多釋爲人名，郭沫若以爲是君氏之父，然扞格
難通。林澐説：“止公爲誰？無法肯定。然必與琱生有極密切關
係。”《銘文選》解止爲“殺減”，公爲公氏。斯維至説：“止與致
通，致公即告老，致還附庸土田於公家也……《左傳》昭公十年記
載‘（齊）陳鮑分欒高之室。’晏子對桓子説：‘必致諸公。’‘桓子
盡致諸公，而請老于莒。’事與此同。”斯説較有理致。僕庸土田即
《詩·魯頌·閟宫》之“土田附庸”，《左傳·定公四年》之“土田陪
敦”，僕、附、陪音近通用，敦爲庸（章）之形訛。逆鐘“僕庸臣
妾”連用，則僕庸是一種身份。斯維至説：“我國古代的附庸，雖
然也是被征服的人民，但是，如前所説，他們依然保留着自己的共
同體，因而仍有自己的氏族或宗族組織，以祭祀其先祖，并且有土
地（井田製），所以他們絕對不是奴隸。”諫，音 cì，《説文》：“數
諫也。”段玉裁注：“謂數其失而諫之，凡譏刺字當用此。”《廣雅·
釋詁》：“諫，怨也。”王念孫疏證：“諫，通作刺。《論語·陽貨》：
‘詩可以怨。’《邶風·擊鼓》《正義》引鄭注云：‘怨謂刺上政。’《漢
書·禮樂志》云：‘“怨刺之詩起’。是怨與譏刺同意。”史墻盤：“害
犀（舒遲）文考乙公，遽趯（竟爽）得屯（純）無諫。”無諫既無
過失，無怨責。此句意謂我要告老，致還附庸土田給公家，因土田
附庸多，以往衆多怨刺。

[7] 弋讀爲式，助詞。丁聲樹云：“式者勸令之詞。”伯氏，琱生對召伯
虎的敬稱。從讀爲縱，《説文》：“緩也。一曰舍也。”此句是琱生希

望召伯虎從寬處理。

[8] 公，公家。《詩·豳風·七月》：“言私其豵，獻豜于公。”宕，音
　　　dàng，《說文》：“過也。一曰洞屋。从宀碭省聲。”林義光《文源》：
　　　“石爲碭省不顯。洞屋，石洞如屋者。从石、宀。洞屋多前後穿通，
　　　故引申爲過。”斯維至説宕有拓伐、拓取之義。此句意義不很明白，
　　　推測大意應是説：周天子當初賜附庸土田給琱生時，約定公家拓取
　　　三分，你（琱生）就可以拓取二分；公家拓取二分，你就可以拓取
　　　一分。琱生説這些話，實際上是自辯，説他并没有侵奪公家利益。

[9] 《銘文選》云：“壽，惠，从雙手，他動詞，奉惠之意。”林澐説：
　　　“幽伯、幽姜一定滿足了琱生的請求，所以琱生又進一步用財帛酬
　　　謝他們。”

[10] 報，報酬，與上文惠義近。《詩·王風·木瓜》：“投我以木瓜，報之
　　　以瓊琚，匪報也，永以爲好也。”帛，絲織品。璜，《說文》：“半璧
　　　也。”

[11] 余，召伯虎自稱。訊，《說文》：“問也。”即訊問。《左傳·昭公二十
　　　一年》：“使子皮承宜僚以劍而訊之，宜僚盡以告。”此處訊問的對
　　　象是召伯虎的父母幽伯、幽姜，而不是琱生。厎字字書所無，意義
　　　也不清楚。林澐説：“厎原篆作𠂤、𠂤，疑爲从𠂤聲之形聲字。金文
　　　中‘亡𠂤’亦作‘亡𠂤’（如訇簋），即典籍之‘亡斁’。斁典籍多訓
　　　厭，厭有伏義，亦有順從之義。故‘厎我考我母命’可暫釋爲：
　　　‘服從我父母親之命’。”

[12] 亂，讀爲亂，背叛，違抗。《左傳·文公七年》：“兵作于内爲亂。”
　　　以上兩句召伯虎説：“我已經問過了，順從我父母的命令，不敢違
　　　抗。”召伯虎因父母接受了琱生送的禮物壺、大璋、束帛、璜，故
　　　對琱生徇私庇護。

[13] 琱生送覲見之圭給召伯虎。

44．六年琱生簋

傳世器。現藏國家博物館。內底有銘文 11 行 104 字。又名召伯虎簋、六年召伯虎簋。

【著録】

《積古》6·17　《大系》録 135 考 144　白川《通釋》33·860
《集成》8·4293

【釋文】

隹（唯）六年四月甲子[1]，王在荓。豳（召）伯虎告曰："余告慶[2]，曰：公臤（厥）稟貝[3]，用獄諫（剌）爲伯[4]，又（有）祇又（有）成[5]，亦我考幽白（伯）、幽姜令（命）[6]。余告慶，余以邑嚻（訊）有嗣（司）[7]，余典勿敢封[8]。今余既嚻（訊），有嗣曰：厥命[9]！今余既一名典，獻白（伯）氏[10]，則報璧[11]。"琱生奉揚朕宗君其休[12]。用乍（作）朕剌（烈）且（祖）豳（召）公嘗毁[13]，其萬年子孫寶用，享于宗。

【注解】

［1］五年、六年二器形製、花紋、大小完全相同，銘文亦皆 10 字一行，孫詒讓以爲其"情事似相牽連"。郭沫若曾指出，兩器銘文年月干支互相銜接。林澐更詳加論述，證明兩器銘文應連讀。此六年暫定爲孝王六年，至其公曆紀年，則不能肯定。

［2］召伯虎所告者，應爲琱生。慶，《説文》："行賀人也。"即喜慶。

圖 44 六年琱生簋銘文

《國語·周語中》：“晉既克楚于鄢，使郤至告慶于周。”楊樹達曰：
“召伯虎告曰，按自此句至則報璧句止，皆召伯虎告辭也。此告辭
分爲兩節，每一節之首皆有‘余告慶’一句冠之……”但楊先生以
慶爲人名則不可取。

[3] 稟，《廣雅·釋詁》：“予也。”王念孫疏證：“各本予下皆無與字，此
因予、與二字同聲，故傳寫脱去與字耳。”即賜與、給與。林澐説
稟在此訓爲給納，云：“《周禮·大司寇》：‘以兩造禁民訟，入束矢
于朝，然後聽之。以兩造禁民獄，入鈞金三日乃致于朝，然後聽
之。’本銘之‘稟（引者按稟爲稟俗字，今則成爲正體）貝’蓋相

195

當于'入束矢'或'入鈞金',爲獄訟之手續。"

[4] 獄刺即上銘"僕庸土田多刺"。伯殆指琱生,林澐説:"蓋琱生若爲
冕仲之長子,自然可以被召伯虎稱爲伯。"

[5] 祇又見於史墻盤。魏三體石經"祇若此",祇字作𥙊,與此銘形近。
祇讀爲祇,《正字通》:"祇,與祇通。"《廣韻》:"祇,安也。"成,
《説文》:"就也。"引申爲成功、完成。有祇有成,是説訴訟有了結
果。《詩·小雅·黍苗》:"召伯有成,王心則寧。"

[6] "我考幽伯、幽姜命"即上銘之"我考我母命"。幽姜乃幽伯之妻,
妻隨夫爲稱也。

[7] 邑,林澐説即上銘之"僕庸土田"。"當時土田或以'田'計(如格
伯簋),或以'邑'計(如𤔲从盨)。"此句意爲:我要就僕庸土田
事訊問有關官員。

[8] 典,登録、記載。格伯簋:"鑄保(寶)盨,用典格伯田。"善夫克
殷:"王令尹氏友趞典善夫克田人。"林澐説古代的約劑,或記於宗
彝。《周禮·司約》:"凡大約劑書于宗彝,小約劑書于丹圖。"又
《大史》:"凡邦國都鄙及萬民之有約劑者藏焉,以貳六官……若約
劑亂則辟法,不信者刑之。"又《司盟》:"民之有約劑者,貳在司
盟。"林氏云:"古代以土田訟者,以立約劑爲裁決手段。立約劑稱
'典'(動詞),所立之約劑也稱'典'(名詞)。而約劑又有副本封
於官府,以防作僞。召伯在這裏是説:……我雖有記録土田的文
書,(因未有定論)不敢封存於官府。"

[9] 厎命即順命,順從幽伯、幽姜之命,參上銘注[11]。

[10] 楊樹達云:"一,皆也,盡也。"《廣雅·釋詁》:"名,成也。"今余
既一名典:現在我已全都登録成爲文書。獻伯氏:奉送給琱生。

[11] 報璧,琱生以璧回報召伯虎。

[12] 宗君猶宗長,宗族之首領,當指幽伯。

[13] 召公即召公奭。琱生與召伯虎同宗,故作器遠祀召公。嘗,祭祀
名。陳侯因㧑敦:"以䜋(烝)以嘗。"《詩·小雅·天保》:"禴祠烝
嘗。"毛傳:"宗廟之祭……秋曰嘗。"

45．史密簋

1986 年出土於陝西省安康市東王家墒，後流落民間，1988 年安康地區公安局查獲。內底銘 9 行 93 字。

【著　録】

《考古與文物》1989 年 3 期　　《文物》1989 年 7 期

【釋　文】

隹（唯）十又一月[1]，王令（命）師俗、史密曰[2]："東征[3]。"敆南尸（夷）盧、虎會杞尸（夷）、舟（州）尸（夷），雚（灌）不折（恕）[4]，廣伐東或（國）[5]，齊𠂤（師）、族土（徒）、述（遂）人[6]，乃執鄙（鄙）寬亞[7]。師俗逨（率）齊𠂤（師）、述（遂）人左[8]，□〔周?〕伐長必[9]；史密右，逨（率）族人、釐（萊）白（伯）、僰眉（殿）[10]，周伐長必，隻（獲）百人。對揚天子休，用乍（作）朕文考乙白（伯）障毁，子子孫孫其永寶用。

【注　解】

[１] 十一月或釋十二月。吳鎮烽說："二月二字係借筆合文……西周金文中此類合文很多，麥鼎、乖伯簋的二月均與此同……這些合文中的百、月、匹、朋等字的首筆均作一橫，和數字的末一筆互相借用。"不過從拓本看不出月（𝅘）上是一橫。此僅紀月，而不紀年。至其年代，張懋鎔斷在宣王時，主要從形製、紋飾、字體、內容與

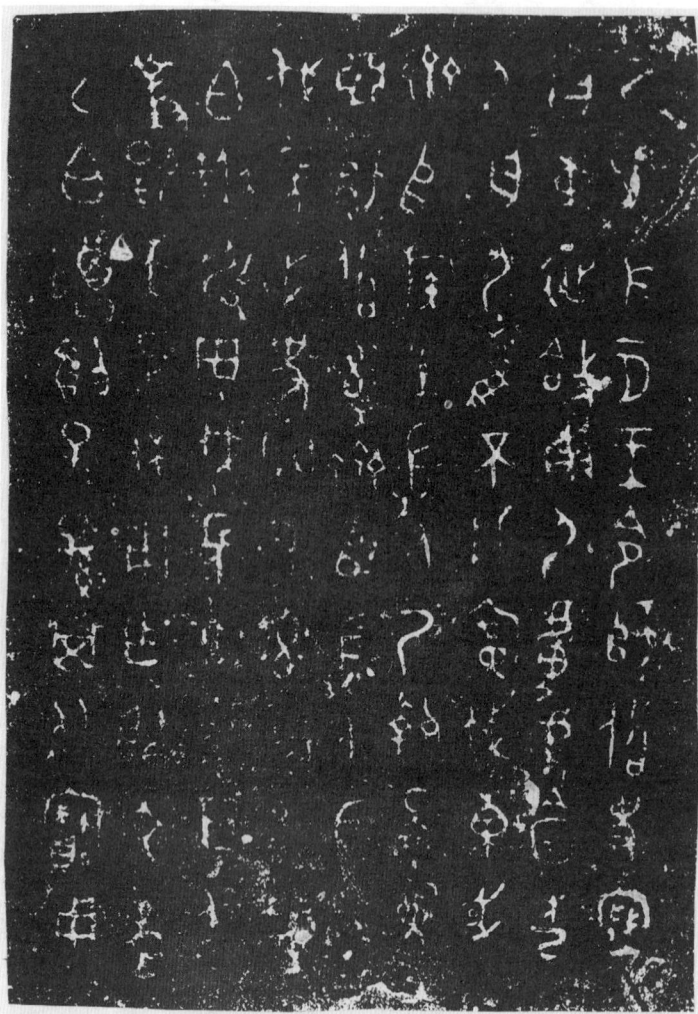

圖45-① 史密簋銘文（拓本）

師寰簋近着眼。李啓良斷爲共懿時器，主要根據是師俗即師俗父、伯俗父，爲共懿時大臣。吳鎮烽指出簋之形製、紋飾流行在西周中期後段及其以後，以爲"定在懿王之世比較合適，其下限最晚不會晚於夷王之世。"李學勤分析了與師俗同見的師永、師振（晨）、司

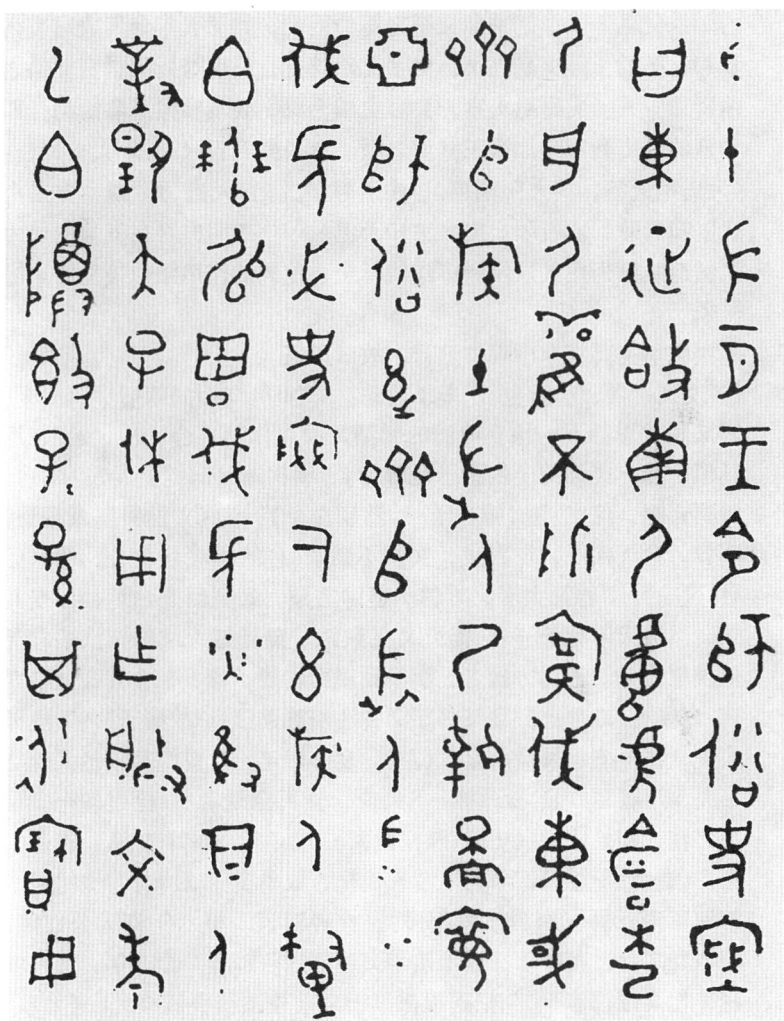

圖 45- ② 史密簋銘文（摹本）

　　馬共的時代，説："本器的器形，口沿下飾竊曲紋帶，腹飾瓦紋，
這種風格到西周晚期十分盛行，本器已開其先河，這説明將該器排
在孝王時也最爲合適。"我們暫取孝王説這種比較折中的意見。

[2] 師俗又見師振鼎，在該銘中他是軍事長官。吳鎮烽説師俗與師永盂

的師俗父爲一人，南季鼎又稱之爲伯俗父，共王五年參與處理裘衛和邦君厲的土地交易之事。史密此銘首見，吳鎮烽疑與伯密父鼎之伯密爲一人。史密爲史官，史官主觀天象，故常參與軍事活動，如利簋的右史利即參加武王滅商之戰。李學勤云："《周禮·大史》云：'大史抱天時，與大師同車。'注引鄭衆説：'大出師，則太史主抱式以知天時，處吉凶。史官主知天道……'説明史官在戰爭中要用式盤這類數術用具以推斷軍隊的行止，他們的作用類似後世的軍師一類。"

［3］這次戰爭主要在今山東省進行，故曰東征。

［4］《説文》："斂，合會也。"李學勤云："（此）句中的兩個'會'字，寫法和意思都不一樣。前面的一個，原寫作从'合'从'辵'，訓爲值、逢，後面的一個意思是聯合。"楊樹達《詞詮》卷三："會，時間介詞，值也。"《韓非子·外儲説左上》："魏文侯與虞人期獵。明日，會天疾風，左右止，文侯不聽。"會的本義是會合，柳宗元《封建論》："德又大者，方伯、連帥之類，又就而聽命焉，以安其人，然後天下會于一。"南夷又見鈇鐘、無㠱簋，或稱南淮夷，見噩侯馭方鼎。盧爲方國名，李學勤説即古盧子國，在今安徽盧江西南。《漢書·地理志》盧江郡顔師古注引應劭曰："故盧子國。"虎即夷虎，在今安徽長豐縣南。《左傳·哀公四年》："夏四月，楚人既克夷虎，乃謀北方。"杜預注："夷虎，蠻夷叛楚者。"杞夷即杞，夏禹之後，姒姓，見《史記·陳杞世家》，原在今河南省杞縣，後遷山東。《春秋經·隱公四年》："莒人伐杞，取牟婁。"杜預注："杞國本都陳留雍丘縣（引者按即杞縣）。推尋事迹，桓六年淳于公亡國，杞似并之，遷都淳于；僖十四年又遷都緣陵；襄二十九年，晉人城杞，杞又遷都淳于。"杞國遷都淳于之前先遷至魯國東北，《大系》收杞伯每刃鼎、壺，云："出土於山東新泰。"舟拙文《史密簋釋文考地》讀爲州。《春秋經·桓公五年》："冬，州公入曹。"孔穎達疏："《世本》：州，國，姜姓。"《左傳》則作："冬，淳于公入曹。"杜預注："淳于，州國所都。"淳于在今山東安丘縣北。西周中晚期之交，杞、州相鄰。杞、州稱夷者，是由于他們久與夷人雜居，染其習俗，故爲周人所鄙視。《春秋經·僖公二十七年》："春，杞子來

朝。"《左傳》:"春,杞桓公來朝,用夷禮,故曰子。"杜預注:"杞先代之後,迫於東夷,風俗雜壞,言語、衣服有時而夷,故杞子卒,《傳》言其夷也。"蘿拙文讀爲譁,《說文》:"嘩也。"《荀子·强國》:"百姓讙敖。"《漢書·陳平傳》:"諸將盡讙。"顏師古注:"讙,囂而議也。"折讀爲悉,《說文》:"敬也。"本句意思是:適值南方的盧、虎聚合杞夷、州夷,氣勢洶洶,大呼小叫,不敬(事周王室)。南夷、東夷在周王室看來,是周的"賁(貝布)晦(賄)臣"(師袁簋),本應"厥獻厥服",現在聚兵擾邊,當然是"譁不悉"了。

[5] 廣,《說文》:"殿之大屋也。"廣伐,即大規模進攻、討伐。東國見宜侯矢簋注[3],此指山東省中、南部。

[6] 齊自即齊師,齊國的軍隊,李學勤說是"齊國的三軍,乃鄉里所出"。族土即族徒,族衆,李學勤說:"當時軍製,君主貴族多有由自己宗族組成的隊伍……《左傳》、《國語》有'楚之良在其中軍五族而已','欒、范以其族夾公行'等,即指這種隊伍。"遂,吳鎮烽說爲地名。《春秋經·莊公十三年》:"夏六月,齊人滅遂。"李學勤說遂人見於《周禮》,鄭玄注云:"遂人主六遂,若司徒之于六鄉也。六遂之地,自遠郊以達于畿中,有公邑、家邑、大都、小都焉。"李氏云:"這是周王朝的製度。諸侯國於此也相類似,如《尚書·費誓》云:'魯人三郊三遂。'楊筠如《尚書覈詁》說:'《周禮·小司徒》天子六軍,出于六鄉,六遂副焉;大國三軍,出于三鄉,三遂副焉……則郊即鄉,遂在鄉之外也。'魯國有鄉遂之製,齊國自然也可以有。《費誓》所記,恰好是征伐淮夷徐戎,與本器相近。這裏的'遂人',就是齊國三軍之製,乃遂所出士卒。"

[7] 此句難於理解。吳鎮烽說畾(圖)、寬、亞"應是三個敵虜的名字。"張懋鎔說:"鄙寡(引者按即寬字)就是邊鄙寡邑……亞,官名,守衛邊鄙的武官。"拙文以爲:"鄙寬亞是邊鄙寬地的武官,也是當地的諸侯。"又疑寬讀同袁或爰,《春秋經·成公二年》:"齊侯使國佐如師。己酉,及國佐盟于袁婁。"杜預注:"袁婁,去齊五十里。"李學勤說執訓守,寬訓遠,亞讀爲惡,說此句意爲"齊國的各種部隊防守邊邑,以避禍害",似過迂曲。理解差異的關鍵是執

的行爲是誰發出的，是南夷、東夷聯軍還是齊師等？筆者以爲是前者。

[8] 左及下文的右只是爲了避免行文的重復，并不具深意。

[9] 所缺一字據下文補。周，《小爾雅·廣言》："帀（匝）也。"《國語·晉語五》："齊師大敗，逐之，三周華不注之山。"周伐即圍伐。長必是此次戰役的主要戰場，但具體所在不明。李仲操指爲齊魯界上的長勺，方位是對的，但字形、讀音皆有距離。拙文以爲："從大的方位看，戰爭的地域西到齊都臨淄附近，東到平度、即墨，北到渤海，南到黃河，大體在今濰坊地區及青島、淄博二市範圍以內。在這一範圍之內，與必字讀音接近者，只有密地之密。"這一地區的膠萊河有支流密水，又有高密縣、下密縣，淳于縣有密鄉，"長必也可能從密水得名……在密水流域。"

[10] 釐讀爲萊。《戰國策·魏策四》："齊伐釐莒。"吳師道《戰國策校注補正》："《齊策》：'昔者萊莒好謀……'此釐字即萊。《左傳》：'公會鄭伯于郲。'杜注：'釐城。'劉向引'來牟'作'釐牟'。古字通。"《通志·氏族略三》："萊，子爵，其俗夷，亦謂之萊夷。今登州黃縣東南二十五里有黃城，是萊子國。襄公六年齊滅之。"今山東黃縣東南灰城曾出土釐伯鼎，李學勤以爲即萊國故城。《中國歷史地圖集》認爲萊在今平度縣西南的膠萊河下游。棘讀爲棘。春秋時山東地區有兩個棘，一爲魯邑，見《春秋經·成公三年》；一爲齊邑，見《左傳·昭公十年》，在今淄博市東。二地均因棘國得名，一爲初居，一爲後遷，本銘殆指齊地之棘。李學勤則說棘讀爲逼，即妘姓逼陽，在今棗莊舊嶧縣南，似乎過於偏西。眉字又見師袁簋，字形作&#xFFFD;，與此小異。張世超《史密簋'眉'字說》說字從尸，自聲，當即氐羌之氐。又引劉釗說此字與曾侯乙墓竹簡&#xFFFD;字形近，乃臀之本字，讀爲殿。又陝西洛南縣出土南史屛壺蓋銘"屛"亦展字。今按劉說是，殿爲殿後之兵車。《左傳·襄公二十三年》："大殿，商子游御夏之御寇，崔如爲右。"杜預注："大殿，後軍。"銘謂史密率領族人、萊伯、棘殿後。

46. 師獣簋

傳宋代出土，今下落不明。銘 11 行 111 字。又名獣敦、伯龢父簋。

【著錄】

《博古》16·30　　《薛氏》14·16　　《大系》圖 72 錄 98 考 114
《集成》8·4311

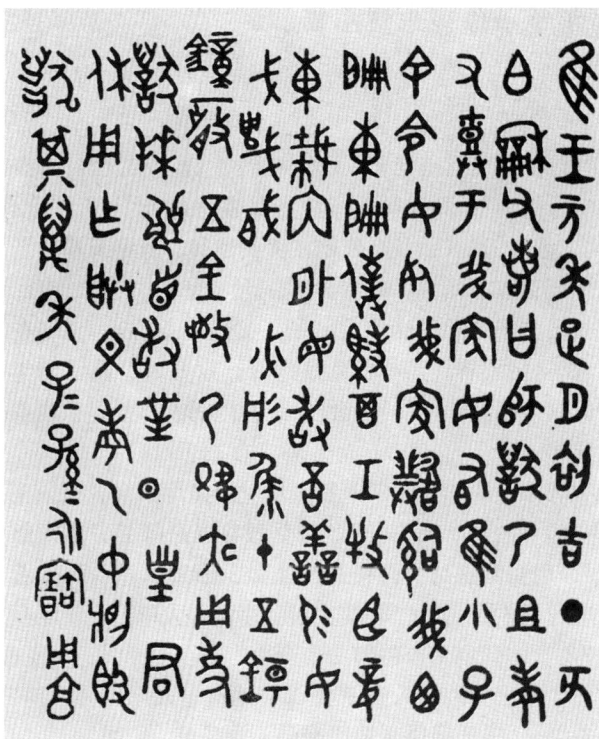

圖 46 師獣簋銘文

【釋 文】

隹（唯）王元年正月初吉丁亥[1]，白（伯）龢父若曰[2]："師獸！乃且（祖）考又（有）爵（勞）于我家[3]，女（汝）有（舊）隹（雖）小子，余令（命）女（汝）死（尸）我家[4]，羈嗣（司）我西扁（偏）東扁（偏）僕駁（馭）、百工、牧、臣、妾[5]。東（董）載（裁）内外[6]，母（毋）敢否（不）善[7]。易（賜）女（汝）戈琱戚□必（柲）彤緐（緌）、盾五錫[8]、鐘一敱（肆）[9]、五金[10]。敬乃夙夜用事。"獸拜頴（稽）首，敢對揚皇君休。用乍（作）朕文考乙仲鸞殷[11]，獸其萬年子子孫孫永寶用喜。

【注 解】

[1] 郭沫若以爲此爲厲王元年，《銘文選》、《斷代工程》簡本定此爲夷王元年，但所說具體年份，前者爲前 898 年。後者爲前 885 年，《斷代工程》云："師獸簋分期在夷厲前後，其曆日與排於厲王元年的元年師兌簋不相容，故置於夷王元年，初吉在二十日。"但該書同頁《金文紀時詞語涵義的歸納》又云："初吉，出現在初一至初十。"則自相矛盾。元年師兌簋是否一定要置於厲王元年，也無定論。銘有伯龢父，以其年代推論，當以郭說爲近是。也有學者定爲共和元年。

[2] 伯龢父郭沫若說即見於師嫠簋、師兌簋之師龢父，是厲王至宣王時人，亦即共伯和。郭氏云："師兌殷言王命師兌'足師龢父嗣左右走馬'，用知師龢父又曾任司馬之職，而師晨鼎、師艅殷、諫殷等器又有司馬癶（共），觀其文辭、字體，大率乃上下年代之器，則司馬癶當即師龢父若伯龢父，合之則爲共伯和也。《漢書·古今人表》注孟康言共伯和入爲三公，本銘當是入爲三公以前事。"本銘稱"若曰"，可見伯龢父地位甚高。

[3] 爵，勞也，參看何尊注[13]。

［４］家，古代卿大夫及其家族或封地。《尚書·洪範》：“臣之有作福作威玉食，其害于而家。”孔穎達疏引王肅云：“大夫稱家。”命（令）狐君壺：“康樂我家。”師獸祖考有勞於伯龢父家，可見伯龢父乃世卿貴族，師獸爲其家臣。有張政烺讀舊。此句乃追述過去根據先代功勞封官的事，大意是說：你過去雖是小孩子，我叫你主管我的家。

［５］扁讀爲偏，《廣韻》：“鄙也。”《左傳·隱公十一年》：“鄭伯使許大夫百里，奉許叔以居許東偏。”杜預注：“東偏，東鄙也。”東偏、西偏，伯龢父封地的東、西邊邑。《説文》：“御，使馬也。从彳从卸。馭，古文御从又从馬。”僕馭，馭車奴隸。《史記·管晏列傳》：“今子長八尺，乃爲人僕御。”百工，各種各樣的工匠。金文多有賜百工之事。伊簋：“官司康宮王臣、妾、百工。”《周禮·考工記》：“審曲面埶（勢），以飭五材，以辨民器，謂之百工。”

［６］束裁孫詒讓讀爲董裁，諸家多从之，意爲董理裁決。裁郭沫若以爲从市戈聲，乃載字異體。

［７］否、不通用。五祀衛鼎：“汝貯（買）田不？”

［８］盾字解釋參看逆鐘注［６］。

［９］“一”後一字原作𢼸，張亞初隸作斂，讀爲肆。今按多友鼎“易（賜）汝……湯（鍚）鐘一𣪘。”𣪘字作𣪘，右旁與此字左旁近，張說或是。肆，古代樂器編懸的單位。《周禮·春官·小胥》：“凡縣（懸）鐘磬，半爲堵，全爲肆。”鄭玄注：“鐘一堵磬一堵謂之肆。”《左傳·襄公十一年》：“歌鐘二肆，及其鎛磬。”杜預注：“肆，列也。縣（懸）鐘十六爲一肆，二肆三十二枚。”

［１０］金五應是五塊銅餅。

［１１］《玉篇》：“鬻，式羊切，煮也。亦作鬺。”

【斷　代】

　　《斷代研究》云：“《博古圖錄》所摹圖像紋飾失真，細審器腹及方座似飾分尾大鳥紋，圈足飾波浪紋……爲夷、厲前後器。”此器只能斷爲西周中晚期夷王或厲王時，無法再作進一步討論。

47. 㝬 簋

1978年5月出土於陝西省扶風縣法門鄉齊村。現藏扶風縣博物館。腹底有銘文12行125字。

【著 録】

《文物》1979年4期　《銘文選》1·404　《總集》4·2834
《集成》8·4317

【釋 文】

王曰[1]："有（舊）余隹（雖）𡭔（小子），余亡康晝夜[2]，巠（經）雝（雍，擁）先王[3]，用配皇天[4]。簧（橫）黹（置）朕心[5]，墜（施）于四方[6]。肄（肆）余以餕（義）士、獻民[7]，爯（稱）盭（戾）先王宗室[8]。"㝬（胡）乍（作）𩱧彝寶毁[9]，用康惠朕皇文剌（烈）且（祖）考[10]，其各（格）前文人[11]，其瀕（頻）才（在）帝廷陟降[12]，𤔲（申）圝（紹）皇□〔上帝〕大魯令（命）[13]，用𩁹保我家、朕立（位）、㝬（胡）身[14]，阤阤降余多福[15]，害（憲）𢘽宇（訏）慕（謨）遠猷[16]。㝬（胡）其萬年[17]，𩱧實朕多御[18]，用奉（祷）壽，匄永令（命）[19]，畯（畯）才（在）立（位），乍（作）疐才（在）下[20]。隹（唯）王十又二祀[21]。

【注 解】

[1] 此王名㝬，下文稱"㝬作……寶毁""㝬身""㝬其萬年"。此名又

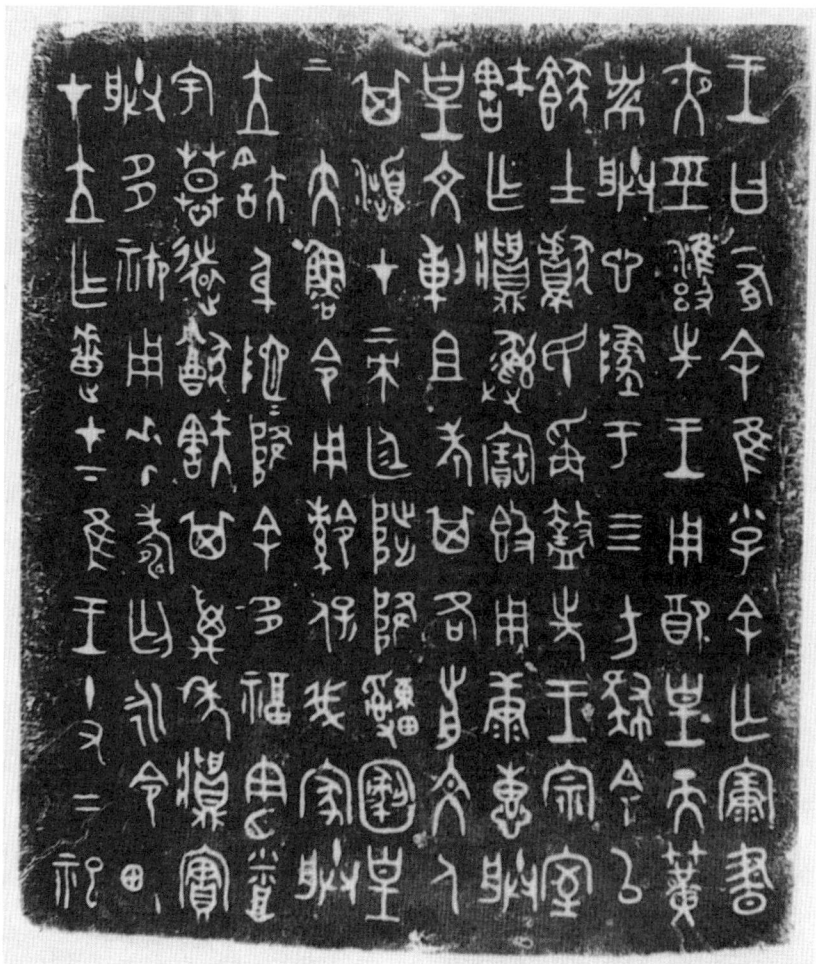

圖 47 猷簋銘文（摹本）

見猷鐘，銘稱"猷其萬年畯保四國。"唐蘭早就指出猷爲厲王之名。
《史記·周本紀》："夷王崩，子厲王胡立。"猷不見於《說文》，但銅
器中的簋，或自名匭（季宮父簋）或自名𠤎，《左傳·哀公十一年》：
"胡簋之事。"匭即胡簋之胡。金文又多見地名猷，古書作胡，在今
河南郾城縣，參看㽙簋注[4]。

[2] 有，或説是語氣詞。張政烺讀舊，參看師獸簋注[4]。《説文》：
"康，屋康㝩也。"徐鍇《繫傳》："屋虚大也。"《方言》："康，空
也。"引申爲閑逸。張亞初以爲"康也可能是康字的或體與假借
字"，舉福或作福、親或作䙴爲例，説"从宀不从宀爲繁簡字"。亡
康即不敢康逸。《詩·周頌·昊天有成命》："成王不敢康，夙夜基命
宥密。"與此意近。畫字與《説文》籀文𤳯相似。它銘多言"夙
夜"。

[3] 經雍金文習見，或分用，或合用。經，常也，此指遵循。雍張政烺
讀爲擁，"意爲抱舉，猶今言擁護。此句蓋言遵循常規，擁護先王
政令"。

[4] 用，連詞，因而。配，《玉篇》："合也。"《易·繫辭上》："廣大配天
地，變通配四時。"孔穎達疏："以易道廣大配合天地，大以配天，
廣以配地。"張政烺云："《毛詩·周頌·思文》：'思文后稷，克配彼
天'，箋："后稷之功能配天。'又《大雅·皇矣》：'天立厥配，受命
既固。'戴震《毛鄭詩考正》：'配當如"配命"、"配上帝"之配，
合於天心之謂，言天立其合天心者，方此之時受命則既固，而宜後
之日盛大也。'"

[5] 張政烺疑簧當讀爲橫，嵛當讀爲至或致。《禮記·孔子閒居》："夫民
之父母乎，必達於禮樂之原，以致五至而行三無，以橫於天下，四
方有敗，必先知之……志之所至，詩亦至焉。"鄭玄注："橫，充也
……凡言至者，至於民也。志謂恩意也，言君恩意至於民，則其詩
亦至也……民之父母者，善推其所有以與民共之，人耳不能聞，目
不能見，行之在胸心也。"意與此近。郝士宏《"簧嵛朕心"解》對
張説略加補充，謂嵛讀爲置。《禮記·祭義》："夫孝，置之而塞乎天
地，溥之而橫乎四海。"動靜、縱橫之感覺更爲明顯。《銘文選》讀
簧嵛爲廣侈，《國語·吳語》："廣侈吳王之心。"韋昭注："侈，大
也。"亦可通。

[6] 墜爲地之籀文，此讀爲施。《尚書·洛誥》："惟公明德，光于上下，
勤施于四方。"

[7] 肆，連詞，典籍通作肆。餞不見於字書，張政烺疑讀爲義。引劉師
培《義士釋》："又考《左傳·桓二年》云：'武王克商，遷九鼎于洛

邑，義士猶或非之。'杜預以義士爲夷、齊之屬，蓋本《史記·伯夷傳》……至宋陳亮等以義士即多士，由周而言則爲頑民，由殷而言則爲義士……又《佚周書·商誓解》曰：'爾百姓獻民'，《度邑解》曰：'乃厥獻民徵主九牧之師，見王于殷郊'，《作雒解》曰：'俘殷獻民遷于九畢'，孔晁注曰：'獻民，士大夫也'，其說近是，惟必待引申，蓋獻民即義民，乃殷之世家貴族也。"不過在本銘中，義士獻民顯然指周之世族。

[8] 偁，音 chèn，《爾雅·釋言》："好也。"郭璞注："物偁人意亦爲好。"邢昺疏："偁，謂美好。"盩，《金文編》："埶乳爲盩，讀爲庚。"《廣雅·釋詁》："庚，善也。"宗室，宗廟。豆閉簋："萬年永寶用于宗室。"《詩·召南·采蘋》："于以奠之，宗室牖下。"偁庚先生宗室，好善祭祀先王宗廟。秦公簋"咸畜胤士，趒趒（藹藹）文武，鎮（鎮）靜不廷，虔敬朕祀"，與以上二句意近。

[9] 訣爲厲王自稱其名。張政烺說鬶彝與宗彝對言，宗彝指酒器，鬶彝指烹煮及容盛食物之器。

[10] 本句康不從宀，大概是爲了避免重複。《爾雅·釋詁》："康，安也。"《詩·大雅·思齊》："惠于宗公。"鄭玄箋："惠，順也。"皇，大。文，文德彰明。在祖前加皇、文、烈三個形容詞實爲罕見，張亞初說秦公簋"嚴龏寅天命"嚴、龏、寅皆敬義，三字連用與此銘相似。此句意謂：用來使我的偉大、有文德、功烈顯赫的祖先安樂、和順。

[11] 其，語氣詞，大意同該。各典籍作格，《字匯》："感通也。"徐灝《說文解字注箋》："格，訓爲至，而感格之義生焉。"《尚書·說命下》："格于皇天。"南朝裴子野《宋略樂志叙》："先王作樂崇德，以格神人。"寧簋："其用各百神。"前文人，前世文德彰明的祖先。

[12] 瀕讀爲頻，《廣雅·釋詁》："比也。"《國語·楚語》："百嘉備舍，群神頻行。"韋昭注："頻，並也。"帝廷，上帝的朝廷，亦稱帝所，叔夷鐘："虩虩成唐（湯），有嚴在帝所。"陟降即升降、上下。古人以爲先祖可以往來天人之間，默佑子孫。《詩·大雅·文王》："文王陟降，在帝左右。"毛傳："言文王升接天，下接人也。"

[13] 鬵國讀爲申紹，義爲重繼，參看虎簋蓋注[17]及史墻盤注[20]。皇

下一字唯有殘畫，按文意當是上帝合文。魯，嘉。《史記·周本紀》："周公受禾東土，魯天子之命。"《魯周公世家》作"嘉天子命。"此句意爲：重繼偉大上帝嘉美之命。

[14] 黎讀爲令，《爾雅·釋詁》："善也。"我家，我的家族，亦即周王室。立，位，王位。身，身體。

[15] 張政烺說阤讀爲施，音 yí。中山王響鼎："是有純德遺訓以阤及子孫。"阤及即施及。施施，喜樂的樣子。《孟子·離婁下》："施施從外來。"趙岐注："施施猶扁扁，喜悅之貌。"降，賜下。

[16] 審即憲字，讀爲宣，《說文》蕭字或體作蕒。蕒，唐蘭謂字象米在臼中，从米，臼聲，即《說文》之釋字。《儀禮·士虞禮》："中月而禫。"鄭玄注："古文禫或爲導。"憲蕒即宣導。宇，大。宇慕典籍作訏謨。《詩·大雅·抑》："訏謨定命。"毛傳："訏，大。謨，謀。"猷，《爾雅·釋詁》："謀也。"遠猷亦見史墻盤："逨（仇）匹厥辟遠猷。"宇謀與遠猷義近，指遠大的謀略、計劃。

[17] 猷鐘："猷其萬年，吮（畯）保四國。"與此同例。

[18] 黨張政烺讀爲將，《爾雅·釋詁》："資也。"實，《小爾雅·廣詁》："滿也。"即今言充實。御讀爲禦，《說文》："祀也。"《讀本》說此句大意是：資助充實我衆多的祭祀。

[19] 匄，音 gài，《說文》："气也。"气今字作乞，即乞求。永令，長命。祷壽，乞求長命意相近。

[20] 畯，長久。蔕，同蒂。《爾雅·釋木》："棗李曰蔕之。"邢昺疏："謂治棗李皆去其蔕，蔕者柢也。"《正字通》："蔕，與蒂通。"《讀本》說："蔕，音 dì，原指瓜、果和根、葉相連的部分，此處意爲根本。"張政烺說蔕讀爲氏。《詩·小雅·節南山》："尹氏大師，維周之氏。"毛傳："氏，本。"按柢與蒂通。《老子》："是謂根深固柢長生久視之道。"柢河上公本作蒂（蔕）。作蔕在下：作人間的根本。

[21] 年稱祀本爲殷人習俗，但由此銘看，西周晚期猶沿其習。

48． 㝬 鐘

傳世器，清代出土。現藏台北故宮博物院。正面鉦間、左鼓及背面右鼓銘 17 行 122 字。又稱宗周鐘。

【著 録】

《西清》36·4　　《全上古》12·10　　《大系》圖 209 録 25 考 51
白川《通釋》18·260　　《集成》1·260

【釋 文】

王肇（肇）適省文武堇（勤）彊（疆）土[1]。南或（國）艮𤔲（子）敢臽（陷）虐我土[2]。王𩋆（敦）伐其至[3]，戕（剗，翦）伐厥（厥）都[4]。艮𤔲（子）迺遣閒來逆卲（昭）王[5]，南尸（夷）東尸（夷）具（俱）見，廿（二十）又六邦[6]。隹（唯）皇上帝百神[7]，保余㝬（小子）。朕猷又（有）成亡（無）競[8]，我隹（唯）司（嗣）配皇天[9]。王對乍（作）宗周寶鐘[10]，倉倉恩恩[11]，雝雝（端端）鬸鬸（雍雍）[12]，用卲（昭）各（格）不（丕）顯且（祖）考先王[13]。先王其嚴才（在）上[14]，𩁹𩁹數數[15]，降余多福。福余順孫[16]，參（三）壽隹（唯）琍（利）[17]。㝬其萬年，眈（畯）保四或（國）。

②

①

③

圖48－①②③ 㝬鐘銘文

【注 解】

[1] 王，厲王，説見上篇。肇，《玉篇》：“長也。”遹，《爾雅·釋詁》：
“自也，循也。”郭璞注：“自，猶從也，又爲循行。”遹省即循視，
郭沫若説“如今人言觀摩。”遹省又見大盂鼎，參看該篇注[27]。
文武，文王、武王。《銘文選》云：“勤疆土，勤勞地治理疆土。
《詩·周頌·賫》：‘文王既勤之，我應受之。’周人以爲人民、疆土受
自上帝，文武治理勤勞，後王必以此爲表率。”

[2] 南國，周時南方諸侯國。艮爲國名。𤔲爲子之籀文。艮子，艮國之

212

君主。蠻夷的君長多稱子。《禮記·曲禮下》：“其在東夷、北狄、西戎、南蠻，雖大曰子。”楊樹達疑叏爲江漢之濮，然典籍未見叏（或服）、濮相通之例。陷，攻陷。虐字下部不很清楚，唐蘭隸作虜。

[3] 羣孶乳爲敦（陳猷釜），通作敦，《説文》：“怒也。”敦伐即怒伐。《詩·大雅·常武》：“鋪敦淮濆。”

[4] 戁舊釋撲（撲）。《説文》：“撲，挨也。”王筠《句讀》：“《字林》：‘手相搏曰撲也。’撲，打也。”近時劉釗從郭店楚簡，説戁从戈，辛（美）聲，讀剗或翦。此從其説。都，城邑。《穀梁傳·僖公十六年》：“民所聚曰都。”

[5] 遣，派遣。閒，音 jiàn，閒使。《漢書·蒯通傳》：“通説信曰：將軍受詔擊齊，而漢獨發閒使下齊，寧有詔止將軍乎？”逆，《説文》：“迎也。”邵讀爲昭，《爾雅·釋詁》：“見也。”孫詒讓《古籀拾遺》：“昭王者，見王也。《孟子》‘紹我周王’趙岐注釋爲‘願見周王’。僞《古文尚書·武成》用其文，作‘昭我周王。’”郭沫若説昭王即周昭王之生稱，非是。

[6] 具讀爲俱，《説文》：“偕也。”見，拜見。邦，諸侯國。

[7] 百神，泛指各種神靈。

[8] 猷，謀。競，彊。《詩·大雅·抑》：“無競維人。”鄭玄箋：“競，彊也。”《銘文選》釋此句大意爲：我治國之謀大有成就而無可匹敵。

[9] 司讀爲嗣，《説文》：“諸侯嗣國也。”此句屬王自稱繼承文武大業，順應天命。

[10] 對即對揚，報答，稱頌，王所稱頌的對象是天。宗周，鎬京。

[11] 倉典籍多作鎗。《説文》：“鎗，鐘聲也。”段玉裁注：“引申爲他聲。《詩·采芭》：‘八鸞鎗鎗’，毛曰：‘聲也’。《韓奕》作‘將將’，《烈祖》作‘鶬鶬’，皆假借字。或作鏘鏘，乃俗字。”亦作瑲，鳳翔南指揮秦景公大墓磬銘：“煌龢瑝（淑），厥音鏽鏽瑲瑲。”恩典籍多作鏓，舊讀 cōng，今讀 zǒng。《説文》：鏓，鎗鏓也。”段玉裁注：“鎗鏓，善狀鐘聲。”倉倉恩恩，乃形容鐘聲之宏亮。

[12] 離字原作𢼸。此字又見上引秦景公磬銘；又作戴，山東莒南縣出土莒叔之仲子平鐘銘：“戴戴雍雍，聞于夏東。”此字解釋迄無定論。𢼸字諸家或釋央，或釋先，或釋耑，字形皆有差距。陳世

輝《釋戕——兼説甲骨文不字》釋此字爲峕。陳氏舉出了峕字甲骨
文作（前4·42·2）、金文作（徐王義楚鍴）的例子，其説可信。
他以爲鍴、戕、離均應讀爲端，端雍即肅雍。《詩·召南·何彼襛
矣》："曷不肅雍，王姬之車。"毛傳："肅，敬。雍，和。"此句謂
鐘聲敬和嚴正。

[13] 卲讀爲昭，明也。各讀爲格，至也。陳永正説："昭各即以精誠之
心感動對方……文獻作'昭假'。《詩·大雅·烝民》：'天監有周，昭
假于下。'《釋文》：'昭假，音格，至也。'又《周頌·泮水》：'允文
允武，昭假烈祖。'《周頌·噫嘻》：'噫嘻成王，既昭假爾。'戴震
曰：'精誠表見曰昭，貫通所至曰假。'"按假、格通用，典籍習見。
《尚書·高宗肜日》："惟先格王，正厥事。"《漢書·五行志》、《孔光
傳》引格作假。又高亨説昭假之假讀爲嘏，告也，昭假即明告。

[14] 嚴，威嚴。《詩·小雅·六月》："有嚴有翼，共武之服。"周人以爲先
祖死後威嚴地在上帝處，故曰"在上"。上，上天。

[15] 橐橐數數或作數數橐橐，見於梁其鐘、虢叔鐘、井人鐘，乃形容鐘
聲宏亮之詞。唐蘭説："橐當从泉龜聲，與《説文》橐讀若薄同，
則橐橐數數，乃雙聲疊語，猶云：蓬薄、旁薄，形容豐盛之詞也。"

[16] 順，依順。《詩·大雅·皇矣》："王此大邦，克順克比。"毛傳："慈
和徧服曰順。"順字稍殘，唐蘭隸作氿，讀爲仍。《爾雅·釋詁》：
"昆孫之子曰仍孫。"

[17] 參壽即三壽，金文典籍習見。者減鐘："若召公壽，若參壽。"《詩·
魯頌·閟宮》："三壽作朋。"毛傳："壽，考也。"馬瑞辰通釋："考
猶老也，三壽，猶三老也。"唎讀爲利，裨益。

49．禹　鼎

宋代華陰已有一器出土，同銘。1942年陝西省岐山縣任家村

（今屬扶風縣）又出一器，現藏國家博物館。銘 20 行 208 字。又名穆公鼎、成鼎。

【著 錄】

《薛氏》10·16　《錄遺》99　《圖釋》圖七八　《大系》圖 14 錄 91 考 108（後又聲明作廢）　《集成》5·2833

【釋 文】

禹曰[1]："不（丕）顯趄趄（桓桓）皇且（祖）穆公[2]，克夾酈（召，紹）先王，奠四方[3]。肆（肆）武公亦弗叚（遐）望（忘）騰（朕）聖且（祖）考幽大叔、懿叔[4]，命禹仚（肖）騰（朕）且（祖）考[5]，政于井邦[6]。肆（肆）禹亦弗敢态（憃）[7]，賜（惕）共（恭）騰（朕）辟之命[8]。"烏虖哀哉！用天降大喪于下或（國）[9]！赤唯噩（鄂）侯馭（馭）方率南淮尸（夷）、東尸（夷）[10]，廣伐南或（國）、東或（國），至于歷内[11]。王迺命西六自（師）、殷八自（師）曰[12]："剚（劉、翦）伐噩侯馭（馭）方，勿遺壽幼[13]。"肆（肆）自（師）彌㝬（怵）匒匼（恇），弗克伐噩（鄂）[14]。肆（肆）武公迺遣禹率公戎車百乘[15]，斯（厮）馭（馭）二百[16]、徒千[17]，曰："于匡（將）騰（朕）肅慕惠（唯）西六自（師）、殷八自（師）[18]，伐噩侯馭（馭）方，勿遺壽幼。"雩禹以武公徒馭（馭）至于噩（鄂）。韋（敦）伐噩（鄂），休隻（獲）氒（厥）君馭（馭）方[19]。肆（肆）禹又（有）成[20]，敢對揚武公不（丕）顯耿光[21]。用乍（作）大寶鼎，禹其萬年子子孫孫寶用。

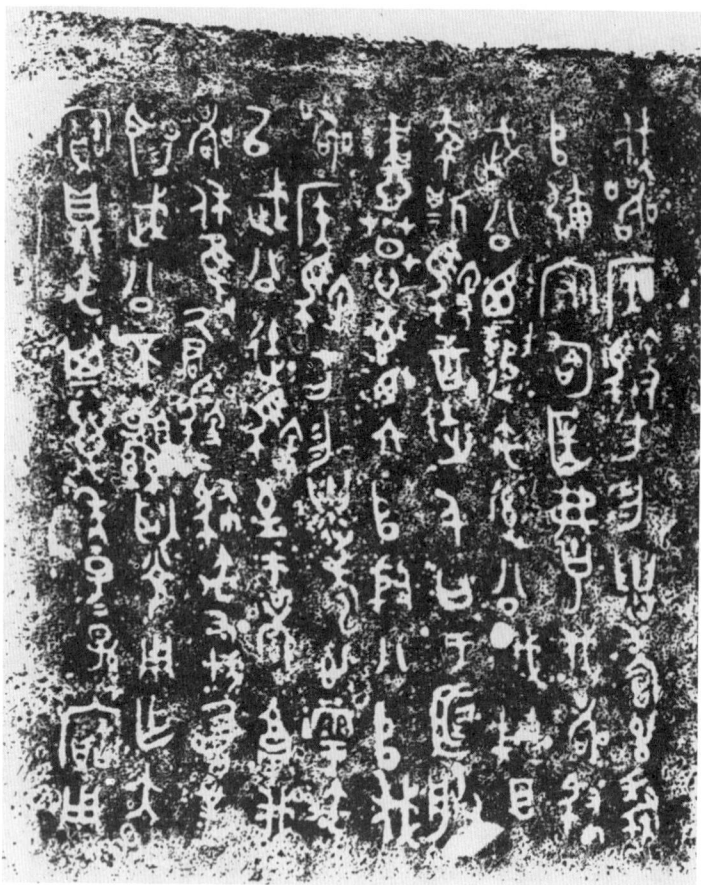

②

圖 49 －①② 禹鼎銘文

【注 解】

[1] 禹爲器主，與上海博物館藏叔向父禹簋之禹爲一人，鼎、簋并稱其
祖爲幽大叔。徐中舒師説禹之皇祖穆公及祖幽大叔皆爲井邦的采邑
主。金文與禹可以互相聯係的人有噩侯馭方、武公、榮伯、師氂，
皆屬王時人。宋人摹本禹字已殘，或隸作成，誤。

[2] 赿讀爲桓。《尚書·牧誓》："尚桓桓。"孔氏傳："桓桓，武貌。"《説

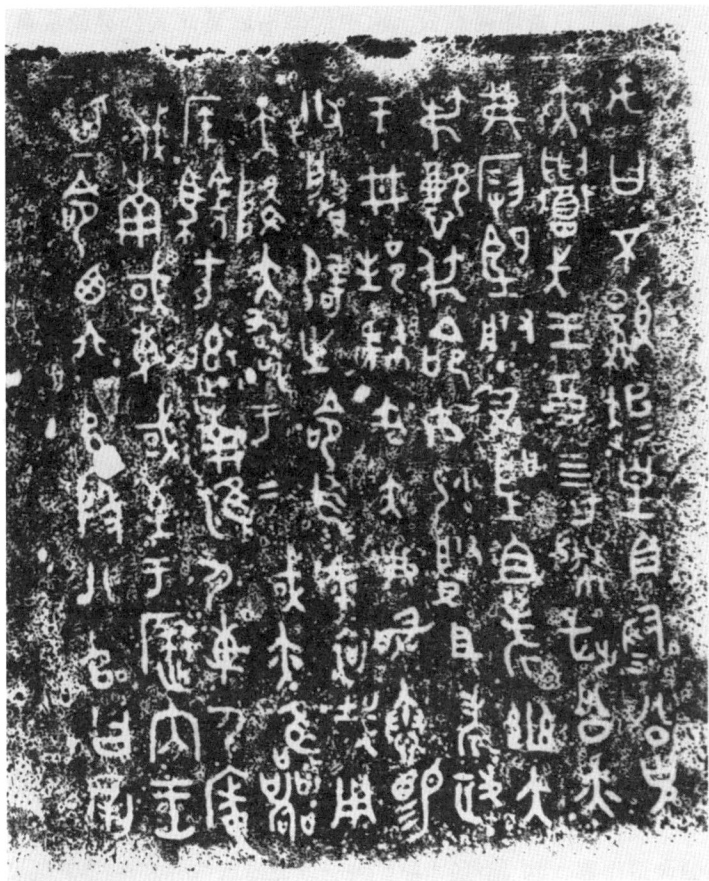

①

文》作狟，云：“犬行也。从犬，亘聲。《周書》曰：‘尚狟狟。’”
趄趄又見虢季子白盤、秦公簋等，爲金文習見語。穆公又見鼎、
尹姞鼎、盨尊，爲穆王、共王時人。同時器走簋有井伯，穆公可能
就是井伯晚年的尊稱。

[3] 奠，定也。叔向父禹簋：“用龖（申）圓（紹）奠保我邦我家。”
《尚書·禹貢》：“奠高山大川。”孔氏傳：“奠，定也。”《史記·夏本
紀》引作“定高山大川”。

[4] 武公陳進宜以爲即衛武公。徐中舒師則以爲此武公見於敔簋、柳鼎，與榮公、南宮柳同時。敔地位尊崇，王命敔與柳、武公爲右，禹繼承井邦以及伐噩之役，皆受命於武公。與武公同時之榮公即屬王重臣榮夷公，則武公亦屬王時之王官，而不是屬王奔竄後代屬王行政的衛武公或共伯和。說極是。叚讀爲遐，《說文》："遠也。"《詩·小雅·駕鴦》："君子萬年，宜其遐福。"朱熹注："遐，遠也，久也。"聖，聖智，無事不通。中山王𬺠鼎："夫古之聖王，務在得賢。"幽、懿皆謚號。《說文》："幽，隱也。"又云："懿，專久而美也。"

[5] 徐中舒師云："俏，從小，從反人，當爲肖或俏之異文。尐與肖并從小聲，從人與從肉同意。"《說文》："肖，骨肉相似也。"肖朕祖考，似朕祖考，即不是祖考的不肖子孫。一說字應隸作尿，爲䜌字簡體，讀爲纂或纘。《說文》："纘，繼也。"

[6] 政，爲政，從政，引申爲治理國家。井，地名。散氏盤記井邑田與散田相接。拙文《西周畿內地名小記》以爲井在今陝西鳳翔縣南部。

[7] 惷從心，春省聲，當即惷字，《說文》："愚也。"此句意謂禹不敢愚昧，乃自勉之辭。

[8] 睗讀爲惕，《說文》："敬也。"惕、恭同義連用。

[9] 下字稍殘，或隸作四。下國，下界，天下。《詩·魯頌·閟宮》："奄有下國，俾民稼穡。"周人篤信天命，以爲下界喪亂皆由上天所降。

[10] 噩典籍作鄂。《史記·殷本紀》稱紂以鄂侯爲三公之一。西周時鄂在楚西。《史記·楚世家》："熊渠甚得江漢間民和，乃興兵伐庸、楊、粵，至于鄂。"《正義》："鄂……地名，在楚之西。後徙楚，今在鄂州是也。《括地志》云：'鄧州向城縣南二十里西鄂故城。'是楚西鄂。"噩爲姞姓。噩侯簋："噩侯作王姞媵殷。"噩侯馭方鼎載王與噩侯飲宴，賞賚優渥，可見在楚國興起之前，噩爲南方大國，頗受周王室重視。馭方爲噩侯之名。厲王時淮夷入寇，見於虢仲盨："虢仲以王南征，伐南淮夷。"又《後漢書·東夷傳》："厲王無道，淮夷入寇，王命虢仲征之，不克。"

[11] 歷內，地名，不詳所在。內字舊釋寒，不確。

[12] 徐中舒師云："金文六自、八自之自，皆作自，不作師。自與次同。《周禮》：'宮伯授八次八舍之職事。'注：'衛王宮者必居四角、四中，于徼（邊界）候（候望）便也。鄭司農云："庶子（長子以外諸子）衛王宮，在内爲次，在外爲舍。"'據二鄭注：次在内，爲宿衛所在，即天子禁軍所居，此製漢代猶存，謂之屯。《文選·西京賦》'衛尉八屯'，薛綜注：'衛尉帥吏士周宫外，於四方四角立屯，士則傅宫外向爲廬舍。'以此例之，所謂八次、八舍、八屯，其製皆當居四角四中；四角爲候望所在，四中爲四門出入警蹕之所。若六自可能是减去左右兩門的警蹕，而爲四角兩中。"六自、八自又見於小臣𧽙簋、盠尊、競卣、𩵋壺、南宫柳鼎等，皆周代的宿衛軍。西六自爲王之禁軍，由王直接指揮，駐在豐、鎬一帶。《詩·大雅·棫樸》："周王于邁，六師及之。"殷八師是鎮撫東夷的宿衛軍，駐扎殷故地牧野，小臣𧽙簋："叡東夷大反，伯懋父以殷八自征東夷。"

[13] 劓伐參看𫑡鐘注[4]。壽幼，老幼。老小殺戮無遺，可見戰争的殘酷。

[14] 彌，《小爾雅·廣詁》："久也。"宋讀爲怵，《説文》："恐也。"旬，《説文》："匝也。"即重疊、周遍。匡讀爲恇，《説文》："怯也。"此句謂西六自與殷八自士氣低落，對敵人普遍恐懼，無法戰勝。伐噩之勝利，完全依靠武公的親軍。

[15] 戎車，兵車。《左傳·僖公三十三年》："梁弘御戎，萊駒爲右。"戰車一輛曰一乘，音 shèng。

[16] 斯讀爲廝，《玉篇》："賤也。"即賤役。駁古文作馭，謂御車者。廝馭，在戎車服役者。《漢書·嚴助傳》："廝輿之卒。"廝輿猶廝馭。

[17] 徒，步兵。《左傳·襄公元年》："敗其徒兵于洧上。"杜預注："徒兵，步兵。"當時步兵與廝馭之比爲五比一。

[18] 徐中舒師曰："匡，史頌鼎：'日遄天子顯命'；麥彝：'出入遄命'；匡皆从征作遄，遄命與將命同，將奉也。"今按包山楚簡226："遄楚邦之帀（師）徒"，228 簡："遄楚邦之帀（師）徒"，何琳儀《戰國古文字典》匡、遄皆讀爲將，帥也。又包山簡85 反："既發（發）笥遄以廷"，亦讀爲將。《儀禮·士相見禮》："請還贄于將命

者。"鄭玄注："將，猶傳也。"黃德寬《說遲》亦專門討論及此。
肅，果斷。《逸周書·謚法解》："執心决斷曰肅。"孔晁注："言嚴果
也。"慕，《說文解字擊傳》："亦愛也。"《說文》："惠，仁也。"亦
仁愛義。徐中舒師解此句大意云："伐噩之師既恇懼甚，肅者加以
整飭，慕惠者，六自、八自皆屬公族，必須以恩惠結之，使知愛
慕。"也有學者在慕後斷句，慕讀爲謀謨之謨，解云："執行朕肅整
的計謀，并施仁惠於失敗的西六師、殷八師。"

[19] 休，《廣雅·釋詁》："喜也。"《詩·小雅·菁菁者莪》："既見君子，我
心則喜……既見君子，我心則休。"

[20] 有成，獲得成功。

[21] 耿，《說文》引杜林說云："光也。"耿光連用有光明、光輝之意。
《尚書·立政》："以覲文王之耿光，以揚武王之大烈。"

【斷 代】

郭沫若斷在夷王時，唐蘭斷在孝王時，皆失之過早。徐中舒
師以同時人物聯係，斷爲厲王時器，爲不刊之論。陳進宜以武公
爲衛武公，亦即共伯和，斷器爲幽王時，又失之晚。

50．多友鼎

1980 年陝西省長安縣斗門鄉下泉村出土，現藏陝西歷史博物
館。銘 22 行 277 字。第 6 行倒數第 2 字失鑄。

【著 錄】

《人文雜誌》1981 年 4 期　　《集成》5·2835

【釋 文】

唯十月用嚴（玁）慇（狁）放（方）興（興）[1]，寶
（廣）伐京自（師）[2]，告追于王[3]。命武公："遣乃元
士，羞追于京自（師）[4]。"武公命多友銜（率）公車羞
追于京自（師）[5]。癸未，戎伐筍（旬）[6]，衣（卒）孚
（俘）[7]。多友西追，甲申之脣（晨），博（搏）于𥷚
（郲，漆？）[8]，多友右（有）折首、執訊[9]。凡以公車
折首二百又□又五人[10]。執訊廿（二十）又三人，孚
（俘）戎車百乘一十又七乘[11]。衣（卒）匋（復）筍
（郇）人孚（俘）[12]，或（又）博（搏）于龔（共）[13]，
折首卅（三十）又六人，執訊二人，孚（俘）車十乘。
從至[14]，追博（搏）于世[15]，多友或（又）右（有）
折首、執訊。乃轊（越）追至于楊冢[16]，公車折首百又
十五人，執訊三人。唯孚（俘）車不克以，衣（卒）
焚[17]，唯馬毆（驅）盡[18]。匋（復）奪京自（師）之
孚[19]。多友迺獻孚（俘）、眔（職）訊于公，武公乃獻
于王[20]。迺曰武公曰："女（汝）既靜（靖）京自
（師），贅（釐）女（汝）[21]，易（賜）女（汝）土
田[22]。"丁酉，武公才（在）獻宮[23]，迺命向父臥（召）
多友[24]，迺徙（延）于獻宮[25]。公窺（親）曰多友
曰[26]："余肇（肇）事（使）女（汝）[27]，休不遡
（逆）[28]，又（有）成事，多禽（擒）[29]。女（汝）靜
（靖）京自（師），易（賜）女（汝）圭鬲（瓚）一、湯
（鍚）鐘一聱（肆）[30]、鐈鋚百匀（鈞）[31]。"多友敢對揚
公休，用乍（作）障鼎。用倗用友[32]，其子子孫永寶
用。

221

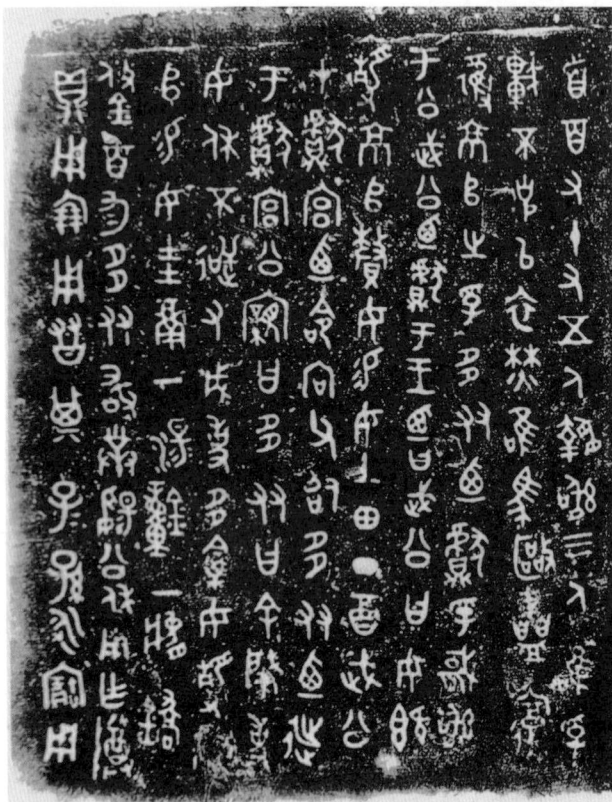

图 50-①② 多友鼎铭文

【注解】

[1] 十月，應爲厲王某年十月。此與上禹鼎皆有武公、徐中舒師、李學
勤、黃盛璋皆以爲是厲王時人。張亞初雖同意陳進宜説，以武公爲
衛武公，但也認爲武公可上及於厲世。《斷代研究》定多友鼎爲
"西周晚期偏早時器" 亦以厲王時爲宜。用，副詞，由於。嚴狁又
見兮甲盤、虢季子白盤、不其簋，作厰狁、厰允，典籍作玁狁
（《詩·小雅·采薇》）、獫狁（《史記·匈奴傳》）。玁狁本是北方少數民
族，是允姓之戎，犬戎之一支。玁狁屢屢侵周，其出入地多在涇、
洛一帶。《采薇》："靡室靡家，玁狁之故。" 可見其爲害之烈。放與

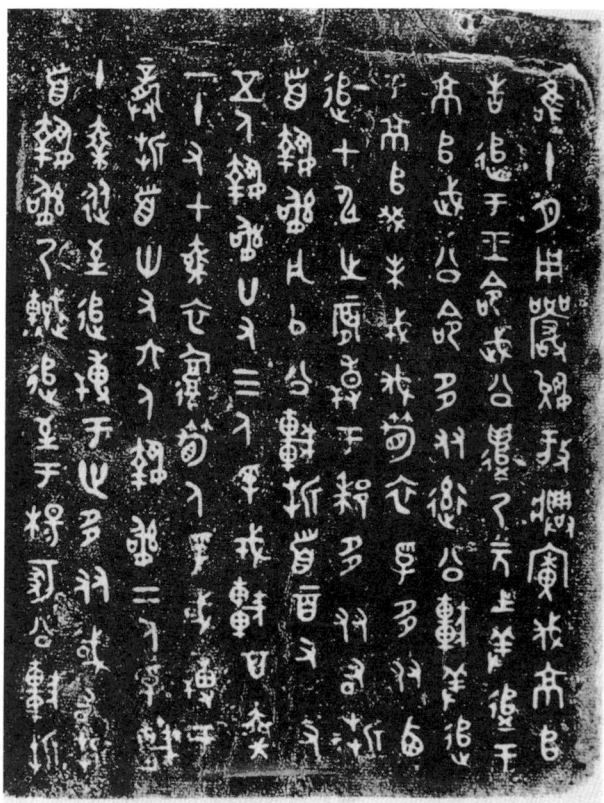

①

方通，讀爲並。㠯讀爲興。《尚書·微子》：“小民方興，相爲敵讎。”
孫星衍疏：“方者，《漢書·叙傳》注：‘晉灼云：並也。’興者，《釋
言》云：‘起也。’”又《尚書·費誓》：“徂此淮夷、徐戎並興。”

[2] 賓同廣，大。京師見於《詩·大雅·公劉》：“篤公劉，逝彼百泉，瞻
彼溥原。陟陟南岡，乃覯于京。京師之野，于時處處，于時廬旅。”
“篤公劉，于京斯依。”“篤公劉，于豳斯館。”又見克鎛鐘：“王親
令克適涇東，至于京師。”李學勤説京師在豳縣、旬邑之間。田醒
農、黃盛璋從錢穆説，以爲京師在山西，見於晉姜鼎等，《禮記·檀
弓》謂之九原，《太平寰宇記》謂之九京，在今新絳縣。兩種説法

223

中，殆以李說爲是。

[3] 告，稟告。京師將追擊玁狁之事稟告於王。

[4] 命前省略了主語王。乃，指武公，第二人稱代詞。元士，上士。《孟子·萬章下》："元士受地視子男。""君一位、卿一位、大夫一位、上士一位、中士一位、下士一位，凡六等。"又《禮記·王製》："天子之大夫視子男，天子之元士視附庸。"鄭玄注："元，善也，善士謂命士也。"《爾雅·釋詁》："羞，進也。"

[5] 多友爲器主，武公屬下武將。多友爲私名。張亞初疑多爲氏，殷商有多氏。衛即率，《說文》作達，云："先道（導）也"，即率領。公車，官車。《周禮·春官·巾車》："掌公車之政令。"鄭玄注："公，猶官也。"《詩·魯頌·閟宮》："公車千乘，朱英綠縢，二矛重弓。"公車專指公有兵車，禹鼎稱爲公戎車。

[6] 戎指玁狁。癸未及下甲申、丁酉皆十月干支。筍李學勤說即陝西旬邑縣。《漢書·郊祀志》載漢時美陽得鼎，張敞釋其銘有"王命尸（夷）臣，官此枸邑。"可見旬邑爲西周已有地名。

[7] 衣或說讀爲殷，大也。或說讀爲伊、繄，爲無義語中助詞。或說與下文"衣復""衣焚"同，讀爲卒。當以後說爲是。

[8] 脣從月與從日同，爲晨字異體，《說文》作晨。《爾雅·釋詁下》："晨，早也。"博從干尃聲，爲搏字異體，從干表示以干戈相搏。𢖻學者或以爲同郪（qī），也就是漆水之漆，其地近幽。《漢書·地理志》右扶風有漆縣。

[9] 右讀爲有。

[10] 凡，總計。二百爲合文。又□，所缺一字當爲"幾十"的數目。

[11] 戎車，玁狁的兵車。

[12] 匐讀爲復，《說文》："往還也。"引申爲還，歸，奪回。此句是說奪回被擄的俘虜、旬地。

[13] 龏應即典籍之共。《詩·大雅·皇矣》："密人不恭，敢距大邦，侵阮徂共。"地在今甘肅涇川縣北五里。

[14] 《說文》："从，隨行也。"跟隨，追蹤。

[15] 世，地名，已不可考。

[16] 乃，於是。轃字不識，但从或得聲的字多與从失得聲的字相通，

《説文》："戴，大也。从大，或聲，讀若《詩》'戴戴大猷。'"今《詩·小雅·巧言》作"秩秩大猷"，則戴或即軼字異體。《左傳·隱公元年》："懼其侵軼我也。"杜預注："軼，突也。"

[17] 以，用，戎車不能用，遂盡焚之。

[18] 毆，驅之古文。盠，音xì，《説文》："傷痛也。"盠字《説文》从血，銘文从皿，皿爲血之譌。此句意謂馬之傷者乃驅逐之，因其是軍事行動的累贅。

[19] 奪回被擄的京師之俘。

[20] 俘，俘獲物。聝，敵俘左耳。訊，戰俘。公，武公。多友級別較低，故只能向武公獻俘，而由武公再獻給周王。

[21] 遒前省略主語王，乃承上句而省。曰武公曰，告武公曰，與五祀衛鼎"曰厲曰"同例。静讀爲靖，動詞，安静。釐，通作釐，音xī，賞賜。

[22] 土田即土地。《爾雅·釋言》："土，田也。"

[23] 獻宮，武公宮室名。

[24] 向父即叔向父，也即上銘的禹，可見多友地位比禹低。

[25] 《爾雅·釋詁》："延，進也。"即引進。

[26] 公，武公。窺即親，親自。

[27] 事讀爲使。守簋："王事小臣事于尸（夷）。"

[28] 逜同逆，不順。

[29] 成，成功。《廣韻》："凡功卒業就謂之成。"有成，有功。事，征戰之事。

[30] 圭蔦見子黄尊注[5]。湯通璗，音dàng，《説文》："金之美者。"湯鐘，用精美的銅製作的樂鐘。字又作鍚（師戡簋）、鍚（楚公豪鐘）。瞀同於三體石經逸字古文，讀爲肆。《周禮·小胥》："凡樂，縣（懸）鐘磬，半爲堵，全爲肆。"按逸與肆通，《尚書·盤庚上》："胥及逸勤。"蔡邕《司空文烈侯楊公碑》引逸作肆。肆又與肄通，《周禮·小宗伯》："肄儀爲位。"鄭玄注："故書肄爲肆。"

[31] 鐈音qiáo，鋚音tiáo，是一種合金的名稱。拙文《周秦器銘考釋·仲滋鼎》云："鐈、鋚、鏽、鏐都指銅之合金，只是其中銅、錫、鉛的比例不一，故合金顯出的顏色也不一，鐈爲青白色……鋚黑如鐵

……"勻讀爲鈞，《説文》："三十斤也。"百鈞有三千斤，可見賞賜
之優渥。

[32] 用，介詞，以。倗，《説文》："輔也。"即朋友之朋的本字。朋、友
二字用如動詞，意爲加强朋友之間的聯係。

51 · 㝬攸比鼎

傳世器。原爲陸心源舊藏，現藏日本黑川文化研究所。銘 10
行 102 字。又名㝬从鼎。

【著録】

《積古》4·31　　《全上古》12　　《大系》圖 22 録 118 考 127
白川《通釋》29·627　　《集成》5·2818

【釋文】

隹（唯）卅（三十）又一年三月初吉壬辰[1]，王才
（在）周康宫𢼸大室[2]，㝬比以攸衛牧告于王[3]，曰：
"女（汝）覓我田[4]，牧弗能許㝬比[5]。"王令（命）眚
（省），史南以即虢旅[6]，迺事（使）攸衛牧誓曰："敢
弗具（俱）付㝬比，其且（助）射分田邑[7]，則殺[8]。"
攸衛牧則誓。比乍（作）朕皇且（祖）丁公、皇考叀
（惠）公障鼎。㝬攸比其邁（萬）年子子孫孫永寶用。

【注解】

[1] 郭沫若、容庚、董作賓、唐蘭皆以此爲屬王器，《斷代研究》也以

爲是“厲王前後器”。厲王三十一年爲前 847 年。“三十一年”亦有
學者隸作“三十二年”。

[2] 徲即遟（遲）字。徲大室唐蘭説爲夷王之太室。吳虎鼎有“康宮徲
宮”，即此“康宮徲大室”。

[3] 鬲爲族氏，或隸作鬲。《廣韻》：“鬲，姓，殷末賢人膠鬲之後。”後
世以鬲爲鍋。比字作⋀⋀，舊釋从。實則从作⋀⋀，與比方向不同。
以，表示處置，猶“把⋯⋯”此句意爲：鬲比向厲王控告攸衛牧。

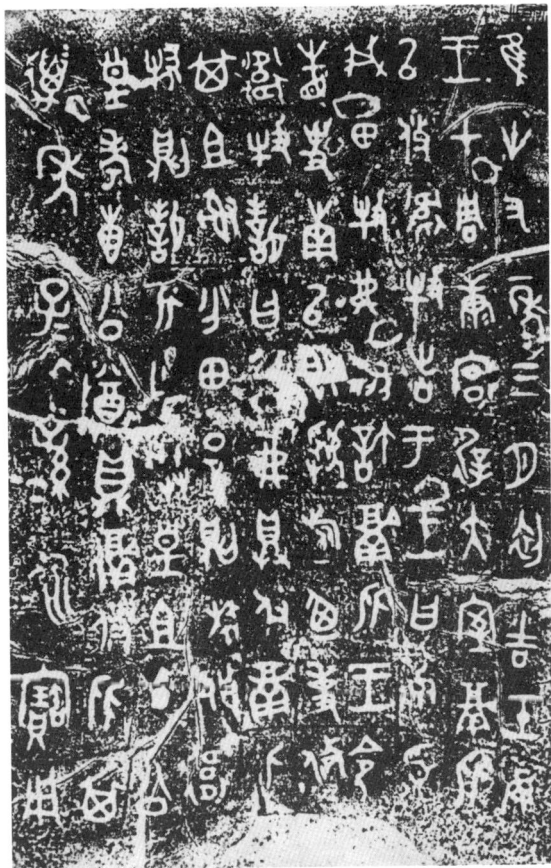

圖 51　鬲攸比鼎銘文

227

［4］汝指攸衞牧。覓，《廣韻》："求也。"此句應在田後斷句，指攸衞牧佔了㪤攸比的土地。

［5］牧字前人多斷在上句，不妥。牧爲攸衞牧之名，乃此句之主語。許，許諾。

［6］眚讀爲省，檢查、審查，《説文》："視也。"《論語·學而》："吾日三省吾身。"史南，屬王史官。虢旅即見於虢叔旅鐘之虢叔旅。即，就。

［7］且讀爲助，《廣韻》："益也。"《易·繫辭》："天之所助者順也。"助射，猶言益取、多取、大取。《管子·白心》："道者小取焉則小得福，大取焉則大得福。""其助射分田邑"，是説應當多加分取（攸衞牧的）田邑。

［8］殺字舊釋放、懲，字形皆有差距。殺字春秋金文庚壺作𣪊，三體石經作𣪊、𣪊，字形相近。《説文》："殺，戮也。"

52．散氏盤

《積古》云盤出土於陝西省鳳翔縣。現藏台灣故宮博物院。内底有銘文 19 行 356 字。又名散盤、矢人盤。

【著録】

《積古》8·3　《愙齋》16·4　《大系》圖 151 録 127 考 129
白川《通釋》24·191　《集成》16·10176

【釋文】

用矢戮（踐）散邑[1]，迺即散用田[2]。履[3]：自瀗涉以南，至于大沽（湖）[4]，一奉（封）[5]。以陟，二奉

(封)[6]，至于邊柳、復涉濡，陟雩（越），𠭯䉶𨸏[7]。以西，奉（封）于敄（敝）城。楮木，奉（封）于芻逨（仇），奉（封）于芻道[8]，内（入）陟芻，登于厂湶，奉（封）割（諸）杆、𨸏陵、剛（崗）杆[9]。奉（封）于巢（單）道，奉（封）于原道[10]，奉（封）于周道[11]。以東，奉（封）于𩏂（棹）東彊（疆）[12]。右還，奉（封）于履（郿）道[13]。以南，奉（封）于䊗逨（仇）道。以西，至于难（鳿）莫。履井邑田[14]。自根木道左至于井邑，奉（封），道以東，一奉（封），還，以西一奉（封），陟剛（崗）三奉（封）。降以南，奉（封）于同道[15]。陟州剛（崗），登杆，降棫二奉（封）[16]。夨人有𤔲（司）履田：鮮、且、散、武父、西宮襄[17]、豆人虞丂（考）、录（麓）貞[18]、師氏右眚（省）、小門人䌛、原人虞艿、淮𤔲（司）工虎[19]、孝、開、豐父、难（鳿）人有𤔲（司）荆丂（考）[20]，凡十又五夫[21]。正履夨舍散田[22]：𤔲（司）土（徒）屰（逆）寅、𤔲（司）馬巢（單）𡎸、䡒人𤔲工騌君[23]、宰德父[24]；散人小子履田：戎[25]、散（微）父、效（教）果父[26]、襄之有𤔲（司）橐、州豪（就）、焂從𩰫[27]，凡散有𤔲（司）十夫。唯王九月，辰才（在）乙卯。夨卑（俾）鮮、且、𢍰、旅誓[28]，曰："我既付散氏田器[29]，有爽[30]，實余有散氏心賊[31]，則爰千罰千[32]，傳棄之[33]。"鮮、且、𢍰、旅則誓。迺卑（俾）西宮襄、武父誓[34]，曰："我既付散氏溼田、𤱶（畛）田[35]，余有爽䜌（變）[36]，爰千罰千。"西宮襄、武父則誓。氒（厥）受（授）圖[37]，夨王于豆新宮東廷[38]。氒（厥）左執緌史正中（仲）農[39]。

②

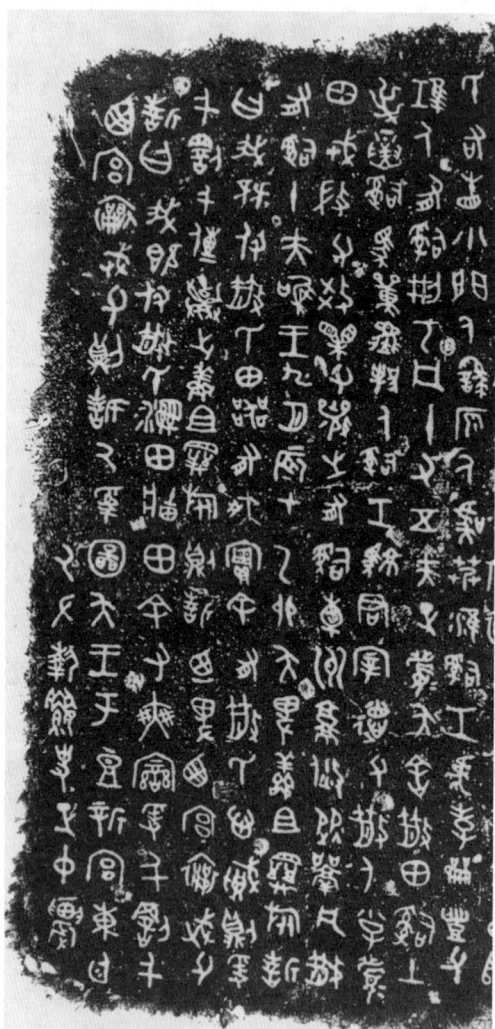

圖 52 － ①② 散氏盤銘文

【注 解】

[1] 矢爲西周畿内小國，在今陝西千陽、隴縣、寶雞界上。矢君稱王，
見矢王方鼎、矢王觶、同卣及此盤。張筱衡、劉啓益都以爲矢即吳
字省口，也就是虞。《史記·周本紀》：“虞、芮之人有獄不能決，乃

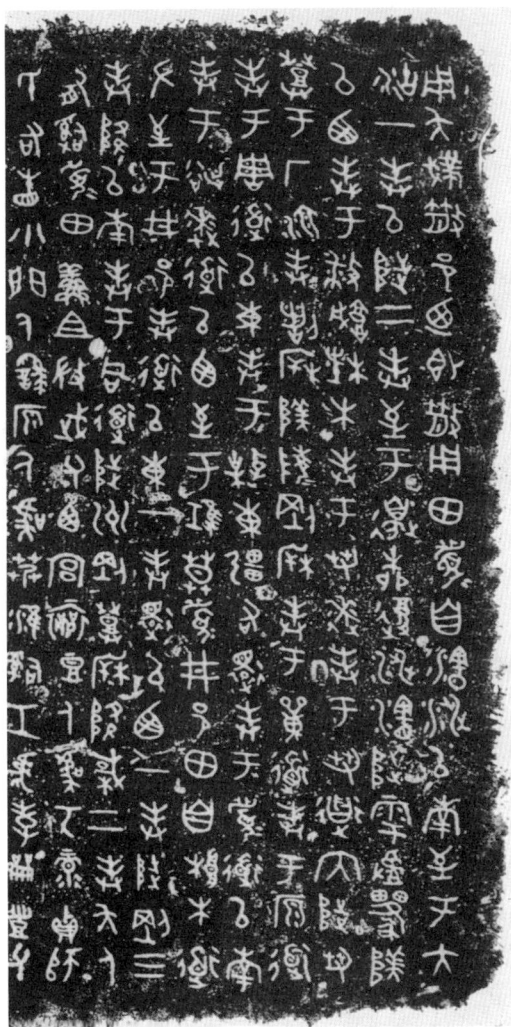

①

如周……"隴縣出土有吳仲戈，爲吳大伯弟仲雍所作。戲字解釋參
看麸鐘注[4]，盤銘讀爲踐，義爲履。《公羊傳·宣公十五年》："稅
畝者何？履畝而稅也。"何休注："履踐案行，擇其善畝，穀最好者

税取之。"本銘前用踐，後用履，二字義近，分用者，蓋避重復也。散爲矢之鄰國，在矢之東，約在今鳳翔、千陽、寶雞界上。矢人劃伐散邑，可能失敗了，故賠付土地予散。

[2] 楊樹達云："即者，今言付與。"曶鼎："迺或（又）即曶七田。"用，以。

[3] 田下一字舊釋眉，讀爲堳，指矮墙。《周禮·天官·掌舍》："爲壇壝宮、棘門。"鄭玄注："謂王行止宿平地，築壇，又委壝土，起堳埒以爲宮。"孫詒讓正義："《廣雅·釋丘》云：'堳、埒，厓也。'《説文》土部云：'埒，庫垣也。'鄭意築土高起爲壇，又於壇外四面委土爲庫垣，令高出於埒，使有厓埒，即所謂宮也。"堳、埒爲田塍。章太炎釋履，近時裴錫圭重加闡釋。五祀衛鼎履从舟，眉聲，作⟨圖⟩，舟象鞋履形。本銘履字省舟及足形作二，其意義仍與鼎銘同。《説文》："履，足所依也。"徐灝注箋："履，踐也，行也。"朱駿聲通訓定聲："此字本訓踐，轉注爲所以踐之具也。"

[4] 瀗，水名，今名不詳。按瀗即瀗字省體，憲與干聲字通，《禮記·樂記》："《武》坐致右憲左。"鄭玄注："憲讀爲軒，聲之誤也。"《孔子家語·辯樂》憲作軒。由此而論，瀗也可能即汧（汧，今作千）水。王國維讀作扞，然扞水在渭南，與此地望不合。沽，亦水名。或讀爲湖。

[5] 奉字作⟨圖⟩，侯馬盟書作⟨圖⟩，象手捧植株，楊樹達釋奉，讀爲封。封，堆土植樹爲界。《周禮·地官·大司徒》："製其畿疆而溝封之。"鄭玄注："封，起土界也。"賈公彥疏："溝封之者，謂於疆界之上設溝，溝爲封樹以爲阻固也。"以下所謂一封、二封、三封，皆指封之數目。銘謂矢、散因土地糾紛，故踐履踏勘，自汧水渡過向南，到達大沽，樹立一道封土爲界。

[6] 陟，《説文》："登也。"

[7] 泟讀爲越。中山王舋鼎："吳人并泟。"徂讀爲徂，往，到。𡔖即𡅥，今通作原。石鼓文有《作邍》篇，邍與𡅥略同。此原從方位看，應即鳳翔南部之原，後秦人在此修邥時及吳陽上、下時，因稱三時原。陝，地名，所在不詳。但下文又有陝陵，當是一個大的地域範圍。《漢書·地理志》右扶風有美陽縣，班固自注："《禹貢》岐

山在西北。"美陽在今武功鎮（舊武功縣）西北，與郿縣相鄰。盤銘提到眉，則陝、陝陵也可能在美陽縣地。

[8] 敝張亞初釋敝。《詛楚文·亞駝》敝作𢽽。李孝定以爲"（甲骨文敝）象敗巾之形……契文正从攴从㡀會意。"金文从巾从攴，釆（biàn）聲。郭店楚簡《緇衣》"稽其所以𢽽，"末字今本作敝。又簡本《老子》乙本："其用不𢽽"，今本亦作敝。敝城，破舊之城。楮，音chǔ，木名，又名構樹，此以木名地。或"敝城楮木"連讀，意謂在敝城封樹以楮木。

[9] 㭒應即作册睘卣之庠地，見該卣注[2]。陵又作㚆。寶鷄竹園溝出有㚆伯𤩭，傳世有陵叔作衣鼎（《韡華》215），陵在岐山、鳳翔交界處偏北。

[10] 𤰔即單字，爲族邑氏。單人傳世器有單伯昊生鐘。由此銘看，單原在畿内，後遷河南孟津。2003年郿縣楊家村出土單氏家族銅器群，單應在郿縣。原也是邑人，下文有原人。

[11] 周，周人舊邑，周棘生簋及周雒盨皆周氏族人之器。周道又見《詩·小雅·四牡》"四牡騑騑，周道倭遲。"毛傳："周道，岐周之道也。"朱熹集傳則以爲是"大路"。

[12] 𣚃疑爲棹之異構，音zhuō，木名。

[13] 還讀爲旋，轉彎。履讀爲郿（今縣名又改作眉），五祀衛鼎履从舟，眉聲，故可讀作郿。《詩·大雅·崧高》："申伯信邁，王餞于郿。"故城在今岐山縣東南。

[14] 以上敘述踏勘、封樹矢人付給散田疆界事。以下敘述踏勘、封樹旁近井邑的矢人田地疆界。井邑與散邑接壤，約在今鳳翔縣南部。第二塊田雖稱"井邑田"，其實仍是矢田，只是鄰近井邑而已。

[15] 同，邑名，小臣宅簋、沈子簋有同公。

[16] 械盧連成説即長由盉"下減居"之減，亦即《漢書·地理志》雍縣械陽宮的械。筆者以爲大約在今鳳翔縣城南八旗屯村一帶雍水兩岸。減地低下，故云降。

[17] 有司，職官。《儀禮·士冠禮》："有司如主人服。"鄭玄注："有司，群吏有事者。"以下十五人皆矢之官員而參與踏勘田地者。西宮襄，西宮本別宮，《春秋·僖公二十年》："五月乙巳西宮災。"杜預注：

“西宫，公别宫也。”褱可能是西宫的官員。

[18] 豆爲畿内地名，宰峀簋：“王來獸（狩）自豆録（麓）。”豆既有麓，必爲山陵。虞，山虞，掌山澤之官。丂讀爲考，爲虞官之私名。录王國維讀爲麓，《説文》：“守山林吏也。”貞爲林麓官之私名。

[19] 門人，守門小吏。《穀梁傳·襄公二十五年》：“吴子謁伐楚……至巢，入其門，門人射吴子。”艿亦虞人。淮司工虎，淮人司空名虎者，官名前冠以族氏。《漢書·地理志》右扶風武功縣“有垂山、斜水、淮水祠三所”。淮水趙一清疑雍水之誤，汪士鐸疑褒水之誤，皆無力證。由此銘前，畿内應有淮水，只是今已不能確指。

[20] 琟，族邑，所在不詳。

[21] 以上共 15 人，惟算法不盡相同，如孝鬨或看作一人，或看作二人，刑丂也是這樣。

[22] 正，《玉篇》：“定也。”《周禮·天官·宰夫》：“歲終，則令群吏正歲會。”孫詒讓《正義》：“《説文·正部》云：‘正，是也。事必是而後定，故引申之，定亦曰正。”正履即勘定，也就是覆核、確認。舍，給予。五祀衛鼎：“余舍女（汝）田五田。”

[23] 司土即司徒，西周晚期始有作司徒者，春秋以後皆作司徒。屰象人倒立之形，即逆字初文。䚄爲族氏名。

[24] 宰爲諸侯或卿大夫的家臣。《論語·公冶長》：“求也，千室之邑，百乘之家，可使爲之宰也。”

[25] 小子爲職位低微的小吏。張亞初在“履田”二字後斷句，戎字不連讀，今从之。

[26] 微父或是微邑之人。微氏家族世居畿内，史墻、微伯𤼈都屬這一家族。效同教。

[27] 襄應爲族氏名。焂从䍃或説即䚄攸比。

[28] 夨人使其官員鮮、且、䍙、旅起誓。

[29] 田器，農具。《禮記·月令》：“（季冬之月）命農計耦耕事，脩耒耜，具田器。”西周時農具附屬於田地，故與田地一同交付。

[30] 爽，差錯。《詩·小雅·蓼蕭》：“其德不爽。”毛傳：“爽，差也。”有爽，有差錯違約之事。

[31] “有散氏心賊”是“有賊散氏心”的倒文。《玉篇》：“賊，傷也。”

《史記·衛康叔世家》："爲武庚未集，恐其有賊心。"

[32] 湯餘惠說爰讀爲鋝，重量單位。《尚書·吕刑》："墨辟疑赦，其罰百鋝。"鄭玄注："鋝，六兩也。"儆匜："鞭女（汝）五百，罰女（汝）三百乎。"大意相同。

[33] 《銘文選》云："傳棄之，執而放逐之，指官方執行此誓約。《孟子·萬章》：'庶人不傳質爲臣。'趙岐注：'傳，執也。'棄，在此解釋爲流放。《周禮·秋官司寇·掌戮》賈公彦疏：'棄如流宥之刑。'"

[34] 矢人又使其官員西宫襄、武父立誓。

[35] 濕（溼），音 shi，《説文》："幽濕也。"濕田即低窪地。牆不見於字書，字從田，壯聲，或指高燥田，即原田。《左傳·僖公二十八年》："原田每每……"杜預注："高平曰原。"古人常以原濕或隰原連讀。《詩·大雅·公劉》："度其隰原。"石鼓文《鑾車》："遷（原）濕陰陽。"

[36] 繇讀爲變，變故。

[37] 圖指矢王交付散人的兩塊田地的圖。

[38] 矢王即矢侯，古異姓諸侯往往在其國内稱王。

[39] 緩通要。《論語·憲問》："見利思義，見危授命，久要不忘平生之言，亦可以爲成人矣。"何晏集解引孔安國曰："久要，舊約也。"約即契約。左執要，即執左要，古時土地契約雙方各執一半，契約的左半由史官執掌，存入官府檔册。史正，史官之長。仲農，史官之名。

【斷 代】

盤有奓從嚣，王國維以爲即矊攸比鼎之矊攸比，爲厲王時人。王氏云："此盤之作，以盤中所記事及政治情狀推之，殆當厲王之世。"其後學者多從之。

53．史頌鼎

　　傳世共 2 器，字句全同，此選取第二器。現藏上海博物館。
銘 7 行 63 字。

【著録】

　　《攀古》1·10　　《攗古》三之一，52　　《大系》圖 9 録 44 考
71　白川《通釋》24·184　　《集成》5·2787

圖 53 史頌鼎銘文

【釋 文】

隹（唯）三年五月丁子（巳），王才（在）宗周，令（命）史頌[1]眚（省）穌（蘇）澗友、里君[2]、百生（姓），帥（率）齵（偶）敦于成周[3]，休有成事[4]。穌（蘇）賓章（璋）[5]、馬四匹、吉金，用乍（作）鸞彝。頌其萬年無彊（疆），日遲（將）天子覭令（命）[6]，子子孫孫永寶用。

【注 解】

[1] 郭沫若以爲此鼎之史頌與頌鼎之頌皆共王時人，失之過早。史頌鼎器形淺垂腹，雙立耳，三足呈蹄狀；口下一周飾竊曲紋帶，由6條短扉分隔，腹飾波浪紋，足有獸頭，與陝西歷史博物館藏函皇父鼎同。函皇父郭説即《詩·小雅·十月之交》的"皇父卿士"，事屬、宣二世，史頌應與之同時。史頌鼎與頌鼎皆作於"三年五月"，惟干支一爲甲戌，一爲丁巳，相差18日。但頌鼎球腹，立耳，僅口下飾兩周弦紋，與史頌鼎器形、紋飾均不相同，後者時代應較早。《銘文選》云："史頌鼎銘記出史蘇國事，頌鼎銘記王任命其爲官司成周貯，監司新造，其官職不同。且此兩事也不可能發生在十八日之內而分別鑄兩大組禮器，史頌鼎器形早於頌鼎。今置前者爲共和，後者爲宣王之世。"今從其説。一説共和不存在紀年，其紀年應在宣王或厲王紀年之內。金文干支中辰巳之巳作子，子丑之子作覺。

[2] 史頌所作之器還有簋、盤、簠、匜等。眚爲省之繁體。《尚書·立政》："司寇蘇公。"孔氏傳："忿生爲武王司寇，封蘇國。"蘇爲己姓國，在今河南溫縣。友前一字不識，張亞初讀爲姻。里君即里尹，里中掌管文書、教化事務的官員。《逸周書·嘗麥》："供百享歸祭閭率里君。"《管子·小匡》："擇其賢民，使爲里君。"斯維至云："《周禮》不見里君之名。《書·酒誥》：'越百姓里居。'《逸周書·商誓》：'百官里居。'王國維謂里居之居爲君字之訛。其説確不可易。"

[3] 帥讀爲率，統領。齵《銘文選》説從韋與從阜同，隅假借爲偶。

《史記·黥布列傳》："迺率其曹偶，亡之江中。"《索隱》："偶，類也。"執史頌簋作盨，疑爲盨字之省。《説文》："盨……讀若戾。"《詩·魯頌·泮水》："魯侯戾止。"毛傳："戾，來。"

[4] 休，美。成事，成功，辦成事情。《左傳·宣公十二年》："其爲先君宮，告成事而還。"

[5] 《説文》："賓，所敬也。"引申爲貢奉，敬獻。

[6] 遅讀爲將，參看禹鼎注[18]。覯徐中舒師讀爲耿。《尚書·立政》："丕釐上帝之耿命。"

54. 頌　壺

　　傳世共 2 器，此選取其第二器。舊藏王益朋家，現藏台灣故宮博物院。器、蓋同銘，器銘 21 行，蓋銘 37 行，各 151 字。

【著　録】

《積古》5·12　《從古》11·12　《大系》録 56　白川《通釋》24·153　《集成》15·9731

【釋　文】

佳（唯）三年五月既死霸甲戌[1]，王才（在）周康卲（昭）宮[2]。旦，王各（格）大室，即立（位）。宰引右（佑）頌入門，立中廷[3]。尹氏受（授）王令（命）書[4]，王乎（呼）史虢生册令（命）頌[5]。王曰："頌，令（命）女（汝）官嗣（司）成周貯（賈）廿（二十）家[6]，監嗣（司）新窹（造）貯（賈）[7]，用宮御[8]。易女（汝）玄衣黹屯（純）、赤市、朱黄（衡）、鑾

圖 54 頌壺銘文

（鑾）旂、攸（鋚）勒，用事[9]。"頌拜頴首，受令（命）册，佩以出[10]，反（返）入（納）堇（覲）章（璋）。頌敢對揚天子不（丕）顯魯休，用乍（作）朕皇考龏弔（叔）、皇母龏始（姒）寶障壺[11]，用追孝旂（祈）匄康龏屯（純）右，通录（禄）永令（命）[12]。頌其萬年釁（眉）壽，畍（畯）臣天子[13]，霝（令）冬（終）[14]。子子孫孫寶用。

【注 解】

[1] 此爲宣王三年，前 825 年。據張培瑜《中國先秦史曆表》。此年五月戊申朔，甲戌爲二十七日。

[2] 周指周都洛陽。康昭宮，康宮中的昭宮。康宮爲康王宗廟，昭宮爲昭王宗廟。

[3] 宰參看散氏盤注[24]。宰本家臣，也參與賜命活動。

[4] 尹氏是一種職官泛稱，指作册尹及内史尹，史官之長，參與賜命活動。受讀爲授。命書，記載王詔命的簡册。《儀禮·覲禮》："諸公奉篋服，加命書于其上。"

[5] 史虢生，史官名虢生。生讀爲甥，虢國外甥。册命，讀簡册而賜命之。

[6] 官司，主管。成周，周東都洛邑，在王城之東，今洛陽市白馬寺一帶。成王時周公所築。貯，典籍作賈，音 gǔ，指商賈。

[7] 監司，監管。新造義不明，或説是地名，或説是職官名。

[8] 御，進用。宮御，宮中所用的貨物。

[9] 玄，黑中帶赤之色。玄衣，玄色之衣，爲卿大夫朝服。黹，音 zhǐ，刺繡。屯讀爲純，音 zhǔn，衣緣。用事，奉行職事。

[10] 命册即命書。"受命册，佩以出，返納覲章"是記受命後的廷禮情況，僅見此器及膳夫山鼎。本銘是目前所見記載册命製度最完備的。

[11] 皇字器銘原缺，此據蓋銘補。龏，謚號。龏姒，頌之亡母，龏爲夫

240

之謚，似爲其姓。

[12] 追孝，追行孝道。《尚書·文侯之命》：汝肇刑文武，用會紹乃辟，追孝于前文人。"孔氏傳："繼先祖之志爲孝。"旃从㫃，斳聲，邾公釛鐘作旂，讀爲祈。《説文》："匃，气也。"即乞求。祈、匃義近，常連用。康，安康。粦字不識，他器或作勴，如膳夫克鼎："用匃康勴屯右。"勴通樂。屯典籍通作純。《詩·小雅·賓之初筵》："錫爾純嘏。"鄭玄箋："純，大也。"右，佑助。通录，徐中舒師《金文嘏辭釋例》云："通讀如通達窮通之通，通录即顯禄。以今語釋之，即高級薪俸也。"永命，長命。

[13] 其，語氣詞，表希望。眈同畯，讀爲駿，《爾雅·釋詁》："長也。"畯臣天子，永遠臣事天子。

[14] 霝典籍作令，善也。《詩·大雅·既醉》："昭明有融，高朗令終。令終有俶，公尸嘉告。"鄭玄箋："令，善也。天既其（一本作助）女以光明之道，又使之長有高明之譽，而以善名終，是其長也。"

55．兮甲盤

傳發現於宋代，時間、地點不詳。《攈古録金文》云："許印林說，陸友仁《研北雜志》云李順父有周伯吉父槃，銘一百三十字，家人折其足，用爲餅槃，鮮于伯機（輝按即元人鮮于樞）驗爲古物，乃以歸之。"《商周彝器通考》上 465 載："濰縣陳氏簠齋（輝按即陳介祺）得于清河道庫。"今僅有拓本流傳，原器不知去向。銘 13 行 133 字。又名兮田盤、兮伯盤、兮伯吉甫盤、伯吉父盤。

【著 録】

《攈古》三之二·67　　《綴遺》7·7　　《大系》録 134 考 143
白川《通釋》32·785　　《集成》16·10174

圖 55 兮甲盤銘文

【釋 文】

隹（唯）五年三月既死霸庚寅[1]，王初各（格）伐厰（玁）狁（狁）于罪虘[2]。兮甲從王[3]，折首執訊，休，亡敃（愍）[4]。王易（賜）兮甲馬四匹、駒車[5]。王令（命）甲政嗣（司）成周四方責（積）[6]。至于南淮尸（夷）[7]。淮尸（夷）舊我員（帛）畮（賄）人[8]，毋敢不出其員（帛）、其責（積）、其進人[9]。其貯（賈）毋

敢不即餗（次）、即市[10]。敢不用令（命），則即井
（刑）、斵（踐，翦）伐[11]。其隹（唯）我者（諸）侯百
生（姓），氒（厥）貯（賈）毋不即市，毋敢或（又）
入蠻（蠻）宑貯（賈），則亦井（刑）[12]。兮白（伯）吉
父乍（作）般（盤），其鬋（眉）壽萬年無彊（疆），子
子孫孫永寶用。

【注解】

[1] 此爲宣王五年，前 832 年，據張培瑜《中國先秦史曆表》，此年三
月丁卯朔，庚寅爲 24 日。

[2] 各讀爲格，擊打，格鬥。《逸周書·武偁》："追戎無恪，窮寇不格。"
孔晁注："格，鬥也。"或説讀爲略。《左傳·宣公十五年》："晉侯治
兵于稷，以略狄士。"杜預注："略，取也。"罟虘，地名，所在不
詳，王國維疑即春秋時之彭衙，今陝西澄城縣。王氏云："彭衙一
地，在漢爲左馮翊衙縣，正在洛水東北。玁狁寇周，恒自洛向涇，
周人御之，亦在此間。虢季子白盤云：'博伐厰允，于洛之陽。'此
盤云：'王初各伐厰狁于罟虘。'其用兵之地，正相合矣。"

[3] 兮甲，下文又稱兮白（伯）吉父。王國維云："甲者月之始，故其
字曰伯吉父。吉有始義，古人名月朔爲月吉，以月之首八日爲初
吉，是其證也。甲字吉父。上云'兮甲從王'，下云'兮伯吉父作
盤'，前對王言故稱名，後紀自己作器，故稱字也。此兮伯吉父疑
即《詩·小雅·六月》之吉甫。《詩》云'文武吉甫''吉甫宴喜'，
《大雅》兩言'吉甫作誦'而不舉其氏，毛公始加尹字，蓋尹其官，
兮其氏也。今本《竹書紀年》繫《六月》尹吉甫伐玁狁事於宣王五
年，不知何據？此盤所紀，亦宣王五年三月事，而云'王初各伐'，
蓋用兵之始，未能得志。"兮疑讀爲猗，《詩·魏風·伐檀》："河水清
且漣猗。"王引之《經傳釋詞》："猗猶兮也。"漢石經猗作兮。明廖
用賢《尚友錄》："猗，望出陳留河南……猗頓，周魯之窮士，用鹽
起家，與王者埒富。"

［4］敃讀爲愍，音 mǐn，《説文》：“痛也。”

［5］《説文》：“駒，馬二歲曰駒。”徐灝《注箋》：“駒雖爲二歲馬，渾言之則爲兒馬方壯之稱。”駒車，小馬所駕之車。

［6］政讀爲征，征收。矞同辭，讀爲嗣（司），主管。責讀爲積，委積。《周禮·地官·遺人》：“掌邦之委積。”鄭玄注：“委積者，廩人、倉人計九穀之數足國用，以其餘共之，所謂餘法用也……少曰委，多曰積。”此處指征伐淮夷所需糧草。成周處天下之中，是糧草征收積聚的中心。

［7］淮夷居淮河流域，在周之南境。兮甲主管成周四方積，包括南淮夷在内。

［8］楊樹達云：“貟即帛字，益公殷云：‘眉敖至，見，獻貟’，貟从貝从帛，此省巾，但从白耳。”郭沫若云：“晦當讀爲賄，《一切經音義》四：‘賄古文晦同’正从每聲。”《周禮·天官·大宰》：“六曰商賈，阜通貨賄。”鄭玄注：“金玉曰貨，布帛曰賄。”此句意謂：淮夷從來是向周王朝入貢布帛的臣民。師寰簋：“淮夷繇（舊）我貟晦臣。”大意亦同。

［9］出，交出，貢納。進人，進貢之力役。《銘文選》云：“《周禮·秋官司寇》之蠻隸養馬、閩隸畜養鳥、夷隸養牛馬、貉隸養獸。此等勞役皆徵自四夷，就是力役之徵。”

［10］餗讀爲次，市中官舍，即市場管理機構。《周禮·地官·司市》：“掌市之治教政刑，量度禁令，以次叙分地而經市。”鄭玄注：“次，謂吏所治舍。思次，介次也，若今市亭然。”李學勤説：“次……是管理市場的機構。因此，盤銘是講淮夷的賈人到規定的市場上去，這是控制淮夷和内地交易的具體措施。”

［11］劕字从劉釗説改釋，讀爲踐或剗、翦，參看鈇鐘注［4］。《吕氏春秋·古樂》：“成王立，殷民反，王命周公踐伐之。”高亨認爲踐伐即翦伐。

［12］蠚讀爲蠻，此指淮夷。宄同宄，音 guǐ，《説文》：“奸也……宄，古文宄。”宄賈，非法貿易。此句是説周人諸侯、百姓也須到市場上去交易，如不守貿易規定，也要處以刑罰。

56．不其簋蓋

傳世器僅一蓋。現藏國家博物館。1980 年 3 月，山東省滕縣城郊鄉後荆溝出土另一器及蓋。現藏藤州市博物館。簡報作者認爲："這件簋上的蓋并非原蓋，而中國歷史博物館所藏蓋原屬此器。"蓋銘 13 行 152 字。

【著　録】

《從古》10·36　　《大系》圖 97 錄 89 考 106　　白川《通釋》32·814　　《集成》8·4329

【釋　文】

唯九月初吉戊申[1]，白（伯）氏曰[2]："不娶（其）[3]，駿（朔?）方厰（玁）允（狁）廣伐西俞（隅）[4]，王令（命）我羞追于西[5]。余來歸獻禽（擒）[6]。余命女（汝）御（馭）追于畧[7]。女（汝）目我車宕伐甂允（玁狁）于高匋（陶）[8]。女（汝）多折首執訊。戎大同丞（永）追女（汝）[9]，女（汝）及戎大𣊡（敦）戱（搏）。女（汝）休，弗以我車函（陷）于囏（艱）[10]。女（汝）多禽（擒），折首執訊。"白（伯）氏曰："不娶（其），女（汝）小子，女（汝）肇誨（敏）于戎工（功）[11]。易（賜）女（汝）弓一、矢束、臣五家、田十田，用永乃事[12]。"不娶（其）拜頴（稽）手（首）休，用乍（作）朕皇且（祖）公白（伯）孟姬障殷[13]，用匄多福，費（眉）壽無彊（疆），永屯（純）霝（令）冬（終），子子孫孫其永寶用享。

圖 56 不其簋銘文（蓋銘）

【注 解】

[１] 此爲宣王六年前某年九月戊申日。拙著《秦銅集釋》云："王國維
對此器的年代作了一個大致的判斷：'其器爲周室東遷以前之器，
又其出土之地必在陝右，此又從文字及所紀之事可得斷定者也。'
以後郭沫若又確定爲夷王時器，但無有力證據。陳夢家《綜述》
283 頁指出'西周金文不其毀爲秦人之器。'李學勤更進而指出這
是秦莊公其器，是最早的一件秦青銅器，'其年代當在前 820 年左

右。'所謂'前 820 年左右',也就是秦莊公即位之初。因爲秦仲被殺的年份,《年表》列在宣王六年(前 822 年),《後漢書·西羌傳》列在宣王四年(前 824 年),故莊公即位最晚可能在前 821 年,即宣王七年。'大體上説,李先生的結論是正確的,我們對此稍加修正。我們以爲此時莊公尚未即位,秦仲尚在,但莊公已爲軍隊統帥,必已成年,故器作於秦仲後期,即周宣王六年(前 822 年)之前數年内。"

[2] 伯氏即秦仲。王國維云:"(此銘)作祖器而不及考者,其父尚在也……余疑不娶爲伯氏之子,伯氏又公伯之子……"李學勤説伯氏是秦莊公之兄,莊公有兄弟五人,莊公是其"長者",但不是最長者,上尚有其兄。我以爲伯氏應是秦仲,"銘文中伯氏稱不娶爲'小子',伯氏又賜不娶弓、矢、臣、田,足見其地位在不娶之上。若此時不娶未即位,則秦仲尚在,其子未掌國事;若此時不娶已即位爲秦公,其兄也不應如此行事。"

[3] 娶爲其字異構,象人跪而執箕之形。李學勤説其乃秦莊公名,《史記·十二諸侯年表》載秦莊公名其,不字先秦時多用爲無義助詞,其説是。《史記·秦本紀》:"公伯立三年,卒。生秦仲……周宣王即位,乃以秦仲爲大夫,誅西戎,西戎殺秦仲。秦仲立二十三年,死於戎,有子五人,其長者曰莊公。周宣王乃召莊公昆弟五人,與兵七千人,使伐西戎,破之。"銘文所記即秦莊公破西戎之事。

[4] 王國維説駿方即御方,"古中國人呼西北外族之名,方者國也。""其人善御,故稱御方。"楊樹達疑馭讀爲朔。禹鼎有"噩侯駿方",駿方爲噩侯之名,與此銘含義不同。郭沫若説"不娶駿方即噩侯駿方,一字一名",非是。玁狁又稱犬戎,爲西戎之一支。俞讀爲隅。西隅泛指周之西部邊遠地區。

[5] 西,地名,原先可能爲西戎所居。秦莊公破西戎,"(宣王)於是復予秦仲後及其先大駱地犬丘并有之,爲西垂大夫"。西即西垂(陲)。秦後於此置西縣,即今甘肅禮縣。西作爲地名還見于天水出土秦公簋及西安北郊相家巷村新出秦封泥、寶鷄出土二十六年戈。

[6] 獻擒,上獻戰爭擒獲,告捷於宗廟。

[7] 御即馭,駕車。御追,以兵車追逐之。器,地名,不詳所在。或説

247

即《漢書・地理志》天水郡略陽道之略。

[8] 匋字从二人二土一阜（阝），象人在溝岸邊堆土作器，或説即陶之本字。《説文》：“陶，再成丘也，在濟陰。”所説爲山東陶丘。其實陶本指象陶竈一樣的山包。高陶依方位説，當指渭北或隴東某處黄土山包，與山東陶丘無涉。但文獻有缺，今已不知其詳了。一説字應隸作隉，讀隨。

[9] 同，《説文》：“合會也。”大同，大集結。永字蓋銘作坐，器銘作从，當以蓋銘爲是。永，長也，遠也。此句説戎集結兵力，遠追不其。

[10] “汝休”猶言汝善自爲之。函讀爲陷。囏爲艱字籀文，《説文》：“土難治也。”引申指困境。

[11] “肇敏戎工”即《詩・大雅・江漢》之“肇敏戎公”，虢季子白盤之“甼（壯）武于戎工”。誨、敏具从每得聲，例得通用。《爾雅・釋言》肇，敏也。”肇、敏義近連用，指敏捷。一説肇即肁，義爲始。工讀爲功，戎功，軍事活動。

[12] 用永乃事，永遠忠於你的職事。

[13]《史記・秦本紀》：“秦侯立十年，卒，生公伯。公伯生三年，卒，生秦仲。”公伯爲秦仲之父，莊公之祖。

【斷　代】

郭沫若斷爲夷王時器，主要根據是認“不其駿方”與“噩侯駿方”爲一人。二者既非一人，郭説就失去了立論的基礎。此爲宣王時器，似乎已是定論。

57 . 虢季子白盤

清道光年間（1821～1850 年）郿縣知縣得於陝西寶鷄虢川司。

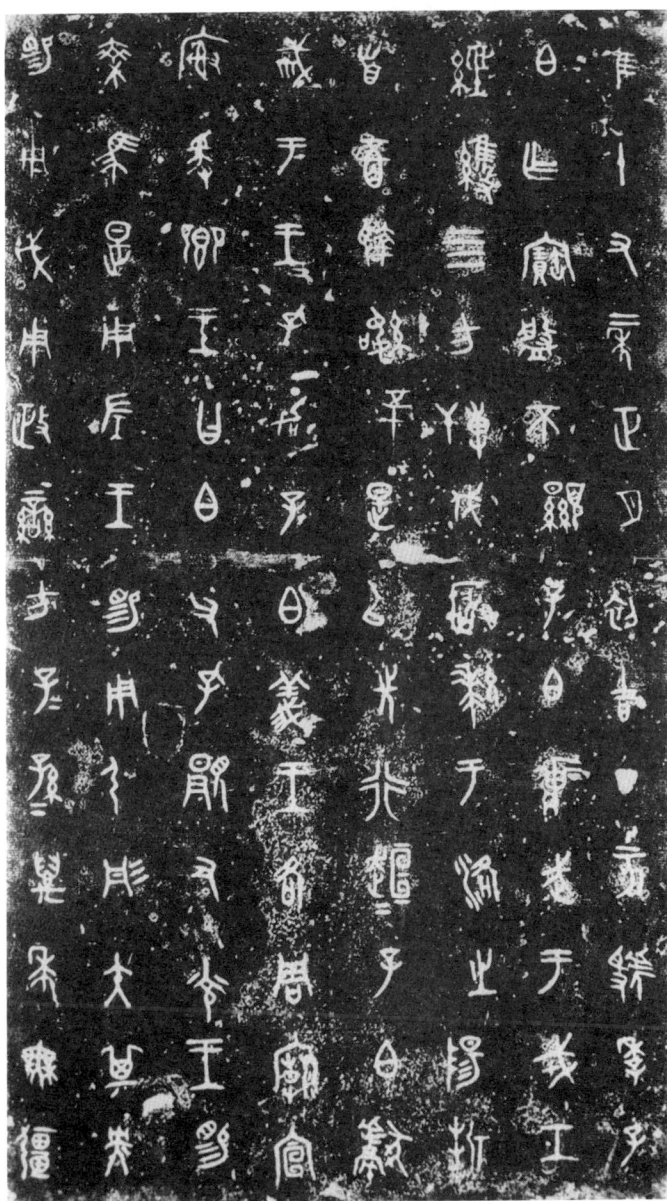

圖 57 虢季子白盤銘文

現藏國家博物館。器長 137.2、寬 86.5、高 39.5 厘米，重 450 公斤，是目前所見最大的青銅水器。內底銘 8 行 111 字。又稱虢季子白盤。

【著 錄】

《從古》10·31　《攈古》三之二，37　《大系》圖 152 錄 88
考 103　白川《通釋》32·800　《集成》16·10173

【釋 文】

隹（唯）十又二年正月初吉丁亥[1]，虢季子白乍（作）寶盤[2]。不（丕）顯子白，壯（壯）武于戎工（功）[3]，經緤（維）四方[4]。博（搏）伐厰（玁）狁（狁），于洛之陽[5]。折首五百，執訊五十，是以先行[6]。趄（桓）趄（桓）子白[7]，獻馘于王。王孔加（嘉）子白義，王各（格）周廟宣廁（榭）爰鄉（饗）[8]。王曰："伯父孔顯有光[9]。"王賜（賜）乘馬，是用左（佐）王；賜（賜）用弓，彤矢其央[10]；賜（賜）用戉（鉞），用政（征）蠻（蠻）方[11]。子子孫孫，萬年無彊（疆）。

【注 解】

[1] 自《從古》以下，諸家皆以此爲宣王時器，唯郭沫若定爲夷王時，高鴻縉定爲平王時。按宣王時屢有伐玁狁之役，見於上舉兮甲盤、不其簋蓋，亦見於《詩·小雅·六月》，《詩叙》以爲 "《六月》，宣王北伐也"，詩中有些句子，如 "以佐天子" "白旆央央" "以先啓行"，也與此銘接近。宣王十二年爲前 816 年，張培瑜《中國先秦史曆表》，此年正月戊子朔，丁亥爲朔前一日，比較接近。

[2] 虢季子白，或說即虢宣公子白，傳世有虢宣公子白鼎（《錄遺》90）。虢爲周文王弟封國，在今陝西寶鷄縣。虢季，姓氏，爲虢國

氏族的一支。子白，名。

[3] 畀疑爲牁（醬）之異體，讀爲壯。傳世趞亥鼎有“宋牁公”，即宋莊公，明畀音與壯同。武，威武。戎工，參上不其簋注[11]。

[4] 經維，經是織物的縱綫，維是繫物之繩，經維同義連用，略同於經營，義爲治理、經理。《詩·大雅·江漢》：“經營四方，告成于王。”

[5] 洛，渭河支流北洛水。陽，水北爲陽。

[6] 楊樹達云：“因子白有執訊之功，當歸來獻禽於王，故先行也。”楊先生以爲此與不其簋文例相似。一説先行爲前驅。

[7] 《尚書·牧誓》：“勖哉夫子！尚桓桓，如虎如貔，如熊如羆。”《爾雅·釋訓》：“桓桓，威也。”

[8] 周廟，成周大廟，周王常於此行獻俘之禮。宣廟即宣榭。《春秋經·宣公十六年》：“夏，成周宣榭火。”杜預注：“成周，洛陽。宣榭，講武屋別在洛陽者。”孔穎達疏：“名之曰宣，則其義未聞。服虔云宣揚威武之處，義或當然也。”據此銘知宣榭西周已有，王常在此宣揚武威，宴饗群臣。爰，語氣詞。鄉讀爲饗。

[9] 宣王稱子白爲伯父，是因爲子白與王同宗，輩份又高于王，也可見王對子白的敬重。覦徐中舒師讀耿，方濬益則謂乃顯字異文。

[10] 弓，彤弓之省。楊樹達云：“余按《書·文侯之命》云：‘用賚爾秬鬯一卣、彤弓一、彤矢百。’僖公二十八年《左傳》云：‘内史叔興父策命晉侯爲侯伯，賜之大輅之服、戎輅之服、彤弓一、彤矢百。’皆以彤弓、彤矢並賜。金文伯晨鼎所記賜物亦云彤弓彤矢。獨此銘記彤矢，而弓則但言弓，不言彤弓者，疑彤弓之彤，因下彤矢而省也。”央，色彩鮮明的樣子。《詩·小雅·出車》：“旂旐央央。”毛傳：“央央，鮮明也。”

[11] 戉爲鉞之本字，《説文》：“大斧也。”蠻方泛指少數民族方國，南、北皆得稱之。《史記·匈奴列傳》稱匈奴爲“北蠻”，即其例。《禮記·王製》：“諸侯賜弓矢，然後征；賜斧鉞，然後殺。”宣王賜子白弓矢和鉞，説明授予他極高的軍權。

58．駒父盨蓋

1974 年出土於陝西省武功縣回龍村。現藏武功縣文化館。蓋內銘 9 行 82 字。

【著 錄】

《文物》1976 年 5 期　《集成》9·4464

【釋 文】

唯王十又八年正月[1]，南仲邦父命駒父殷（即）南者（諸）侯逨（率）高父見南淮尸（夷）[2]，毕（厥）取毕（厥）服[3]。菫（謹）尸（夷）俗[4]，豕（遂）不敢不苟（敬）畏王命，逆見我[5]。毕（厥）獻毕（厥）服[6]。我乃至于淮，小大邦亡敢不囗具（俱）逆王命[7]。四月，睘（還）至于蔡[8]，乍（作）旅盨，駒父其萬年永用多休。

【注 解】

［1］諸家皆以此器作於宣王十八年，前 810 年。

［2］南仲邦父爲宣王卿士。《詩·小雅·出車》："天子命我，城彼朔方。赫赫南仲，玁狁于襄。"又《大雅·常武》："王命卿士，南仲大祖，大師皇父。整我六師，以修我戎。既敬既戒，惠此南國。"無叀鼎稱司徒南仲。邦父爲南仲之尊稱。殷李學勤讀爲鳩，《左傳·定公四年》注："安集也。"一說殷爲即之誤字，就也。逨，《說文》："先導也。"統領，今通作率。高父，周臣。見，接見，會見，古上見

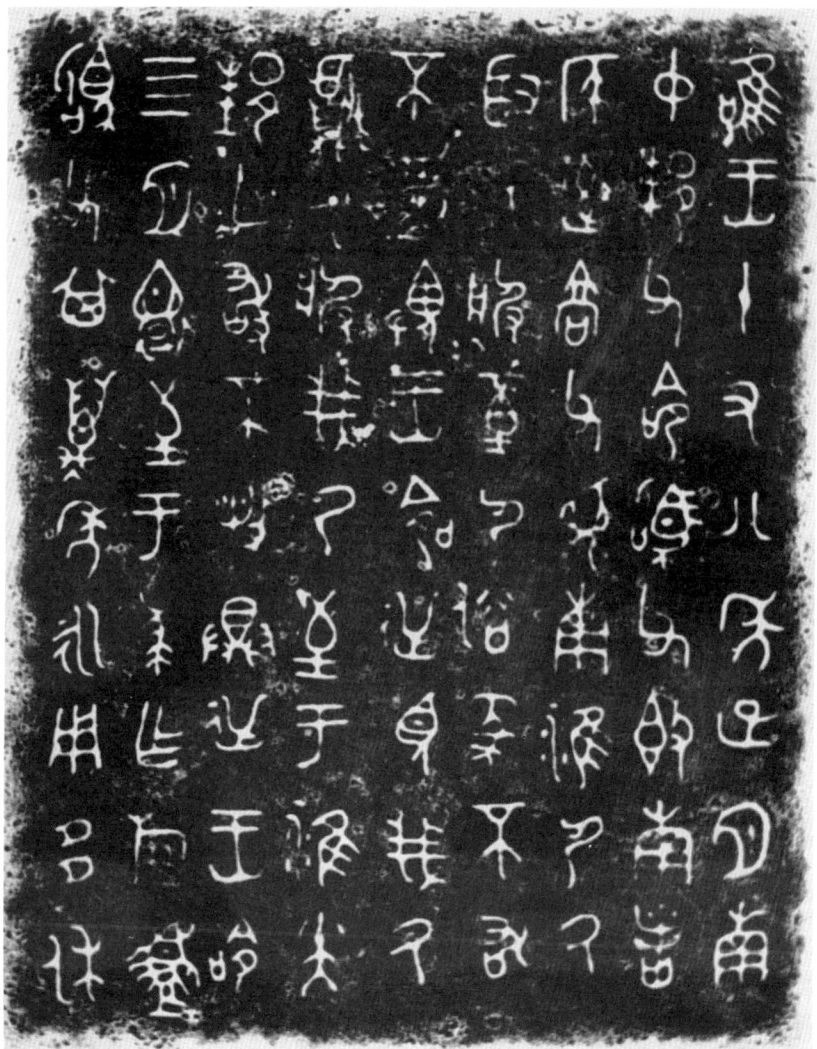

圖 58　駒父盨銘文（蓋銘）

下、下見上都稱見。

[3] 厥，其。服，《周禮·秋官·大行人》：“其貢服物。”鄭玄注：“服物，
玄纁絺纊也。”黃盛璋說：“服貢主要是布，即絺紵之類。”

[4] 董讀爲謹，《說文》：“慎也。”俗，風俗。《說文》：“俗，習也。”拙
文《駒父盨蓋銘文試釋》云：“‘董（謹）夷俗’意謂尊重夷之習
慣，也就是對淮夷作一種安撫、友好的姿態……在西周一代對淮夷
的關係中，戰爭是主要的，但也有在某種歷史條件下彼此和平共處
的情形。從周王室來說，固然經常征伐南夷、東夷，但也不時使用
安撫這一手，特別是在南夷、東夷迫於壓力，表示臣服，願意忍受
剝削的情形之下……這種安撫的姿態，表面上看，是減輕對淮夷的
剝削，實質上是維護王室的利益，反映了王室同諸侯的矛盾。‘董
夷俗’也應是這樣，表面上看，冠冕堂皇，是要使臣尊重夷之習
俗，實質上是警告使臣不要非法勒索。”李學勤亦讀董爲謹，但解
爲“嚴禁”，俗則讀爲欲。

[5]《說文》：“逆，迎也。”

[6] 獻，《廣雅·釋詁》：“進也。”即進貢、進奉。黃盛璋說：“‘厥取厥
服’與‘厥獻厥服’，前者是南仲命駒父向南淮夷征服，上取於下，
所以叫‘取’，後者是南淮夷酋長遵命獻納，下奉於上，所以叫
‘獻’。”

[7] 小大邦，大小邦國。具前一字已殘，不能確釋。李學勤隸定作㪟，
讀爲儲。“《文選·西京賦》注引《說文》即云：‘儲，具也。’儲具，
是積蓄準備的意思。‘儲具逆王命’，就是準備好貢物而迎接王命的
到來。”可爲一說。

[8] 蔡本周武王弟叔度封國，在今河南上蔡縣。武王死後蔡叔作亂被
逐，周公復封其子蔡仲（胡），徙居新蔡。

59．吴虎鼎

1992年出土於陝西省長安縣申店鄉徐家寨村。現藏長安縣博物館。内壁銘16行164字。

【著録】

《考古與文物》1998年3期

【釋文】

隹（唯）十又八年十又三月既生霸丙戌[1]，王在周康宫徲（夷）宫[2]，道内右吴虎[3]，王令（命）善（膳）夫豐生、𤔲（司）工雍毅醽（申）剌（厲）王令（命）[4]，取吴茲舊彊（疆）付吴虎[5]。氒（厥）北彊（疆）𡧊人眔彊（疆），氒（厥）東彊（疆）官〔人眔〕彊（疆）[6]，氒（厥）南彊（疆）畢人眔彊（疆）[7]，氒（厥）西彊（疆）葊姜氒彊（疆）[8]。氒（厥）具（俱）履奉（封）[9]：豐生、雍毅、白（伯）道内𤔲（司）土（徒）寺桒[10]。吴虎拜䭫（稽）首天子休[11]，賓善（膳）夫豐生章（璋）、馬匹[12]，賓𤔲（司）工雍毅章（璋）、馬匹，賓内𤔲（司）土（徒）寺桒□〔璧〕、爰（瑗）[13]。書：尹友守史由[14]，賓史桒韋（韓）兩[15]。虎拜手䭫（稽）首，敢對揚天子不（丕）顯魯休，用乍（作）朕皇且（祖）考庚孟障鼒[16]，其子子孫孫永寶。

圖 59 吳虎鼎銘文

【注解】

[1] 銘有"申剌王命"，剌王即厲王（説詳下文），厲王爲謚號，而只有
宣王才能重申厲王之命，故此鼎作於宣王十八年，前810年。但據
張培瑜《中國先秦史曆表》，此年十三月丁未溯，丙戌相距40日，
不能相合。李學勤説十三月應爲次年正月，辛丑朔，丙戌十日，因
爲"當時曾有一次失閏，以致周正建子誤成建丑"，即差一月。

［2］康宮𢔘宮，又見岐山董家村所出此鼎，是夷王之廟。

［3］李學勤說"道內"爲人名，即下文之"伯道內"，又省稱爲"內"，
"揣係名'內'，字'伯道'"。李先生又說吳虎之吳當讀爲虞衡之
虞，是官名。

［4］膳夫見《周禮·天官·冢宰》，"掌王之食飲膳羞，以養王及后、世
子。"膳夫本掌王之膳羞及祭祀宴享時膳食之事，但因常處君側，
亦常傳達王命。大克鼎："王乎尹氏册令善夫克，王若曰：'克，昔
余既令女出內（納）朕令。'"小克鼎："王令善夫克舍令于成周，
遹正八自（師）。"本銘膳夫可以代王申屬王命，封吳虎土地，也是
王之近臣。豐生應是豐國外甥。刺讀爲厲，《史記·秦始皇本紀》的
"厲共公"《秦記》作"刺龔公"。又曾侯乙墓鐘銘提到周的一個律
名"刺音"，即《國語·吳語下》的"厲音"。宣王重申先王對吳虎
的任命。

［5］彊讀爲疆，《說文》作畺，"界也。"本指田界，引申指田地。宣王
將吳𥂕的舊有土地授予吳虎。李學勤疑吳（虞）𥂕爲吳虎之先世。

［6］本銘述吳虎封地的四至，文例與五祀衛鼎"厥逆（朔）疆眔厲田
……"同。㝰人、官人、畢人、荞姜李學勤說均爲個人。㝰，音
dàn，《說文》："坎中小坎也。"㝰疑與函（函）通，讀爲閻。古函
與各聲字通。《史記·禮書》"函及士大夫"，《索隱》函作哈。厲王
時銅器有函皇父簋，云"函皇父作琱（周）娟（妘）般（盤）盉障
殷具。"王國維《觀堂集林》卷23《玉溪生詩年譜會箋序》注云：
"周娟猶言周姜，即函皇父之女歸於周而皇父爲作媵器者。《十月之
交》'艷妻'魯詩本作'閻妻'，此敦函之假借字，函者其國或氏，
娟者其姓。"郭沫若從之。㝰同畢一樣也是族氏名。官爲官府或官
舍。官後一字已殘，或釋爲人。

［7］畢爲鎬京附近地名，應在今長安縣城（韋曲鎮）西北。《史記·周本
紀》："（武王）九年，武王上祭於畢。"《集解》馬融曰："畢，文王
墓地名。"《周本紀》末太史公曰："……所謂周公葬我畢，畢在鎬
東南杜中。"《元和郡縣志》："（萬年縣）畢原，在縣西南二十八
里。"1989年韋曲北東韋村出唐韋通、韋最兩通墓志，都稱葬地爲
"畢原"。

[8] 荓姜乃荓京姜姓居地。荓京所在諸説不一，或説即豐京，或説即鎬京，或説在豐、鎬之旁，或説在周原地區。此銘荓與畢相距不遠，已可排除周原説。荓京在厲王奔彘後可能已衰敗，故爲姜姓周人所居。

[9] 踻不見於字書，以音求之，殆讀爲俱，《説文》：“偕也。”履，踏勘；奉讀爲封，參上散氏盤注。

[10] 李學勤云：“‘白（伯）道内司徒寺秦’，當爲伯道内所屬的司徒。他與豐生、雍毅合爲三有司，但身份有所不同。這樣看來，豐生、雍毅恐怕也不是朝廷的膳夫、司空，而是邑膳夫（邑宰）和司空。”

[11] “天子”前省略揚字。

[12] 賓，贈送。

[13] 爰前一字不很清楚，從殘畫看，似爲璧字，璧、瑗皆禮玉。李學勤則隸作復（覆）。

[14] 書，《説文》：“箸也。”書寫。古時交付土地，須有史官記録其四至，散氏盤爲“史正仲農”，秦封宗邑瓦書爲“史日初”等。尹爲尹氏之省稱，尹氏即作册尹，史官之長，亦即“史正”。友，僚屬。守，暫時代理。《戰國策·秦策五》：“文信侯出走，與司空馬之趙，趙以爲守相。”高誘注：“守相，假也。”由，史官之名。

[15] 韋讀爲幃，《説文》：“囊也。”《玉篇》：“香囊也。”兩，一對。韋也可能讀瑋，《集韻》：“美玉。”

[16] 李學勤云：“‘朕皇祖考庚孟’可有兩種理解。可能虎的祖、父兩代均稱‘庚孟’，如春秋時晉國‘趙孟’之比；也可能祖考和庚孟爲不同人，庚孟爲虎的庶長兄。我覺得前者更近理一些。無論如何，虎這一家是庚氏。金文有庚季、庚姬、庚姜、庚嬴等，説明庚氏在西周并不少見，且頗顯赫。”

60．毛公鼎

據譚旦冏《毛公鼎之經歷》說，"鼎於清道光末年，出土陝西岐山縣。"初藏陳介祺簠齋，後歸端方，抗戰期間歸實業家陳詠仁，1946 年陳氏交獻中央博物院。現藏台北故宫博物院。腹內銘 32 行 499 字。又名𣱩鼎。

【著 錄】

《從古》16·18　《愙齋》4·2　《大系》圖 23 錄 131 考 134
白川《通釋》30·637　《集成》5·2841

【釋 文】

王若曰[1]："父𣱩[2]，不（丕）顯文、武，皇天引猒（厭）氒（厥）德[3]，配我有周，雁（膺）受大命[4]，率襃（懷）不廷方[5]，亡不閈于文、武耿光[6]。唯天𤲟（將）集氒（厥）命[7]，亦唯先正𨤏（襄）𣌰（乂）氒（厥）辟[8]，𤔔（勞）堇（勤）大命[9]。肆皇天亡𢦏（斁），臨保我有周[10]，不（丕）巩先王配命[11]。敃（旻）天疾畏（威）[12]，司（嗣）余小子弗㽙（及）[13]，邦𤲟（將）害（曷）吉[14]？𤔲𤔲四方，大從（縱）不静（靖）[15]。烏虖（呼）！𨗇（趨）余小子圂（溷）湛于囏（艱）[16]，永恐先王[17]。"王曰："父𣱩，今余唯肇（肇）𨤏（經）先王命[18]。命女（汝）𣌰（乂）我邦我家內外[19]，惷（蠢）于小大政[20]，粵（屏）朕立（位）[21]。虩許上下若否[22]，𢍰四方死（尸）母（毋）童（動）[23]。

②

圖 60 － ①② 毛公鼎銘文

①

余一人才（在）位，引（矧）唯乃智（知）[24]，余非章（庸）又聞（昏）[25]。女（汝）母（毋）敢妄（荒）寧[26]，虔夙夕叀（惠）我一人[27]，雝（雍）我邦小大猷[28]，母（毋）折威（緘）[29]，告余先王若德[30]，用印（仰）邵（昭）皇天[31]，䌛（申）圝（紹）大命[32]，康能四或（國）[33]，俗（欲）我弗乍（作）先王憂[34]。”王曰：“父厝，雩之庶出入事于外[35]，尃（敷）命尃（敷）政[36]，埶（藝）小大楚賦[37]。無唯正聞（昏），引其唯王智，廼唯是喪我或（國）[38]。厤（歷）自今[39]，出入尃（敷）命于外，氒（厥）非先告父厝，父厝舍命[40]，母（毋）又敢惷（惷），尃（敷）命于外[41]。”王曰：“父厝，今余唯䌛（申）先王命，命女（汝）亟一方[42]，弖（弘）我邦我家[43]。女（汝）顀于政[44]，勿雍[illegible]庶□[illegible][45]。母（毋）敢龔橐，龔橐廼敄（侮）鰥寡[46]。善效乃友正[47]，母（毋）敢[illegible]（湛?）于酉（酒）[48]。女（汝）母（毋）敢豖（墜），才（在）乃服[49]，圝（紹）夙夕敬念王畏（威）不睗（易）[50]。女（汝）母（毋）弗帥用先王乍（作）明井（型）[51]，俗（欲）女（汝）弗以乃辟圅（陷）于艱（艱）[52]。”王曰：“父厝，已！彶（及）兹卿事寮、大史寮于父即尹[53]。命女（汝）[illegible]嗣（司）公族雩參（三）有嗣（司）[54]：小子、師氏、虎臣，雩（與）朕褻事[55]，以乃族干（捍）吾（敔）王身[56]，取貴卅（三十）寽[57]。易（賜）女（汝）秬鬯一卣、鄭（祼）圭瓚（瓚）寶[58]、朱市、悤（蔥）黃（珩）[59]、玉環[60]、玉珠[61]、金車[62]、奉縟較（較）[63]、朱䩞（鞹）𩊝（鞃）靳[64]、虎冟（幎）熏裡[65]、右厄（軛）[66]、畫轉[67]、畫輯[68]、金甬

（箭）[69]、遣（錯）衡[70]、金踵（踵）[71]、金豪
（軛）[72]、靭（約）髶（盛）[73]、金籃（簟）弻
（笰）[74]、魚葡（箙）[75]、馬四匹、攸（鋚）勒、金
嘬[76]、金雁（膺）、朱旂二鈴（鈴）。易（賜）女（汝）
兹斧（膡）[77]，用歲用政（征）[78]。"毛公旹對揚天子皇
休，用乍（作）障鼎，子子孫孫永寶用。

【注 解】

[1] 王若曰，參看大盂鼎注[2]。

[2] 父旹爲時王父輩，其事不見於典籍，高鴻縉疑爲武王弟毛叔鄭之
後。

[3] 《爾雅·釋詁》："引，長也。"即長久。厭，滿，充足。《集韻》：
"厭，足也。"《尚書·洛誥》："萬年厭于乃德。"句謂："英明的文
王、武王，偉大的上天能施予他們長久的充足的德。"

[4] 配，匹配，媲美。配我有周，無愧於周這樣的偉大國家。《字匯
補》："膺，當也。"《尚書·武成》："誕膺天命，以撫方夏。"孔氏
傳："大當天命，以撫綏四方中夏。"大命即天命。

[5] 率，語氣詞，無實義。襄讀爲懷。《禮記·中庸》："懷諸侯則天下畏
之。"孔穎達疏："懷，安撫也。"不廷方，不來朝覲周的方國。《左
傳·成公十三年》："謀其不協而討不庭。"杜預注："討背叛不來王
庭者。"

[6] 閈，音hàn，《說文》："門也。從門，干聲，汝南平輿里門曰閈。"
湯餘惠說："（閈）引申有限止之義"，此句"意思是無不歸附於文
王、武王的統治之下"。郭沫若說閈讀爲天，《廣雅》訓爲"明也。"
"本銘之閈即明義，若察視義，言被文武之耿光所鑒臨也。"王國維
說同《尚書·立命》"以覲文王之耿光"，《銘文選》直接讀閈爲覲。
諸說殆以湯說爲近是。

[7] 皛即虢季子白盤之皛，讀爲將。《詩·商頌·烈祖》："以假以享，我
受命溥將。"王引之《經義述聞》："將，長也，言我受天之命既溥
且長。"集，成就，降落。《尚書·文侯之命》："惟時上帝集厥命于

文王。"屈萬里注:"集,降落。"

[8] 先正,指文、武時代的輔弼舊臣。正下一字,吳式芬釋襄,孫詒讓、楊樹達從之,襄義爲襄贊。𤔲讀爲乂,王引之説有輔相之義。《尚書·文侯之命》:"惟先正克左右昭事厥辟。"大意與此句同。

[9] 覊讀爲勞,參看前𣄰尊注[13]及叔矢方鼎注[4]。

[10] "肆皇天無斁,臨保我有周"亦見師詢簋,參看該條注[7][8]。

[11] 不讀爲丕,大也。巩讀爲鞏,堅固也。《詩·大雅·瞻卬》:"藐藐昊天,無不克鞏。"配命,配天之命。

[12] 啟典籍多作旻。《詩·小雅·雨無正》、《小旻》及《大雅·召旻》均有"旻天疾威"之句。《雨無正》云:"浩浩旻天,不駿其德。降喪饑饉,斬伐四國。旻天疾威,弗慮弗圖。"又《尚書·多士》:"旻天大降喪于殷。"陸德明《釋文》:"仁覆愍下謂之旻。"《銘文選》云:"旻天猶言仁慈之上天。"疾威即發威,震怒,多與"降喪"相連。

[13] 司讀爲嗣,繼承。叔向父禹簋:"余小子司朕皇考。"《尚書·高宗肜日》:"王司敬民。"《史記·殷本紀》引司作嗣。一説司讀爲思,助詞。伋讀爲及,《説文》:"逮也。"句謂:我繼位小子德行不及先王。

[14] 害讀爲曷,疑問詞。邦將曷吉,邦國之事如何能好轉?

[15] 郭沫若云:"翩當从𧴪册聲,亂貌,猶言惷惷蠢蠢。"从讀爲縱,《爾雅·釋詁》:"亂也。"静讀爲靖,安定。

[16] 遑吳大澂釋趯,云:"《説文》:'趯,走顧貌,讀若劬。'此趯字當讀如恐懼之懼。"圂讀爲溷,音 hùn,《説文》:"亂也。一曰水濁皃。"即混濁。湛,音 chén,《説文》:"没也。"段玉裁注:"古書浮沈字多作湛。湛沈古今字,沉又沈之俗也。"湯餘惠説此句大意爲:深陷於艱難之中。

[17] 白川静説鞏讀爲恐,指造成先王憂恐。

[18] 𢀠讀爲經,經營,實行。《周禮·天官·大宰》:"以經邦國,以治官府。"《孟子·盡心下》:"經德不回,非以干禄也。"趙岐注:"經,行也。"

[19] 邦,國家。家,宗族。毛公厝受命治理邦家内外之事,應即執政大臣。

[20] 惷从心，忩（舂省）聲，應即惷字，音 chōng。《説文》："惷，愚也。"唐玄應《一切經音義》："惷，愚也，戀也。"引申爲愚直、忠厚。

[21] 辟同畁，讀爲屏。屏朕立，藩屏朕位。

[22] 虩音 xì，《説文》："《易》'履虎尾虩虩'，恐懼。"《易·震》："震來虩虩，笑言啞啞。"王弼注："虩虩，恐懼之貌也。"又《易·履》九四："履虎尾愬愬。"孔穎達疏："愬愬，危懼也。"許，王國維讀同虩。上下，泛指神祇。《詩·魯頌·閟宮》："魯侯是若……萬民是若。"毛傳："若，順也。"若否是反義詞，獲得神佑助叫若，反之爲否。《詩·大雅·烝民》："邦國若否，仲山甫明之。"湯餘惠説此句大意是：小心地遵循神靈的意志行事。

[23] 粤，通越，語首助詞，無義。死讀爲尸，主也。童讀爲動，《詩·商頌·長發》："敷奏其勇，不震不動。"鄭玄箋："不震不動，不可驚憚也。"此句大意是：主管四方諸侯，不要發生動亂。

[24] 引讀爲矧，副詞，王引之《經傳釋詞》："矧，亦也。"《尚書·康誥》："元惡大憝，矧惟不孝不友。"智讀爲知。

[25] 辜通作庸，庸又昏，昏庸。楊樹達斷句作"弘（輝按即引字）唯乃智余非，辜又聒"，云："此言，我居王位，惟女能知余之過失，當以聞於余也。"亦一家言。

[26] 妄讀爲荒。《尚書·無逸》："治民祗懼，不敢荒寧。"孔氏傳："爲政敬身畏懼，不敢荒殆自安。"

[27] 虫讀爲惠，順從。《詩·邶風·燕燕》："終温且惠，淑慎其身。"毛傳："惠，順也。"

[28] 雍，和。猷，謀猷。

[29] 緘从系，咸省聲，即緘（jiān）字。《孔子家語·賢君》："忠士折口，逃罪不言。"王肅注："折口，杜口。"又《觀周》："三緘其口。"毋折緘，對國家大事不要閉口不言。

[30] 若德即順德。《尚書·康誥》："弘于天若德。"

[31] 印字甲骨文作𓏞，羅振玉曰："字从爪从人跽形，象以手抑人而使之跽，其誼如許書之抑，其字形則如許書之印……印、抑二字古爲一字。"印與仰同。仰昭猶言昭仰。《漢書·郊祀志》："天文日月星

辰，所昭仰也。"

[32] 龘圝讀爲申紹，義爲重繼，參看史墻盤注[21]。

[33] 康，和樂。能，親善，和睦。《正字通》："能，順習也。"《漢書·叙傳》："柔遠能邇。"顔師古注："《虞書·舜典》曰'柔遠能邇'，柔，安也。能，善也。"

[34] 俗讀爲欲，願望也。楊樹達讀爲裕，《方言》訓"道"，"裕我即誘導我也"。

[35] 雩通越。之通兹。庶，用如庶士之類，指百官僚屬。《尚書·大誥》："越尹氏、庶士、御事。""出入使于外"與下文"出入敷命于外"大意相同，謂出入使於外施行政令。

[36] 尃典籍作敷、賦或布。《詩·商頌·長發》："敷政優優。"又《大雅·烝民》："明命使賦……賦政于外。"毛傳："賦，布也"。

[37] 氒即藝，《廣雅·釋詁》："治也。"楚與胥通。孫詒讓曰："楚疑與胥通，楚胥並从疋得聲。《困學紀聞》引《尚書大傳》云：古者十稅一，多於十稅一，謂之大桀小桀；少於十稅一，謂之大貉小貉。王者十一而稅，而頌聲作矣。故《書》曰：'越惟有胥賦小大多正。'今《書·多方》胥賦作胥伯，文義並異。依《伏傳》則胥賦之賦爲賦稅，胥當爲稰……執（輝按即藝字）小大楚賦，謂小大賦稅，當以常法製之也。"

[38] 吳大澂説聞讀爲昏，昏庸，曰："無有正直與昏庸之别。"郭沫若曰："唯通惟，有也。'無有正昏，弘（輝按即引字）其唯王智'者，謂不問青紅皂白，一唯王意是從。自'雩之'以下數語，即墾栝厲世時政治情形，故總結以'迺唯是喪我國'之語，此均指陳實事，非懸虚聳聽之辭。有此既往之失敗，故起'庶自今'以下王命須由毛公同意方得頒布之命辭。所謂'前事不忘，後事之師'也。"楊樹達則云："此言不問其事之爲正爲昏，皆曰，此宜王爲之，非吾所知。如此委其責於君王，適足喪國耳。蓋勉毛公以忠體國也。"

[39] 庶讀爲歷，《説文》："過也。""歷自今"，從今以後。

[40] 舍，發布。矢令方彝："舍四方令（命）。"

[41] 憃爲愚意，引申爲魯莽、輕率。

[42] 亟讀爲極。《廣雅·釋言》："極，中也。"引申爲準則。《詩·商頌·殷

武》："商邑翼翼，四方之極。"鄭玄箋："商邑之禮俗，翼翼然可則傚，乃四方之中正也。"

[43] 囙同弘，弘大。

[44] 頠，《説文》："出頟也。"銘中顯非此義。《銘文選》引《韓非子·八說》："然則行揖讓，高慈惠而道仁厚，皆推政也。"説："女（汝）頠（推）于政……言毛公爲政當質樸。"

[45] 庶下一字殘缺，或隸作人。🔲或釋建，或釋律，字形皆有差距。末字郭沫若釋爲貯，義爲賦。此句有 2 字不能確釋，一字殘缺，大意不明。郭沫若云："言汝……勿壅累庶民"，殆一家言。

[46] 吳大澂説龏讀爲共，橐橐通用，"毋敢共橐，勿竭民之財以充其橐。此言上之取下，不可貪也。"秌讀爲侮，《説文》："傷也。"《詩·大雅·烝民》："不侮矜寡，不畏彊禦。"孔穎達疏："不欺侮於鰥寡孤獨之人，不畏懼於彊梁禦善之人。"此句大意謂：不要中飽私囊，中飽私囊將侵侮鰥寡。"

[47] 效讀爲教，善效即善教，是指導下僚之意。友，僚屬。正，長官，毛公既爲執政，正乃其職位相近之同事或下屬。

[48] 🔲字不識，或隸作湛，或隸作湎，或隸作汹。《尚書·酒誥》："罔敢湎于酒。"此句大意應接近。

[49] 服，職事。

[50] 賜讀爲易，不易，專一。《尚書·君奭》："天命不易。"

[51] 帥用略同於帥型，遵循，效法。牧簋："女毋敢弗帥先王作明井用。"句意相同。

[52] 俗讀爲欲。辟，君。函讀爲陷。艱讀爲艱，困境。

[53] 已，感嘆詞。《尚書·大誥》："已！予惟小子。"用法與此同。卿事寮、大史寮是西周時代的最高執政機關。卿事寮主管司土、司馬、司工等三事大夫及四方諸侯。大史寮主管大史、大祝、大卜。毛公是執政，總管卿事、大史二寮。父，毛公父厝。尹，治理，管轄。

[54] 飘參逆鐘注[7]。公族職掌公族及卿大夫子弟的教育。劉雨、張亞初《西周金文官製研究》云："西周金文中的公族，是既指公之族又指管理公族的人而言的。公之族是與王血緣關係親近的同姓貴族，所以管理公族之人往往地位十分尊崇顯赫……從西周銘文看，

管理公族和三有司的人的身份都相當於冢宰，都是德高望重的人。"
三有司即司土、司馬、司工。

[55] 褻與執通用。執事，左右近臣。《左傳·僖公二十六年》："使下臣犒
執事。"

[56] 干吾即捍敔，典籍作捍禦。《列子·楊朱》："人者，爪牙不足以供守
衛，肌膚不足以自捍禦。"

[57] 取貴參看趨鼎注[8]。

[58] 圭瓚參看子黄尊注[5]。

[59] 悤讀爲蔥，或作葱，青綠色。黄典籍作珩或衡，《説文》："珩，佩
上玉也。"《詩·小雅·采芑》："服其命服，朱芾斯皇，有瑲蔥珩。"
《禮記·玉藻》："三命赤韍蔥衡。"

[60] 《説文》："環，璧也。肉好若一謂之環。"

[61] 《玉篇》："琜，美玉也。"

[62] 金車，裝有銅飾件的車。

[63] 奉讀爲雕，參看録伯䓘簋注[6]。幭，湯餘惠説："同幦，又作幭、
幂，器物的覆幂。"較，車箱兩旁的横木，俗字作較。奉幭較，飾
有花紋的車較上的覆蓋物。

[64] 朱䩤録伯䓘簋、牧簋作朱虢。虢讀爲鞹，《説文》："去毛皮也。"
靯、鞃參看録伯䓘簋注[7]。

[65] 熏讀爲纁，淺紅色。郭沫若曰："《爾雅·釋器》：'一染謂之縓，再
染謂之赬，三染謂之纁。'纁乃絳色。"

[66] 厄，參看録伯䓘簋注[11]

[67] 鞃參看録伯䓘簋注[12]。

[68] 韐，車伏兔（車底板與軸相連的部件）下革，參看録伯䓘簋注
[10]。

[69] 金甬即金筩，參看録伯䓘簋注[9]。

[70] 遣衡即錯衡，有文彩的車衡。《詩·小雅·采芑》："約軝錯衡。"毛
傳："錯衡，文衡也。"

[71] 踵音 zhǒng，《説文》："跟也。"典籍作踵，《釋名·釋形體》："足後
曰跟，又謂之踵。"湯餘惠説金踵是"支撐車後車軫的銅部件。"

[72] 豙音 yì，典籍作豙。豙徐同柏讀爲杚。《集韻》："杚，止車輪木。"

金枙則是銅製的止輪部件，亦即車閘。《易·姤》："繫于金枙。"

[73] 紳字爲張亞初所釋，義爲約束。鬃字不識。白川靜云："如果勒
（輝按即約字）有約束之意的話，或許不正是《詩》所言'約軧錯
衡'之約軧嗎？"今按白川氏所疑有其道理。上古音成耕部禪紐，
軧音 qí，支部群紐，支耕陰陽對轉，讀音接近。《說文》："軧，長
轂之軧也，以朱約之。"徐灝《注箋》："轂上置輻，前後皆以革約
而朱飾之謂之軧。軧或作軹，指革而言也。"

[74] 簟同箪，音 diàn，竹席。弰又作笫、茀、蔽。《詩·大雅·韓奕》：
"簟茀錯衡。"鄭玄箋："簟茀，漆簟以爲車蔽，今之藩也。"

[75] 葡、箙古今字，《說文》："箙，弩矢箙也。"箙典籍或作服。《詩·小
雅·采芑》："簟茀魚服。"魚箙是魚皮做成的箭袋。

[76] 金噦，孫詒讓作金鬟，釋作叏。叏，音 mǎn，《說文》："舀蓋也。"
段玉裁注："司馬彪《輿服志》：'乘輿金叏。'劉昭注引蔡邕《獨
斷》曰："金叏者，馬冠也，高廣各五寸，上如五華形，在馬髦
前。'……舀蓋者，人囪也。"金叏是馬頭上的裝飾品。上古音叏談
部明紐，纛盍部來紐，盍談陽入對轉，音甚接近。

[77] 弅象兩手奉物，爲朕之省文。《爾雅·釋詁》："朕，予也。"郭璞注：
"皆賜與也，與猶予也。"此4字總括上文，謂：賞賜給你這些禮品。

[78] 歲，歲祭，出土文字及典籍多見。《卜辭通纂》79："丁酉卜，行
貞，王賓父丁歲二牢……"《墨子·明鬼》："歲于祖若考，以延年
壽。"政讀爲征，征伐。"國之大事，在祀與戎"，銘言賜品物予毛
公，用以祭祀、征伐。

【斷 代】

吳其昌、董作賓斷爲成王時器，失之過早。郭沫若《毛公鼎
之年代》斷爲宣王時器，主要理由是："一、器之花紋形製與鄦攸
从鼎如出一範，知相去必不遠。二、文之佈置氣調與《文侯之命》
絕類，不得在恭懿以前。三、文之時代背景離周初已遠，稱文武
之臣爲'先正'、當四方大亂之際（'騊騊四方，大縱不靜'）、且
新有亡國之禍（'迺唯是喪我國'），用知不屬於宣，必屬于平。

四、器出關中，不得在宣幽以後，與平不合。五、時王英邁，振作有爲，大有撥亂反正之志，與宣王中興氣象相符。"這些理由是充分的，學者多從之。

61. 柞　鐘

1960 年出土於扶風縣齊家村青銅器窖藏，共 8 枚，此選取第四枚。現藏陝西歷史博物館。鉦間、左鼓銘 6 行 45 字。

【著錄】
《文物》1961 年 7 期　《陝二》159　《集成》1·136

【釋文】
隹（唯）王三年四月初吉甲寅[1]，仲大師右柞[2]，柞易（賜）載、朱黃（珩）、鑾（鑾）[3]，嗣（司）五邑甸人事[4]。柞拜手對揚仲大師休，用乍（作）大鑠（林）鐘[5]，其子子孫孫永寶。

【注解】
[1] 柞鐘從形製看，與㝬鐘接近，爲西周晚期器。《銘文選》説"三年"爲幽王三年，前 779 年，此年四月辛亥朔（輝按依《中國先秦史曆表》，辛亥爲五月朔，誤差一月，參吳虎鼎注[1]），甲寅爲初四日。

[2] 大師爲軍隊統帥，西周時地位甚高。《詩·小雅·節南山》："尹氏大師，維周之氐。秉國之均，四方是維。"東周的大師，皆指樂官，

①

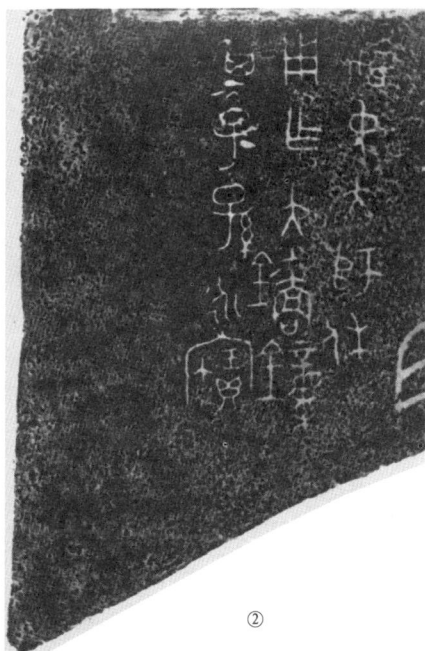

②

圖 61 -①② 柞鐘銘文

有所不同。伯公父簠、伯克壺都有伯大師，此銘爲仲大師，大師分伯仲。張亞初推測大師有二人，有正副之別。

[3] 載參詢簋注[7]。

[4] 甸人大約相當於《周禮·天官》的甸師，"掌帥其屬而耕耨王籍，以時入之，以共齍盛"。《左傳·成公十年》："晉侯欲麥，使甸人獻麥。"杜預注："甸人，主爲公田者。"五邑是一種等級，金文中還有五邑走馬、五邑祝等，五邑究竟是泛指還是特指五個具體的邑，已不能確知。

[5] 鎛典籍作林，十二樂律之一。《禮記·月令》季夏之月"其音徵，律中林鍾（鐘）。"

62．秦公及王姬鎛

1978 年出土於陝西省寶雞縣太公廟村，有鎛 3 件，鐘 5 件。現藏寶雞青銅器博物館。銘 26 行 135 字。又名秦公鎛。爲與宋人《考古圖》著錄的另一件秦公鎛相區別，本書稱秦公及王姬鎛。

【著錄】

《文物》1978 年 11 期　　《集成》1·267

【釋文】

秦公曰："我先且（祖）受天命商（賞）宅受或（國）[1]，剌（烈）剌（烈）卲（紹）文公、静公、憲公不豕（墜）于上[2]，卲（昭）合（答）皇天[3]，以虩事蠻（蠻）方。"[4]公及王姬曰[5]："余小子，余夙夕虔敬朕

祀，以受多福，克明又〈畀，厥〉心[6]。螯龢胤士，咸
畜左右[7]，趞（藹）趞（藹）允義[8]，翼受明德[9]，以
康奠協朕或（國）[10]。盗百蠻（蠻）[11]，具即其服[12]。
乍（作）畀（厥）龢鐘，霝（靈）音鍴鍴雍雍[13]，以匽
（宴）皇公[14]，以受大福，屯（純）魯多釐[15]，大壽萬
年。”秦公曌（其）眈（畯）黐（令）才（在）立
（位）[16]，雁（膺）受大令（命），釁（眉）壽無彊
（疆），匍有四方[17]，曌（其）康寶。

【注解】

[1] 拙文《秦器銘文叢考·先祖受天命》云：“此銘之先祖，既受天命，
又‘賞宅受國’，即接受了周王給予的土地，則非襄公莫屬。‘先
祖’之下緊接文公，亦與秦之世系相合。莊公雖然接受了周宣王給
予的‘其先大駱地犬丘’，但仍然‘爲西垂大夫’，不是諸侯，并未
‘受國’；襄公則被周平王封爲諸侯，‘於是始國，與諸侯通使聘享
之禮’，而且被賜以‘岐山以西之地’，顯然就是開國之先祖。”李
零説“賞宅”與“受國”均爲被動語態，即被賞以宅，被授以國。
宅、國爲同義語。

[2] 烈烈，形容功業、德行顯赫、光榮。《漢書·韋賢傳》：“明明天子，
俊德烈烈。”邵讀爲紹，繼承。文公爲襄公子，在位50年。靜公是
文公太子，早卒，賜謚靜（《秦本紀》作竫）公。憲公（《秦本紀》
誤作寧公）爲靜公長子，繼文公即位，在位12年。不墜，不喪失。
文、靜、憲三位先公在上，不喪失天命。

[3] 邵讀爲昭，明也。合讀爲答，報答。《左傳·宣公二年》：“既合而來
奔。”杜預注：“合，荅（輝按古荅答不别也）也。”

[4] 虢參看毛公鼎注[22]。蠻方，本指南方的方國，此指西戎。近人多
認爲蠻、夷、戎、狄均指華夏族以外的少數民族，并無方位分别。
秦在春秋早期立國未久，周圍多戎、蠻，小心謹慎地處理與西戎的

②

圖 62－①② 秦公及王姬鎛銘文

關係，是秦能否存在與發展的關鍵。

[５] 公，秦武公。王姬，周王之女，武公之母。秦憲公有三子。憲公
卒，大庶長弗忌等三人廢太子（武公）而立出子爲君，6 年後復立
故太子武公。憲公"生十歲立，立十二年卒"，僅活了 22 歲，此時
出子已 5 歲，只比憲公小 17 歲，故武公最多比出子大 2 歲。出子
10 歲被殺，其時武公最多 12 歲，由其母王姬臨朝聽政是很自然
的。王姬與公並列，也可見其有某種實權。銘文說作器秦公有武
功，"百蠻具即其服"，所以不會是出子。至於武公在出子之後即
位，而不提及出子者，大概因爲武公爲出子之兄，兄不以弟爲先
公。

[６] 又（又）與乎（又）形近致訛。師望鼎："穆穆克明乎（厥）德。"

[７] 黿鼄參史墻盤注釋[2]。胤士，陳直以爲是"父子承襲之世官"。
《說文》："胤，子孫相承續也。"咸，皆。畜，養，任用。左右，近
旁，身邊。

①

[8] 趩趩孫詒讓釋趨趨。《説文》："趨,怒走也。"此字亦見傳世秦公
　　簋、鐘(淑和鐘),于省吾讀爲藹藹。《説文》："藹,臣盡力之美。
　　《詩》曰:'藹藹王多吉士。'从言,葛聲。"所引爲《詩·大雅·卷
　　阿》,毛傳:"藹藹,猶濟濟也。"《爾雅·釋訓》:"藹藹濟濟,止
　　也。"郭璞注:"皆賢士盛多之容止。"允,誠信。義,適宜。

[9] 《詩·小雅·六月》:"有嚴有翼,共武之服。"毛傳:"翼,敬也。"明
　　德,光輝明亮的德行。

[10] 康龏,安定。協字爲郭沫若所釋,協和。

[11] 《説文》次字籀文作泜,《石鼓文·汧沔》:"其盜毕鮮。"盜作盜是秦
　　文字的特點。《詩·小雅·巧言》:"君子信盜。"鄭玄箋:"盜謂小
　　人。"盜百蠻是對周圍部族方國帶侮辱性的稱呼。

[12] 具,皆、都。即,就,引申爲奉行。服,職事,引申爲服從。《周
　　禮·夏官·職方氏》:"其外方五百里曰侯服。"鄭玄注:"服,服事天
　　子也。"

[13] 霝讀爲靈，美好。鍴鍴雝雝參看訣鐘注釋[12]。

[14] 匽讀爲宴，典籍作燕，樂也。《左傳·成公二年》："衡父不忍數年之不宴。"杜預注："宴，樂也。"皇公，偉大的先公。

[15] 屯魯典籍作純嘏，指大福。《詩·魯頌·閟宮》："天錫公純嘏。"鄭玄箋："純，大也。受福曰嘏。"嘏音 xī，《説文》："家福也。"

[16] 嬰即其，參看前不其簋注釋[3]，語氣詞，表示希望。《讀本》云："本銘原有'其'字，作代詞用。'其'、'嬰'形體的區別似與用法有關。"屼讀爲峻，長。嫠讀爲令，善也。

[17] "匍有四方"參看大盂鼎注釋[6]。

63. 子犯鐘

台北故宮博物院近年收藏，共 12 枚。其中第一～第八枚大小不一，高低、輕重相次；另 4 枚與第五～第八枚重複。第一～第四枚每枚鉦間鑄 22 字，第五枚鉦間鑄 12 字，第六～第八枚每枚鉦間鑄 10 字，又重文 2 字，共 132 字。

【著 錄】

《故宮文物月刊》13 卷 1 期（1995 年 4 月）

【釋 文】

隹（唯）王五月初吉丁未[1]，子軋（犯）宕（佑）晉公左右[2]，來復其邦[3]。者（諸）楚荆（第一鐘）不聖（聽）令（命）于王所[4]，子軋（犯）及晉公達（率）西之六自（師），博（搏）伐楚荆[5]，孔休。（第三鐘）大上楚荆，喪毕（厥）自（師），滅毕（厥）瓜

（孤）[6]。子軛（犯）宏（佑）晉公左右，燮者（諸）侯[7]，卑（俾）潮（朝）（第二鐘）王[8]，克奠王立（位）[9]。王易（賜）子軛（犯）輅車、四馬、衣常（裳）、帶、市、佩[10]。者（諸）侯羞元（第四鐘）金于子軛（犯）之所[11]，用爲龢鐘九堵[12]。（第五鐘）孔窑（淑）虡（且）碩[13]，乃龢虡（且）鳴[14]。用匽（宴）（第六鐘）用寧[15]，用享用孝。用旛（祈）釁（眉）壽，（第七鐘）萬年無彊（疆）。子子孫孫，永寶用樂。（第八鐘）

（第二、第三鐘銘文對調，參照裘錫圭先生的意見）

【注解】

[1] 張光遠以爲此銘內容與晉、楚城濮之戰及稍後的踐土會盟有關，事在晉文公五年，周襄王二十年，魯僖公二十八年，前632年。該年曆朔，各家所推稍有出入。《中國先秦史曆表》定五月丙申朔，楊伯峻依王韜説，推爲戊戌朔，裘錫圭引董作賓説，以王説爲是，丁未爲初十。黃盛璋以爲初吉爲"初干吉日"，則初十也可稱初吉。

[2] 軛《説文》作軓，即範之正字。《周禮·考工記·輈人》："軓前十尺而策半之。"鄭玄注："書或作軌。"鄭珍《輪輿私箋》："其字即法範正字。古作軓、軷、笵，借作範、範。"子軛《左傳》作子犯，是晉卿狐偃的字。子犯是晉文公重耳的舅舅，又稱舅犯。晉文公爲公子時，在外十九年，子犯與兄毛從之。文公爭霸，子犯輔助左右，功第一。宏讀爲佑，助也。晉公，晉文公重耳。

[3] 《爾雅·釋言》："復，返也。"此句追述往事，記晉文公在外亡命十九年後，返回其父母之國。

[4] 諸楚荆，楚及其盟國。晉文公元年（魯僖公二十四年，周襄王十六年，前636年）冬，周襄王弟王子帶作亂，王出居鄭地氾，求救於秦、晉。次年春，晉文公出兵，四月助王入王城，恢復王位。當時

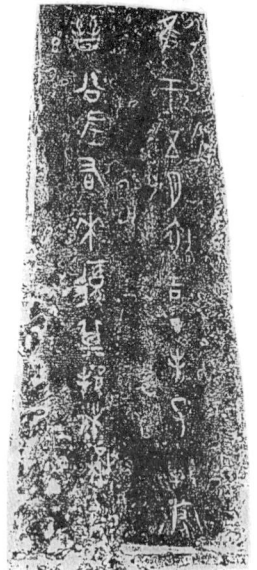

②

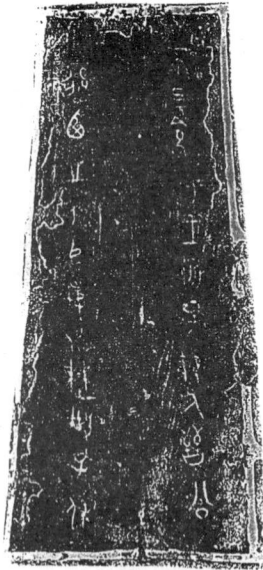

①

④

③

圖 63 － ① ～ ⑧　子犯鐘銘文

⑥

⑤

⑧

⑦

楚與陳、蔡、鄭、許等結盟，晉與宋、齊、秦結盟，爭奪霸權，五年乃有城濮之戰。此句所述爲晉人伐楚的理由，即楚人不聽王命。

[5] 西六師本指西周王朝駐扎在鎬京的部隊，見於禹鼎。天子之軍稱六師，亦見《尚書·康王之誥》"張皇六師"，本銘則指晉及其盟國的軍隊，盟軍名義上也算天子之軍。諸侯本有三軍，晉文公又添加左、中、右"三行"，實同六軍。博讀爲搏。

[6] 上與尚通。《論語·里仁》："無以尚之。"皇侃義疏："猶加勝也。"李學勤以爲此句"用現代話說，即壓倒了敵人。""喪厥師"的主語仍是晉，乃晉使楚喪失其師衆。瓜爲裘錫圭所釋。裘先生引王引之《經義述聞》"蓋六卿中有秉國政者，其位獨尊，故謂之孤。孤者，獨也。譬之大國之卿……"孤指楚軍統帥子玉（令尹得臣）。城濮之戰後，子玉兵敗，被逼自殺。

[7] 燮，《說文》："和也。"

[8] 卑讀爲俾，使也。朝王，城濮之戰後，晉文公"獻楚俘于王……王享醴……（王）策命晉侯爲侯伯。"《左傳·僖公二十八年》："壬申，公朝于王所。"

[9] 《尚書·禹貢》："奠高山大川。"孔氏傳："奠，定也。"定王位，指晉文公助周襄王恢復王位事。《左傳·僖公二十八年》記踐土之盟時"（王子虎）要言曰：'皆獎王室，無相害也。'"

[10] 輅，音 lù，典籍作路。《玉篇》："輅，大車。"《論語·衛靈公》："乘殷之輅。"何晏《集解》引馬融曰："殷車曰大輅。"陸德明《釋文》："輅，本亦作路。"帶字爲裘錫圭所釋，《說文》："帶，紳也。男子鞶帶，婦人帶絲，象繫佩之形。佩必有巾，從巾。"張光遠、李學勤隸作韠。《說文》："佩，大帶佩也。"指繫在衣帶上的裝飾品。

[11] 《爾雅·釋詁》："羞，進也。"元金，好銅。《易·乾·文言》："元者，善之長也。"郊大宰鐘："吉金元吕（鑪）。"

[12] 《周禮·春官·小胥》："凡縣（懸）鍾（鐘）磬，半爲堵，全爲肆。"鄭玄注："鐘磬者編縣之，二八十六枚而在一虡謂之堵。鐘一堵，磬一堵，謂之肆。"《左傳·襄公十一年》："歌鐘二肆，及其鎛磬。"杜預注："肆，列也。縣鐘十六爲一肆。"據杜說，鐘8枚謂

之堵，磬 8 枚亦謂之堵。子犯鐘 8 枚稱堵，與杜説相合。不過，也
有學者以爲從考古出土鐘磬情況看，肆與堵均無定數，杜説是漢代
情形。

[13] 窋讀爲淑，《爾雅·釋詁》："善也。"《説文》："碩，頭大也。"段玉
裁注："引申爲凡大之稱。"

[14] 乃龢且鳴，鐘既美好碩大，乃能和鳴。

[15] 寧，安寧。以此鐘宴樂賓客，使之安寧。

64．邵鐘鐘

清同治初年出土於山西榮河縣后土祠旁河岸中，共 13 枚。現
有 6 枚（一説 11 枚）藏上海博物館，一枚藏倫敦大英博物館，一
枚藏台灣故宮博物院。銘文皆同，鼓右 4 行，鼓左 5 行，共 9 行
86 字。一名邵鐘。

【著 録】

《攀古》上 1　《愙齋》1·7　《大系》圖 228 録 269 考 232
白川《通釋》35·125　《集成》1·230

【釋 文】

隹（唯）王正月初吉丁亥[1]，邵鐘曰[2]："余畢公之
孫[3]，邵白（伯）之子[4]。余頡圂事君[5]，余曰畟
（其）武[6]。乍（作）爲余鐘，玄鏐鏞鋁[7]。大鐘八聿
（肆），其寵（造）四堵[8]。喬（蹻）喬（蹻）其龍，既
旃（伸）㟃（暢）虖[9]。大鐘既縣（懸），玉鑮鼉鼓[10]。

①

②

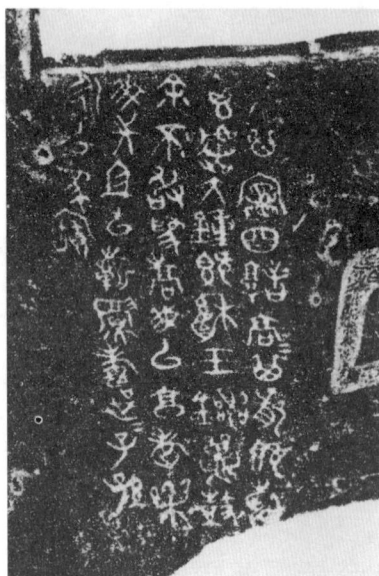

③

④

圖 64-①～④　邵鸞鐘銘文

余不敢爲喬（驕）[11]，我以享孝。樂我先且（祖），以旛
（旂）曹（眉）壽。世世子孫，永以爲寶。

【注　解】

[1] 參看下文王子午鼎注釋[2]。

[2] 王國維云："余謂邵即《春秋左氏傳》晉呂甥之呂也。呂甥一名瑕
呂飴甥，一云陰飴甥，瑕、呂、陰皆晉邑。呂甥既亡，地爲魏氏所
有，此邵伯、邵^畬，皆魏氏也。《史記·魏世家》晉文公命魏武子治
於魏，生悼子。悼子徙治霍，生魏絳……魏於漢爲河東郡河北縣，
霍於後漢爲河東永安縣。劉昭《續漢書·郡國志》永安縣下注引
《博物記》曰：'有呂鄉，呂甥邑也。'……悼子徙霍或治於呂，故
遂以呂爲氏。魏錡稱呂錡，錡子魏相亦稱呂相，亦稱呂宣子，皆其
證也。余謂呂錡即悼子……錡於鄢陵之役射楚王中目，退而戰死，
尤與悼之諡合也。魏氏出於畢公，此器云畢公之孫，邵伯之子，其
爲呂錡後人所作彰彰明矣。"劉雨將黛字隸作黛，因說邵黛即魏絳，
黛爲黑色，絳爲大赤，二者一名一字。湯餘惠則說呂黛乃呂錡另一
子呂相，"黛從啓聲，與相字義近。啓、相均有前導、開導之義，
可能是一名一字。"湯說是。晉厲公四年（前 577 年），呂相使秦，
有《呂相絕秦書》傳世。悼公即位，命呂相爲卿，使將新軍。

[3] 畢公，指周文王庶子畢公高。《史記·魏世家》說："魏之先，畢公
高之後也。畢公高與周同姓。武王伐紂，而高封於畢。"畢公爲呂
氏始祖。

[4]《史記·魏世家》云："畢萬事晉獻公……以魏封畢萬爲大夫……魏
悼子徙治霍。"《元和郡縣志》河東道晉州霍邑縣下云："悼子徙霍，
或治於呂，故遂以呂爲氏。"邵伯即呂伯，亦即魏悼子呂錡。

[5] 湯餘惠說："頡閟，讀爲詰曲。頡閟事君，猶說委婉事君。"

[6] 罝湯餘惠隸作罝，從孫詒讓讀作戰。埶本乱字，讀爲其。武，武
勇。呂相既將新軍，故以"余戰其勇"相標榜。

[7]《說文》："玄，幽遠也。黑而有赤色者爲玄，象幽而入覆之也。"
《爾雅·釋器》："黃金謂之盪，其美者謂之鏐。"郭璞注："鏐謂紫磨

金。”玄鏐，優質的黑紫色銅合金。鏞即鑪字，《説文》臚籀文作膚。曾伯霈有“黄鏞”，邾公華鐘銘“玄鏐赤鏞”，可見是黑中帶有赤黄的銅合金。鉛邾公牼鐘、吉日壬午劍作吕，亦銅合金名。一説鉛指優質銅料塊。

[8]　肆、堵參看子犯鐘注釋[12]。竈，《説文》作竈，與造、簉通。《左傳·昭公十一年》：“僖子使助遆氏之簉。”杜預注：“簉。副倅也。”即副次。郭沫若説鐘與磬相配爲用，鐘之副簉指磬。懷后磬刻款自銘“自作簉磬”。“大鐘八肆，其竈四堵”意思是説以大鐘八肆與石磬四堵相配使用。也有學者説造義爲製作。

[9]　喬吴大澂、孫詒讓皆讀爲蹻。《詩·大雅·崧高》：“四牡蹻蹻，鉤膺濯濯。”毛傳：“蹻蹻，壯貌。”張亞初讀爲矯，《玉篇》：“强也。”亦通。斾字爲郭沫若所釋，他家多釋壽。郭氏云：“《石鼓文·田車》有此字，曰‘其趨又斾’。字之本義蓋謂旌旗之連蜷也。此亦形容龍之連蜷，言蹻蹻乎有龍形之橫簨既連蜷於開暢之竪虡也。”張亞初讀爲伸。

[10]　鑮孫詒讓讀爲鼛，《爾雅·釋樂》：“大磬謂之鼛。”

[11]　喬讀爲驕，《玉篇》：“逸也。”即放縱。《尚書·畢命》：“驕淫矜侉，將由惡終。”孔氏傳：“言衆殷士，驕恣過製，矜其所能，以自侉大，如此不變，將用惡自終。”

【斷　代】

晉悼公（前 572 年～前 557 年）時，吕相爲卿，鐘應作於此時。

65. 國差罐

傳世器，現藏台北故宫博物院。肩上有銘文 10 行 52 字。又

稱國差瓴、齊侯觚、工師傗鑪。

【著 錄】

《積古》8·10　《大系》圖 197 錄 239 考 202　白川《通釋》
38·340　《集成》16·10361

【釋 文】

國差（佐）立（蒞）事歲[1]，戌日〈月〉丁亥[2]，攻
（工）帀（師）傗鑄西亶（墉）寳鐏四秉[3]。用實旨酉
（酒）[4]，侯氏受福釁（眉）壽[5]，卑（俾）旨卑（俾）
瀞（清）[6]。侯氏母（毋）瘩（咎）母（毋）疳[7]，齊
邦鼎（謐）静安盋（寧）[8]。子子孫孫永保用之。

圖 65 國差鐏銘文

【注 解】

[1] 許瀚説差讀爲佐。國佐齊卿，見《春秋經》宣公十年（前 599 年）。
　　　又《春秋經·成公二年》："秋七月，齊侯使國佐如師。己酉，及國

佐盟于袁婁。”魯成公二年，即前 589 年。成公十八年（前 573
年)，“齊殺其大夫國佐”，器應作於此前。立讀爲莅，莅臨政事，
齊器銘文常見以“某某立事歲”的方式紀年。惟文獻有缺，不知國
佐何時主持齊政。有學者推測國佐執政始於魯成公三年，齊頃公十
一年，前 588 年，器作於此年或稍後的前 587 年。

［2］戌日原作🔲。王國維云：“齊器多兼記歲月日，如子禾子釜云：
△△立事日，𢍆月丙午；陳猷釜云：陳釜立事歲，𢍆月戊寅。此器
文例正同，但𢍆下奪一月字耳。”楊樹達云：“𢍆月爲何月，王君未
言。余謂𢍆字从日从戌，疑即戊亥之戊也，以表時日，故字从日
耳。戊爲十二辰之一，古人時用十二辰表月名，如夏正建寅、商正
建丑、周正建子皆是。戊謂夏之九月，周十一月也。”

［3］工師，工匠之首領。《左傳·定公十年》：“叔孫謂郈工師駟赤曰
……”杜預注：“工師，掌工匠之官。”《呂氏春秋·季春紀》：“是月
也，命工師，令百工，審五庫之量……百工咸理，監工日號，無悖
于時。”高誘注：“監工，工官之長。”監工即工師。《禮記·月令》
鄭玄注：“於百工皆理治其事之時，工師則監之，日號令之。”西塽
是器鑄造或置用之地，猶齊器子禾子釜、陳純釜之“左關”。鑈阮
元、楊樹達説即甀，从瓦與从缶義同。《廣雅·釋器》：“甀，瓶也。”
《方言》：“罃，齊之東北海岱之間謂之甀。”甀或説爲大罌，或説爲
小罌。楊氏説甀本非定量之名，與豆、區、釜、鍾諸名有別。此甀
據《寶蘊樓彝器圖釋》説實測容三斗五升四合。秉，《説文》：“禾
束也。”楊樹達説秉當讀爲柄，指器之四耳，或是。

［4］旨，《説文》：“美也。”《詩·小雅·鹿鳴》：“我有旨酒，以燕樂嘉賓
之心。”

［5］侯氏，諸侯個人，此銘指齊侯。《儀禮·覲禮》：“至于郊，王使人皮
弁用璧勞，侯氏亦皮弁迎于帷門之外。”鄭玄注：“不言諸侯言侯氏
者，明國殊舍異，禮不凡之也。”

［6］瀞典籍作清，指濾去酒糟的甜酒。《周禮·天官·酒正》：“辨四飲之
物：一曰清，二曰醫，三曰漿，四曰酏。”鄭玄注：“清謂醴之泲
者。”孫詒讓正義：“凡泲皆謂去汁滓。”

［7］瘠應即咎字，凶咎。痏不見於大徐本《説文》，段玉裁注本據謝靈

運詩《發臨海嶠》李善注引《説文》補云："疲也。"郭沫若隸作
痯，讀爲荒。

[8] 鼏字原銘作𩇵，貝與鼎形近易訛，ㅐㅐㄇ亦形近易訛，故𩇵即𩇵。
秦公簋銘："不（丕）顯皇且（祖）受天命，鼏宅禹賣（蹟）。"陝
西鳳翔秦公大墓磬銘："高陽又（有）靈，四方以鼏平。"二鼏字皆
作𩇵，從ㅐ與從ㄇ同。鼏從鼎ㄇ聲，應讀爲宓或謐。《儀禮·士冠
禮》："設扃鼏。"鄭玄注："古文鼏爲密。"《説文》："宓，安也。"
又云："謐，静語也。"《廣韻》："謐，安也。"銘謂齊國謐静安寧。"

66. 王子午鼎

1976 年出土於河南省淅川縣下寺 2 號楚墓。現藏河南博物院。
共 7 枚，銘文皆同。蓋銘 4 字，器腹銘 14 行 84 字。

【著 録】

《文物》1980 年 10 期　《集成》5·2811

【釋 文】

佣之遀（歷）鬸[1]（蓋銘）

隹（唯）正月初吉丁亥[2]，王子午擇其吉金[3]，自乍
（作）䵼彝遀（歷）鼎，用享以孝，于我皇且（祖）文
考。用謫（祈）䁹（眉）壽[4]。盇（弘）靁馱（舒）屖
（遲）[5]，畏槶（忌）趩趩[6]，敬氒（厥）盟祀[7]，永受
其福。余不畋（畏）不差[8]，惠于政德[9]，淑（淑）于
威義（儀）[10]。闌闌獸獸[11]，命（令）尹子庚，殹民之
所亟（極）[12]。萬年無諆（期），子孫是制[13]。（器銘）

①

②

圖 66-①② 王子午鼎銘文拓器（①器蓋，②器）

288

【注 解】

[1] 倗，楚國貴族，又名蒍子馮（蒍子馮），楚康王時曾任大司馬，卒於前548年。遺字多見於楚系器銘，或不从辵。此字考釋者多家，或釋獻，或釋脣，或釋淄，或釋歈，皆有難通處。吳振武《釋鬻》說字从乁，鬲聲，乁《說文》云"流也"，乃流水，故字即瀝字異體，讀爲歷，訓陳列。王子午器爲成組器物，行禮時按一定次序陳列，稱爲歷器。鼒，《說文》所無，《金文編》說是"侈口平底鼎之專名。"

[2] "正月初吉丁亥"見於很多銘文，春秋戰國時楚器尤多見。王國維云："古人鑄器，多在丁亥，猶漢鏡多用丙午，按之實際多不合。"伍仕謙云："正月所鑄器，比其他各月多，同時有些器非正月所鑄亦稱正某月者，如余義鐘'唯正九月初吉丁亥'……可見正的意義除了一歲之始月外，還有吉祥之義……《大戴禮·夏小正》'丁亥萬用入學，丁亥者，吉日也。'可見戰國以前的先民，是把丁亥日當成吉日，……'正月初吉丁亥'，絕非紀實之詞。"

[3] 王子午爲楚莊王子，字子庚。《左傳·襄公十五年》："楚公子午爲令尹，公子罷戎爲右尹，蒍子馮（輝按即蓋銘的"倗"）爲大司馬。"又十八年："楚公子午帥師伐鄭。"二十一年："夏，楚子庚卒。"

[4] 譴爲旝字異體。旝从單从㫃，單作￥，乃武器，譴則从言从㫃。伍仕謙說旝"蓋會戰禱於㫃下之意"；譴从言乃後起字，"蓋禱告乞福，必須用言語表達也"。

[5] 函讀爲弘，大也。鈇屖讀爲舒遲，同出王孫誥鐘屖作遲。《禮記·玉藻》："君子之容舒遲。"孔穎達疏："舒遲，閑雅也。"

[6] 敃讀爲畏。䋥即其，讀爲忌。畏忌，有所顧忌。趩趩即翼翼。畏忌翼翼，小心翼翼。

[7] 敬厥盟祀，恭敬地進行其盟、祀大禮。

[8] 畏讀爲威。《荀子·天論》："亂生其差。"楊倞注："差，謬也。"伍仕謙說："不畏不差，猶言我既不威猛也無失德。"

[9] 《說文》："惠，仁也。"《論語·公冶長》："其養民也惠。"

[10] 威儀，儀容舉止。《尚書·顧命》："思夫人自亂于威儀。"孔氏傳："有威可畏，有儀可象，然後足以率人。"淑於威儀，儀容美善。

[11] 闌闌獸獸，令狐君嗣子壺作柬柬獸獸。楊樹達釋王孫遺者鐘，謂闌闌即簡簡，《詩·商頌·那》“奏鼓簡簡”，言樂聲之和。《詩·大雅·烝民》：“肅肅王命，仲山甫將之。”鄭玄箋：“肅肅，敬也。”

[12] 殹，伍仕謙讀爲繄，語首助詞，同惟。亟讀爲極，榜樣，表率。

[13] 製，約束，控制。《尚書·盤庚上》：“相時憸民，猶胥顧于箴言，其發有逸口，矧予製乃短長之命。”此句是教導後世子孫，要永遠以先祖的告誡約束自己。

【斷代】

王子午卒於魯襄公二十一年，楚康王九年，即前 551 年。在銘文中，王子午自稱“惠于政德，淑于威儀”，看來已不年輕，鼎極可能就作於其任令尹期間。令尹即執政，大概只有令尹才能談到爲政。據趙世綱推算，王子午卒年約 46 歲。

67．蔡侯龘盤

1955 年出土於安徽省壽縣蔡侯墓。現藏安徽省博物館。腹內有銘文 16 行 95 字。

【著錄】

《考古學報》1956 年 1 期　《五省》圖版 50　《壽縣》圖版拾叁：2、3，叁捌　《集成》16·10171

【釋文】

元年正月，初吉辛亥[1]，蔡侯龘（申）虔共（恭）大

圖67 蔡侯龖盤銘文

命[2]，上下陟祒[3]，歔敬不惕（易）[4]，肇（肇）輮
（佐）天子[5]。用詐（作）大孟姬媵（縢）彝盟
（盤）[6]，禋享是台（以），粺（祗）盟嘗祸[7]，祐受母
（毋）已[8]。祷（齋）□整肅（肅）[9]，籍（?）文王
母[10]。穆穆亹（亹）亹（亹），恩（聰）害（介）祈
旒[11]。威義（儀）遊（優）遊（優），霝（令）頌詫
商[12]。康諧龢好[13]，敬配吳王[14]。不諱考壽，子孫蕃
昌[15]。永保用之，冬（終）歲無疆[16]。

【注 解】

［1］于省吾云："盤與尊銘的'元年正月'，以銘中稱'肇佐天子'證之，則當時蔡侯之奉行周王正朔，是没有疑問的。然則銘文中的元年，自當指周王言之。《史記·十二諸侯年表》列蔡昭侯元年於周敬王二年，其實，蔡昭侯之元年當爲周敬王的元年。銘文與《史記》所以相差一年者，可能由於蔡昭侯之兄悼侯之末一年，在位時間很短即卒，而昭侯已經即位的緣故……"依于説，此器作於蔡昭侯元年，前 519 年。

［2］魏三體石經蔡之古文作，與此銘字形近。蔡爲諸侯國，其始祖爲周文王子叔度。字裘錫圭、李家浩以爲與曾侯乙鐘的、爲同一字，是西周金文字的變體，讀爲申。王人聰説从畬聲，而畬从田聲，田、申音近相通。《史記·管蔡世家》云："（蔡）悼侯三年卒，弟昭侯甲立。"張文虎曰："甲，中統、游、毛本並作申，《表》亦作申，與《春秋》哀四年經合。"《詩·大雅·韓奕》："夙夜匪解，虔共爾位。"鄭玄箋："古之恭字或作共。"虔恭，恭敬。大命，天命。

［3］上下，君臣。《讀本》云："陟祏：陟，上升，此指位尊者。祏，从示，否聲，通否（pǐ），與'陟'相對，指位卑者。"

［4］歐从攴，臤聲，于省吾説應讀爲厲。《論語·子張》："聽其言也厲。"鄭玄注："厲，嚴正。"惕讀爲易，變易。不易，指一心一意。

［5］輇从車，差聲，讀爲佐，輔佐。

［6］大孟姬于省吾説是蔡昭侯的長女，亦有學者認爲是其姊。媵同媵，音 ying，《爾雅·釋言》："送也。"謂嫁女以財物相贈。盤，同盤。彝盤，祭祀所用之盤。

［7］禋享，潔祀。《説文》："禋，潔祀也。一曰精意以享爲禋。"是以，以此。匍原作，與魏三體石經祗作形近。《説文》："祗，敬也。"盟讀爲明，精明，誠信。《禮記·祭統》："是故君子之齊也，專致其精明之德也。"唒字不識。《讀本》疑爲音字異體，讀爲禘。《禮記·王製》："天子諸侯宗廟之祭，春曰礿，夏曰禘，秋曰嘗，冬曰烝。"

［8］毋，無。已，停止。祐受毋已，受到保祐永無終止。

[9] 禱同齋（齋）。《隸釋·桐柏淮源廟碑》：“郡守奉祀，禱絜沈祀。”洪
適注：“字書無禱字，以文意推之，當爲齋戒之齋。”《廣韻》：“齋，
莊也，敬也。”禱下一字右爲言，右旁已殘，未可遽定。譅讀爲肅，
整肅，整齊，嚴肅。《抱樸子·酒誡》：“遲重者蓬轉而波擾，整肅者
鹿踶而魚躍。”

[10]《讀本》云：“籥，此字當从竹，从米，頁聲，通‘節’，節度，法
度，此處乃‘以……爲法度’之意。文王母，周文王之母大（tài）
任。”按《史記·周本紀》云：“太姜生少子季歷，季歷娶太任，皆
賢夫人，生昌有聖瑞。”《正義》引《列女傳》云：“……太任之性
端一誠莊，維德之行。及其有身，目不視惡色，耳不聽淫聲，口不
出傲言，能以胎教子，而生文王。”由此盤銘看，春秋時人已知文
王母爲母儀之典範，故蔡侯申以之勉勵大孟姬。

[11]《爾雅·釋詁》：“穆穆，敬也。”斖斖典籍作亹亹，音 wei。《詩·大
雅·文王》：“亹亹文王，令聞不已。”毛傳：“亹亹，勉也。”穆穆亹
亹，勤勉莊敬。《大戴禮記·五帝德》：“（禹）敏給克濟，其德不回，
其仁可親，其言可信；聲爲律，身爲度，稱以上士；亹亹穆穆，爲
綱爲紀。”恖讀爲聰，明悟。害于省吾讀爲介，無重鼎“用割斖壽
萬年”即《詩·豳風·七月》的“以介眉壽。”介讀爲節。《楚辭·悲
回風》：“介眇志之所惑兮。”王逸注：“介，節也。”《荀子·修身》：
“善在身介然必以自好也。”楊倞注：“介然，堅固貌。”銘指女子
節操堅貞。訢音 xīn，《説文》：“喜也。”旟讀爲揚，發揚，得意之
貌。

[12] 威儀參看王子午鼎注釋[10]。遊遊于省吾説讀同優優。《論語·憲
問》：“爲趙魏老則優。”皇侃疏：“優猶寬閑也。”《淮南子·時則》：
“優優簡簡。”高誘注：“寬舒之貌。”需讀爲令，善。頌，頌揚。商
于省吾説指《詩·商頌》，《頌》爲歌功頌德之詩。于氏云：“‘需頌
託商’，文爲四言所限，故有省略。意思是説，依託《商頌》那樣
的頌揚得體，以善頌吳王。”

[13] 康，安康。諧，和諧。

[14] 配，匹配。

[15] 諱，于省吾讀爲違，違失。考，老也。不違老壽：長享老壽。蕃，

繁多。昌，昌盛。

[16] 保讀爲寳。冬讀爲終，長久。終歲猶言萬年。

68．吳王光鑒

1955 年出土於安徽省壽縣蔡侯墓。現藏國家博物館。内底有銘文 8 行 53 字。

【著 録】

《壽縣》圖版拾伍，叁玖　《五省》圖版 51　白川《通釋》40·588　《吳越徐舒》45 頁　《集成》16·10298

【釋 文】

隹（唯）王五月，既字白期[1]，吉日初庚[2]，吳王光睪（擇）其吉金[3]，玄鏐、白鋊[4]，台（以）乍（作）弔（叔）姬寺吁宗彝（彝）薦鑒[5]。用享用孝，釁（眉）壽無疆。往已（矣）弔（叔）姬[6]，虔敬乃后[7]，子孫勿忘[8]。

【注 解】

[1] 春秋時吳亦稱王，故王可能指周王，也可能指吳王。郭沫若云：“既子白期，當既生霸，子同孳或滋，生也。白乃古伯字，與霸通。”郭氏所謂“子”實即“字”字，《廣雅·釋詁》：“字，生也。”陳夢家説子白爲王僚字，唐蘭説子白爲吳王光長子，皆不可取。

圖 68 吳王光鑒銘文

[2] 郭沫若云：“此言既字白期，吉日初庚，乃初吉之後，既生霸期中第一庚日，即五月九日左右。”黄盛璋云：“吉日之稱最早者，當即吴王光鑒之‘吉日初庚’。此春秋末器，前於此者……只稱初吉，不稱吉日。”

[3] 吴王光即吴王闔閭（廬）（前514年～前496年）。《史記·吴太伯世家》：“王僚二年，公子光伐楚……公子光者，王諸樊之子也……十三年……四月丙子，光伏甲士於窟室，而謁王僚飲……遂弒王僚。公子光竟代立爲王，是爲吴王闔廬。”陳夢家説闔廬爲光之字，《左傳·襄公十七年》：“吾儕小人，皆有闔廬。”杜預注：“闔爲門户閉塞。”其義與光相反成義。

[4] 郭沫若云：“二銑字蓋礦之異體，玄銑當指鉛，白銑當指錫，吉金則是銅。”也有學者以爲玄銑指銅，白銑指錫或鉛，吉金指青銅。

[5] 台从口，目聲，讀爲目（以）。叔姬寺吁，吴王光之女或妹，嫁往蔡國。吴王光與蔡昭侯同時，故叔姬寺吁應爲昭侯之妃。壽縣蔡墓爲昭侯墓，説見上文。盤爲吴王光爲女或妹所作媵器，故得出土於蔡墓。叔爲排行，姬爲其姓，寺吁爲其名。吴王之女或妹爲姬姓，證明吴確爲周人後裔。𥯥讀爲彝，宗彝本指宗廟祭器，此處泛指銅器。薦，進獻，祭祀。《易·豫·象傳》：“殷薦之上帝，以配祖考。”孔穎達疏：“用此殷盛之樂，薦祭上帝也。”《禮記·王製》：“大夫士宗廟之祭，有田則祭，無田則薦。”鑒，《説文》：“大盆地。”盛水器。薦鑒，祭祀用的盛水器。

[6] 已與矣通用。《論語·衞靈公》：“今亡已夫！”皇侃本已作矣。

[7] 《爾雅·釋詁》：“后，君也。”乃后，你的君王，指蔡昭侯。

[8] 子孫，原作孫=，乃合文。或釋孫孫。

【斷 代】

吴王闔廬（光）前514年～前496年在位，鑒應作於此間。董楚平説同墓出土吴王光殘鐘作於闔廬九年，十年（前505年）作此鑒，鑒銘第二字“王”指吴王，可備一説。

附　　録

（一）　著録簡目

1. 博古：宋王黼等《博古圖録》，明嘉靖七年（1528 年）蔣暘翻刻元至大重修本。
2. 薛氏：宋薛尚功《歷代鐘鼎彝器款識法帖》，南宋紹興十四年（1144 年）石刻本。
3. 嘯堂：宋王俅《嘯堂集古録》，宋淳熙樓本，1922 年涵芬樓影印於《續古逸叢書》。
4. 西清：清梁詩正等《西清古鑒》，清乾隆二十年（1755 年）内府刻本。
5. 積古：清阮元《積古齋鐘鼎彝器款識》，清嘉慶九年（1804 年）阮氏自刻本。
6. 筠清：吳榮光《筠青館金文》，1842 年。
7. 攀古：潘祖蔭《攀古樓彝器款識》，1872 年。
8. 從古：徐同柏《從古堂款識學》，1886 年。
9. 攈古：清吳式芬《攈古録金文》，清光緒二十一年（1895 年）刊行本。
10. 愙齋：清吳大澂《愙齋積古録》，1917 年影印本。
11. 綴遺：清方濬益《綴遺齋彝器款識考釋》，1935 年涵芬樓影印本。
12. 貞松：羅振玉《貞松堂集古遺文》，1930 年摹寫石印本。
13. 貞松續：羅振玉《貞松堂集古遺文續編》，1934 年摹寫石印本。
14. 三代：羅振玉《三代吉金文存》，1937 年影印本。

15. 鄴：黃濬《鄴中片羽初集》，1935～1942 年影印本。

16. 通考：容庚《商周彝器通考》，1941 年哈佛燕京學社出版。

17. 斷代：陳夢家《西周銅器斷代》（《考古學報》9～14 冊），1955～
1956 年。

18. 壽縣：安徽省文管會、博物館《壽縣蔡侯墓出土遺物》，1956 年。

19. 錄遺：于省吾《商周金文錄遺》，1957 年。

20. 大系：郭沫若《兩周金文辭大系圖錄考釋》，1935 年初印本圖錄、
考釋分爲二冊，1958 年重印合併。

21. 全上古：嚴可均《全上古三代秦漢三國六朝文》，清光緒年間初
版，1958 年重印。

22. 五省：展覽籌委會《五省出土重要文物展覽圖錄》，1958 年。

23. 圖釋：陝西省博物館《青銅器圖釋》，1960 年。

24. 集錄：陳夢家《美帝國主義劫掠的我國殷周銅器集錄》，1963 年。

25. 白川通釋：日本白川靜《金文通釋》，1962 年～1975 年。

26. 中日歐美澳紐：巴納、張光裕《中日歐美澳紐所見所拓所摹金文
匯編》，1978 年。

27. 陝青：陝西省考古研究所等：《陝西出土商周青銅器》，1979 年。

28. 總集：嚴一萍《金文總集》，1983 年。

29. 集成：中國社科院考古研究所《殷周金文集成》，1984 年～1994
年。

30. 銘文選：上海博物館編寫組《商周青銅器銘文選》，文物出版社
1986 年。

31. 吳越徐舒：董楚平《吳越徐舒金文集釋》，1992 年。

32. 金文引得：教育部人文社會科學重點研究基地華東師範大學中國
文字研究與應用中心《金文引得》（殷商西周卷），2001 年。

33. 文參：《文物參考資料》編輯部編。

34. 文物：《文物》月刊編輯部編。

35. 考古：中國社會科學院考古研究所《考古》編輯部編。

36. 考古學報：中國社科院考古研究所《考古學報》編輯部編。

37. 考古與文物：陝西省考古研究所《考古與文物》編輯部編。

38. 故宮文物月刊：台北故宮博物館《故宮文物月刊》編輯部編。
39. 古文字研究：中華書局編輯部、中國古文字研究會編。

（二）引用書目

1. 于省吾：《甲骨文字釋林》，中華書局 1979 年。

2. 于省吾：《穆天子傳新證》，《考古社刊》6 期。

3. 于省吾：《利簋銘文考釋》，《文物》1978 年 3 期。

4. 于省吾：《墻盤銘文十二解》，《古文字研究》第 5 輯，中華書局
　　1981 年。

5. 于省吾：《壽縣蔡侯墓銅器銘文考釋》，《古文字研究》第 1 輯，中
　　華書局 1979 年。

6. 于豪亮：《墻盤銘文考釋》，《古文字研究》第 7 輯，中華書局 1982
　　年。

7. 于豪亮：《陝西省扶風縣强家村出土虢季家族銅器銘文考釋》，《于
　　豪亮學術文存》，中華書局 1985 年。

8. 萬樹瀛：《滕縣後荆溝出土不㛸簋等青銅器群》，《文物》1981 年 9
　　期。

9. 王人聰：《蔡侯䩂考》，《古文字研究》第 12 輯，中華書局 1985
　　年。

10. 王文耀：《簡明金文詞典》，上海辭書出版社 1985 年。

11. 王世民等：《關於夏商周斷代工程中的西周銅器斷代問題》，《文
　　物》1999 年 6 期。

12. 王世民、陳公柔、張長壽：《西周青銅器分期斷代研究》，文物出
　　版社 1999 年，簡稱《銅器分期》。

13. 王國維：《觀堂古金文考釋》，《王國維遺書》6，上海古籍書店
　　1983 年據商務印書館 1940 年版影印。

14. 王國維：《兮甲盤跋》，《觀堂集林·別集》，中華書局 1959 年影
　　印。

15. 王國維：《毛公鼎銘考釋》，出處同 13。

16. 王國維:《邵鐘跋》,《觀堂集林》卷 18,出處同 14。
17. 王國維:《玉溪生詩年譜會箋序》,《觀堂集林》卷 23,出處同 13。
18. 王國維:《齊國差鳙跋》,《觀堂集林》卷 18,出處同 14。
19. 王輝:《秦銅器銘文編年集釋》,三秦出版社 1990 年。
20. 王輝:《一粟集——王輝學術文存》,台灣藝文印書館 2002 年。
21. 王輝:《西周畿内地名小記》,《考古與文物》1985 年 3 期。
22. 王輝、陳復澄:《幾件銅器銘文中反映的西周中葉的土地交易》,《遼海文物學刊》1986 年 2 期。
23. 王輝:《秦文字集證》,台灣藝文印書館 1999 年。
24. 王輝:《逆鐘銘文箋釋》,《考古與文物》叢刊第 2 號《古文字論集》(一),1983 年。
25. 王輝:《史密簋釋文考地》,《人文雜誌》1991 年 4 期。
26. 王輝:《周秦器銘考釋》,《考古與文物》1991 年 6 期。
27. 王輝:《駒父盨蓋銘文試釋》,《考古與文物》1982 年 5 期。
28. 王輝:《秦器銘文叢考》,《文博》1988 年 2 期。
29. 王輝:《古文字通假釋例》台灣藝文印書館 1993 年。
30. 王慎行:《古文字與殷周文明》,陝西人民教育出版社 1992 年。
31. 王慎行:《乙卯尊銘文通釋譯論》,《古文字研究》第 13 輯,中華書局 1986 年。
32. 王慎行:《師𩰫鼎銘文通釋譯論》,《求是學刊》1982 年 4 期。
33. 王翰章、陳良和、李保林:《虎簋蓋銘簡釋》,《考古與文物》1997 年 3 期。
34. 方述鑫:《太保罍、盉銘文考釋》,《考古與文物》1992 年 6 期。
35. 尹盛平:《西周微氏家族青銅器群研究》,文物出版社 1982 年。
36. 孔令遠:《徐國的考古發現與研究》,四川大學博士論文,2002 年。
37. 巴納、張光裕:《中日歐美澳紐所見所拓所摹金文匯編》,台灣藝文印書館 1978 年。
38. 盧連成:《庠地與昭王十九年南征》,《考古與文物》1984 年 6 期。

39. 盧連成、尹盛平：《古矢國遺址墓地調查記》，《文物》1982 年 2 期。

40. 盧連成：《周都溓鄭考》，出處同 24。

41. 盧連成、楊滿倉：《陝西寶雞縣太公廟村發現秦公鐘、秦公鎛》，《文物》1978 年 11 期。

42. 田醒農、雒忠如：《多友鼎的發現及其銘文試釋》，《人文雜誌》1981 年 6 期。

43. 白于蘭：《"玄衣黹純"新解》，《中國文字》新 26 期，台灣藝文印書館 2000 年。

44. 《考古》記者：《北京琉璃河出土西周有銘銅器座談紀要》，《考古》1989 年 10 期。

45. 《考古與文物》編輯部：《虎簋蓋銘座談紀要》，《考古與文物》1997 年 3 期。

46. 《考古與文物》編輯部：《吳虎鼎銘座談紀要》，《考古與文物》1998 年 5 期。

47. 朱鳳瀚、張榮明：《西周諸王年代研究》，夏商周斷代工程叢書，貴州人民出版社 1998 年。

48. 朱鳳瀚：《古代中國青銅器》，南開大學出版社 1995 年。

49. 伍仕謙：《秦公鐘考釋》，《四川大學學報》哲社版 1980 年 2 期。

50. 伍仕謙：《王子午鼎、王孫誥鐘銘文考釋》，《古文字研究》第 9 輯，中華書局 1984 年。

51. 伍仕謙：《微氏家族銅器群年代初探》，《古文字研究》第 5 輯，中華書局 1981 年。

52. 劉啓益：《西周矢國銅器的新發現與有關的歷史地理問題》，《考古與文物》1982 年 2 期。

53. 劉啓益：《西周金文中所見的周王后妃》，《考古與文物》1980 年 4 期。

54. 劉啓益：《微氏家族銅器群初探》，《古文字研究》第 5 輯，中華書局 1981 年。

55. 劉雨：《多友鼎的時代與地名考訂》，《考古》1983 年 2 期。

56. 劉雨：《郑鸞編鐘的重新研究》，《古文字研究》第 12 輯，中華書局 1985 年。

57. 劉釗：《利用郭店楚簡字形考釋金文一例》，《古文字研究》第 24 輯，中華書局 2002 年。

58. 劉彬徽：《楚系青銅器研究》，湖北教育出版社 1995 年。

59. 劉翔、陳抗、陳初生、董琨：《商周古文字讀本》，語文出版社 1998 年 9 月。簡稱《讀本》。

60. 湯餘惠：《泃字別議》，《容庚先生百年誕辰紀念文集》，廣東人民出版社 1998 年。

61. 孫常叙：《曶鼎銘文淺釋》，《吉林師大學報》哲社版 1977 年 4 期。

62. 孫常叙：《秦公及王姬鎛鐘銘文考釋》，《吉林師大學報》哲社版 1978 年 4 期。

63. 孫稚雛：《金文著録簡目》，中華書局 1981 年。

64. 李亞農：《"長由盉銘釋文"注釋》，《考古學報》1955 年第 9 冊。

65. 李仲操：《史墻盤銘文試釋》，《文物》1978 年 3 期。

66. 李仲操：《也談多友鼎銘文》，《人文雜誌》1982 年 6 期。

67. 李長慶、田野：《祖國歷史文物的又一次重要發現——陝西眉縣發掘出四件周代銅器》，《考古與文物》1981 年 1 期。

68. 李伯謙：《叔夨方鼎銘文考釋》，《文物》2001 年 8 期。

69. 李啓良：《陝西安康市出土西周史密簋》，《考古與文物》1989 年 3 期。

70. 李學勤：《夏商周年代學扎記》，遼寧大學出版社 1999 年。

71. 李學勤：《走出疑古時代》，遼寧大學出版社 1997 年。

72. 李學勤：《新出青銅器研究》，文物出版社 1990 年。

73. 李學勤：《班殷續考》，《古文字研究》第 13 輯，中華書局 1986 年。

74. 李學勤：《師詢簋與〈祭公〉》，《古文字研究》第 22 輯，中華書局 2000 年。

75. 李學勤：《談叔夨方鼎及其他》，《文物》2001 年 10 期。

76. 李學勤:《論史墻盤及其意義》,《考古學報》1978 年 2 期。

77. 李學勤:《西周中期青銅器的重要標尺——周原莊白、强家兩處青銅器窖藏的綜合研究》,《中國歷史博物館館刊》1979 年 1 期。

78. 李學勤:《論曶鼎及其反映的西周製度》,《中國史研究》1985 年 1 期。

79. 李學勤:《岐山董家村訓匜考釋》,《古文字研究》第 1 輯,中華書局 1979 年。

80. 李學勤:《史密簋銘所記西周重要史實》,出處同 71。

81. 李學勤:《論多友鼎的時代及意義》,《人文雜誌》1981 年 6 期。

82. 李學勤:《兮甲盤與駒父盨——論西周末年周朝與淮夷的關係》,出處同 72。

83. 李學勤:《秦國文物的新認識》,《文物》1980 年 9 期。

84. 李學勤:《吳虎鼎考釋——夏商周斷代工程考古學筆記》,《考古與文物》1998 年 5 期。

85. 李學勤:《吳虎鼎研究的擴充》,出處同 70。

86. 李學勤:《補論子犯編鐘》,《中國文物報》1995 年 5 月 28 日。

87. 李學勤:《宜侯夨簋與吳國》,《文物》1985 年 7 期。

88. 李學勤:《試論董家村青銅器群》,《文物》1976 年 6 期。

89. 李學勤:《師䣄鼎剩義》,出處同 72。

90. 李學勤:《論㝬公盨及其重要意義》,《中國歷史文物》2002 年 6 期。

91. 李零:《新出秦器試探——新出秦公鐘鎛銘與過去著録秦公鐘、殷銘的對讀》,《考古》1980 年 2 期。

92. 李永延、葉正渤:《商周青銅器銘文簡論》,中國礦業大學出版社 1998 年。

93. 杜迺松:《青銅器鑒定》,中國文物鑒定叢書,廣西師範大學出版社 1983 年。

94. 杜勇:《金文"生稱謚"新解》,《歷史研究》2002 年 3 期。

95. 吳大焱、羅英杰:《陝西武功縣出土駒父盨蓋》,《文物》1976 年 5 期。

96. 吳鎮烽：《金文人名匯編》，中華書局 1987 年版。

97. 吳鎮烽、雒忠如：《陝西省扶風縣强家村出土的西周銅器》，《文物》1975 年 8 期。

98. 吳鎮烽：《史密簋銘文考釋》，《考古與文物》1989 年 3 期。

99. 吳鎮烽：《新出秦公鐘銘考釋與有關問題》，《考古與文物》1980 年 1 期。

100. 吳振武：《釋鬲》，《文物研究》第 6 輯，黃山書社 1990 年。

101. 汪中文：《西周官製研究》，台灣復文圖書出版社 1993 年。

102. 張天恩：《對〈秦公鐘考釋〉中有關問題的一些看法》，《四川大學學報》哲社版 1980 年 4 期。

103. 張世超：《史密簋"眉"字説》，《考古與文物》1995 年 4 期。

104. 張亞初：《殷周金文集成引得》，中華書局 2001 年。

105. 張亞初：《西周銘文所見某生考》，《考古與文物》1983 年 5 期。

106. 張亞初：《周厲王所作祭器㝬簋考》，《古文字研究》第 5 輯，中華書局 1981 年。

107. 張亞初：《談多友鼎銘文的幾個問題》，《考古與文物》1982 年 3 期。

108. 張光遠：《故宮新藏春秋晉文稱霸"子犯和鐘"初釋》，台北《故宮文物月刊》13 卷 1 期，1995 年 4 月。

109. 張政烺：《周厲王㝬簋釋文》，《古文字研究》第 3 輯，中華書局 1980 年。

110. 張桂光：《沫司徒疑簋及其相關問題》，《古文字研究》第 22 輯，中華書局 2000 年。

111. 張培瑜：《中國先秦史曆表》，齊魯書社 1987 年。

112. 張培瑜、周曉陸：《吳虎鼎銘紀時討論》，《考古與文物》1998 年 3 期。

113. 張筱衡：《禹鼎考釋》，《人文雜誌》1958 年 1 期。

114. 張筱衡：《散盤考釋》，《人文雜誌》1958 年 2～4 期。

115. 張懋鎔：《再論虎簋蓋及其相關銅器的年代問題》，《陝西歷史博物館館刊》第 7 輯，三秦出版社 2000 年。

116. 趙懋鎔、趙榮、鄒東濤：《安康出土的史密簋及其意義》，《文物》1989 年 7 期。

117. 扶風縣圖博館：《陝西扶風發現西周厲王默簋》，《文物》1979 年 4 期。

118. 陳平：《燕史紀事編年會按》，北京大學出版社 1995 年。

119. 陳平：《克罍、克盉銘文及其有關問題》，《考古》1991 年 6 期。

120. 陳平：《再論克罍、克盉及其有關問題》，《考古與文物》1995 年 1 期。

121. 陳世輝、湯餘惠：《古文字學概要》，吉林大學出版社 1988 年。

122. 陳世輝：《訇簋及弭叔簋小記》，《文物》1960 年 8、9 期合刊。

123. 陳世輝：《釋戠——兼説甲骨文不字》，《古文字研究》第 10 輯，中華書局 1983 年。

124. 陳進宜：《禹鼎考釋》，《光明日報》1951 年 7 月 7 日。

125. 陳初生：《金文常用字典》，陝西人民出版社 1987 年。

126. 陳邦懷：《永盂考略》，《文物》1972 年 11 期。

127. 陳夢家：《壽縣蔡侯墓銅器》，《考古學報》1956 年 2 期。

128. 林澐：《林澐學術文集》，中國大百科全書出版社 1998 年。

129. 林澐：《琱生簋新釋》，《古文字研究》第 3 輯，中華書局 1980 年。

130. 林澐：《説干、盾》，《古文字研究》第 22 輯，中華書局 2000 年。

131. 林劍鳴：《秦公鐘、鎛銘文釋讀中的一個問題》，《考古與文物》1980 年 2 期。

132. 楊樹達：《積微居金文説》（增訂本），中華書局 1997 年。

133. 羅西章、吳鎮烽、雒忠如：《陝西扶風縣出土伯㞢諸器》，《文物》1976 年 6 期。

134. 龐懷靖等：《陝西岐山縣董家村西周銅器窖穴發掘簡報》，《文物》1976 年 5 期。

135. 河南省丹江庫區文物發掘隊：《河南省淅川縣下寺春秋楚墓》，《文物》1980 年 10 期。

136. 陝西周原考古隊：《陝西扶風莊白一號西周青銅器窖藏發掘簡報》，《文物》1978 年 3 期。

137. 趙世綱、劉笑春：《王子午鼎銘文試釋》，《文物》1980 年 10 期。

138. 趙平安：《西周金文中的✎新解》，《于省吾教授百年誕辰紀念文集》，吉林大學出版社 1996 年。

139. 故宫博物院編：《唐蘭先生金文論集》，紫禁城出版社 1995 年版。

140. 郝士宏：《"簧嘗朕心"解》，《古文字論集》（二），《考古與文物》叢刊第四號，2001 年。

141. 段紹嘉：《陝西蘭田縣出土彊叔等彝器簡介》，《文物》1960 年 2 期。

142. 饒宗頤等：《曲沃北趙晉侯墓地 M114 出土叔夨方鼎及相關問題研究筆談》，《文物》2002 年 5 期。

143. 夏含夷：《從〈駒父盨蓋〉銘文談周王朝與南淮夷的關係》，《考古與文物》1988 年 1 期。

144. 夏商周斷代工程專家組：《夏商周斷代工程 1996—2000 年階段成果報告》（簡本），世界圖書出版公司 2000 年。簡稱：《斷代工程報告》（簡本）。

145. 徐中舒主編：《漢語古文字字形表》，四川辭書出版社 1981 年。

146. 徐中舒：《西周墻盤銘文箋釋》，《考古學報》1978 年 2 期。

147. 徐中舒：《弋射與弩之起源及關於此類名物之考釋》，《中央研究院歷史語言研究所集刊》四本四分，1934 年。

148. 徐中舒：《遹敦考釋》，《中央研究院歷史語言研究所集刊》二本二分，1931 年。

149. 徐中舒：《禹鼎的年代及其相關問題》，《考古學報》1959 年 3 期。

150. 殷瑋璋：《新出土的太保銅器及其相關問題》，《考古》1990 年 1 期。

151. 高明：《中國古文字學通論》，北京大學出版社 1996 年。

152. 郭沫若：《殷周青銅器銘文研究》，科學出版社 1961 年。

153. 郭沫若：《保卣銘釋文》，《考古學報》1958 年 1 期。

154. 郭沫若：《關於郿縣大鼎銘辭考釋》，《文物》1972 年 7 期。

155. 郭沫若：《班殷的再發現》，《文物》1972 年 9 期。

156. 郭沫若：《兩周金文辭大系圖錄考釋》，上海書店出版社 1999 年影印。

157. 郭沫若：《長由盉銘釋文》，《文物參考資料》1955 年 2 期。

158. 郭沫若：《弭叔簋及訇簋考釋》，《文物》1960 年 2 期。

159. 郭沫若：《戈珤戚𢀳必彤沙說》，出處同 153。

160. 郭沫若：《盠器銘考釋》，《考古學報》1957 年 2 期。

161. 郭沫若：《禹鼎跋》，《光明日報》1951 年 7 月 7 日。

162. 郭沫若：《由壽縣蔡器論到蔡墓的年代》，《考古學報》1956 年 1 期。

163. 唐蘭：《西周青銅器銘文分代史徵》，中華書局 1986 年。

164. 唐蘭：《西周銅器斷代中的康宮問題》，《考古學報》1962 年 1 期。

165. 唐蘭：《用青銅器銘文來研究西周史》，《文物》1976 年 6 期。

166. 唐蘭：《略論西周微史家族窖藏銅器的重要意義》，《文物》1978 年 3 期。

167. 唐蘭：《永盂銘文解釋》，《文物》1972 年 1 期。

168. 唐蘭：《〈永盂銘文解釋〉的一些補充——并答讀者來信》，《文物》1972 年 11 期。

169. 容庚、張維持：《殷周青銅器通論》，文物出版社 1984 年新一版。

170. 容庚：《弭叔簋及訇簋考釋的商榷》，《文物》1960 年 8、9 期合刊。

171. 黃盛璋：《銅器銘文宜、虞、矢的地望及其與吳國的關係》，《考古學報》1983 年 3 期。

172. 黃盛璋：《保卣銘的時代與史實》，《考古學報》1957 年 3 期。

173. 黃盛璋：《穆世標準器——鮮盤的發現及其相關問題》，《徐中舒先生九十壽辰紀念文集》，巴蜀書社 1990 年。

174. 黄盛璋：《西周微家族窖藏銅器群的綜合研究》，《社會科學陣綫》1978 年 3 期。

175. 黄盛璋（盛張）：《岐山新出牆匜若干問題探索》，《文物》1976年 6 期。

176. 黄盛璋：《多友鼎的歷史與地理問題》，出處同 24。

177. 黄盛璋：《駒父盨蓋銘文研究》，《考古與文物》1983 年 4 期。

178. 黄德寬：《說遆》，《古文字研究》第 24 輯，中華書局 2002 年。

179. 黄德寬、陳秉新：《漢語文字學史》，安徽教育出版社 1990 年。

180. 曹發展、陳國英：《咸陽地區出土青銅器》，《考古與文物》1981年 1 期。

181. 曹錦炎：《關於逆鐘釋文的一點看法》，出處同 24。

182. 曹錦炎：《吳越青銅器銘文論述》，《古文字研究》第 17 輯，中華書局 1989 年。

183. 彭裕商：《伯懋父考》，《四川大學考古專業創建四十週年暨馮漢驥教授百年誕辰紀念文集》，四川大學出版社 2001 年。

184. 彭裕商：《麥四器與周初的邢國》，《徐中舒先生百年誕辰文集》，巴蜀書社 1998 年。

185. 彭裕商：《渣司徒遵簋考釋及相關問題》，《于省吾教授百年誕辰紀念文集》，吉林大學出版社 1996 年。

186. 彭裕商：《西周金文所見夷厲二王在位年數及相關問題》，《歷史研究》2002 年 3 期。

187. 彭裕商：《董家村裘衛四器年代新探》，《古文字研究》第 22 輯，中華書局 2000 年。

188. 彭裕商：《也論新出虎簋蓋的年代》，《文物》1999 年 1 期。

189. 斯維至：《兩周金文所見職官考》，《中國文化研究叢刊》第 7卷。

190. 斯維至：《關於召伯虎簋的考釋及 "僕庸土田" 問題》，《徐中舒先生九十壽展紀念文集》，巴蜀書社 1990 年。

191. 温廷敬：《毛公鼎之年代》，《史學專刊》1·3，1936 年。

192. 裘錫圭：《論戒簋的兩個地名——械林和胡》，出處同 24。

193. 裘錫圭：《史墙盤銘解釋》，《文物》1978 年 3 期。

194. 裘錫圭：《説𤔲辥白大師武》，《考古》1978 年 5 期。

195. 裘錫圭：《𧽍公盨銘文考釋》，《中國歷史文物》2002 年 6 期。

196. 蔡運章：《甲骨金文與古史新探》，中國社會科學出版社 1996
　　年。

197. 穆曉軍：《陝西長安縣出土西周吴虎鼎》，《考古與文物》1998 年
　　3 期。

198. 戴家祥：《墙盤銘文通釋》，《上海師大學報》哲社版 1979 年 2
　　期。

後　記

　　文物出版社計劃編一套古文字導讀的叢書，金文部分原請黃錫全先生寫，黃先生又推給我，説：“我太忙。您正在大學爲研究生講古文字，其中有金文，此一就兩便之事；再説，您也是合適的人選。”不得已，我只好答應下來。

　　所謂“金文導讀”，一般理解就是引導青年學習和了解金文，近於通俗讀物，恐不盡然。在古文字中，金文比甲骨文、戰國文字研究的歷史都長，不説漢、唐，從宋代到現在，研究者何啻百家，其中不乏碩學鴻儒，是古文字研究中的顯學；其優點是成果豐碩，參考書較多，缺點則是異説紛呈，令初學者如迷五津。從這個角度説，金文本不易讀。我理解，叢書的讀者應是大學文史院系高年級有興趣的學生或碩士生，所以也就不能太淺顯，何況也確實無法做到淺近如話，只能介於通俗和有一定學術性之間。讀者如能從這本小册子中了解金文的常識，并略知金文研究的門徑，則私願足矣。

　　我給自己定了三個努力方向：

　　一、儘量選取各時段有代表性的篇目，以反映金文的主要内容及特點。本書既收了大盂鼎、史墻盤、曶鼎、散氏盤、毛公鼎這樣的長銘，也收了利簋、克罍、盠駒尊這樣的短銘；既有傳世的天亡簋、兮甲盤、班簋、禹鼎銘，也有近年刊佈的静方鼎、叔矢方鼎、虎簋蓋、吳虎鼎、子犯鐘銘。

　　二、選取諸家説法，儘量做到抉擇公允。爲此目的，我讀了大量書籍及論文，選取有定論的或道理較充足的説法，予讀者以可靠的知識。同時，我也力求反映學術界的最新研究成果。如説四祀邲其卣爲真器，讀戠、剸爲踐、剗、翦，讀逨爲仇等，儘管某些説法還有待進

一步檢驗，但學術如不與時俱進，是不會有旺盛的生命力的。有些疑難問題不能一下子解決，但又不能躲避，我有時也略列異説，以供讀者參考。如初吉是否月相，西周月相是定點，還是四分，抑或二分、點段，就是這樣。我以爲，一個好的導讀，既要予青年以基礎知識，又要啓發他們思索，學會自己解決問題。

三、在少數問題上也有自己的見解。導讀不是論文，不求新穎，作者的意見大多寓於取捨之中。但對某些疑難問題提出個人的看法，也是應該的。只是在這方面，力求簡明扼要，點到爲止。

本書的寫作時間只有大半年，作者功力、見聞俱有限，缺點、錯誤恐難盡免，亟盼讀者指正。

王　輝

2002 年 10 月 25 日

圖書在版編目（CIP）數據

商周金文／王輝著． -- 北京：文物出版社，
2006.1（2023.9重印）
（中國古文字導讀）
ISBN 978 - 7 - 5010 - 1486 - 6

Ⅰ.①商…　Ⅱ.①王…　Ⅲ.①金文—研究—中國—商
周時代　Ⅳ.①K877.34

中國版本圖書館 CIP 數據核字（2020）第 089301 號

中国古文字導读

商周金文

著　　者：王　輝

責任編輯：李克能　馮冬梅
封面設計：張希廣
責任印製：王　芳
出版發行：文物出版社
社　　址：北京市東城區東直門内北小街2號樓
郵　　編：100007
網　　址：http://www.wenwu.com
經　　銷：新華書店
印　　刷：河北鵬潤印刷有限公司
開　　本：880mm×1230mm　1/32
印　　張：10
版　　次：2006 年 1 月第 1 版
印　　次：2023 年 9 月第 4 次印刷
書　　號：ISBN 978 - 7 - 5010 - 1486 - 6
定　　價：36.00 圓